GRAVURES PHOTOMÉCANIQUES.

PHOTOTYPIE EN 3 COULEURS.

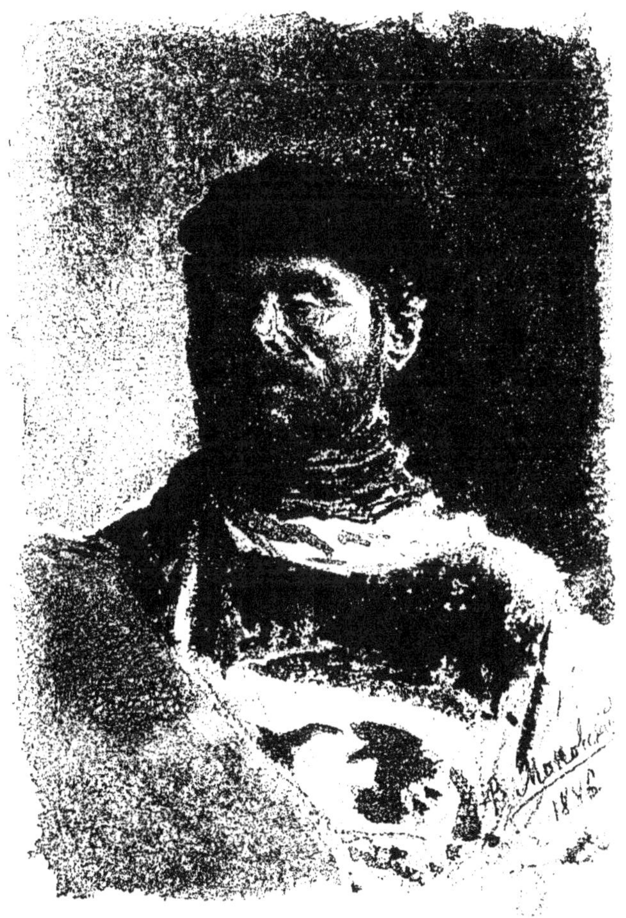

ÉTUDE: TÊTE D'UN BOYARD.

D'après une aquarelle de W. Makowsky.

Экспедиція Заготовленія

Государственныхъ Бумагъ въ С.-Петербургѣ.

Imprimé à St.-Pétersbourg par

l'Expédition pour la Confection des Papiers d'État.

L'ILLUSTRATION DU LIVRE MODERNE

ET LA PHOTOGRAPHIE

SUR LES PRESSES DE

MAURICE REYMOND & Ce (ANCIENNE MAISON J.-G. FICK)

Imprimeurs à Genève.

Texte imprimé avec les caractères de la Fonderie H. W. Caslon & Ce,
35, rue Jacob, à Paris.
Papier de la Maison Outhenin-Chalandre Fils & Ce, à Paris.
Encre de Lafléche-Brénam, à Paris.

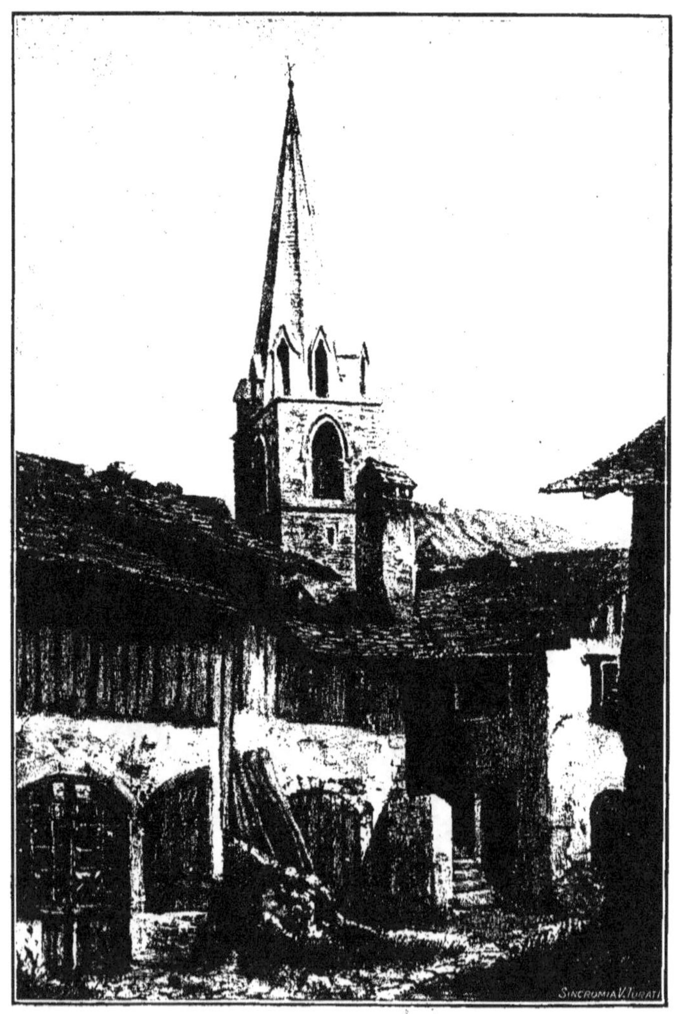

SYNCHROMIE

Impression en couleurs obtenue d'un seul coup de presse

PROCÉDÉ VITTORIO TURATI – MILAN

JULES PINSARD

L'Illustration du Livre moderne

et la Photographie

AVEC

Préface de Victor BRETON

OFFICIER D'ACADÉMIE

PROFESSEUR A L'ÉCOLE ESTIENNE

> Et notre siècle finissant se met à *recueillir*, à *vulgariser* avec passion tout ce qui le représente ; c'est un nonagénaire qui, sentant sa fin prochaine, rassemble tous ses portraits et les fait reproduire pour les léguer à tous ses enfants.
>
> Jules Adeline.

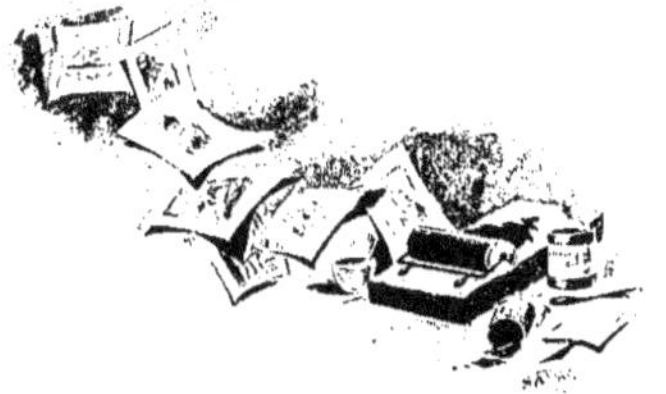

PARIS

CHARLES MENDEL, éditeur

118 ET 118 BIS, RUE D'ASSAS

1897

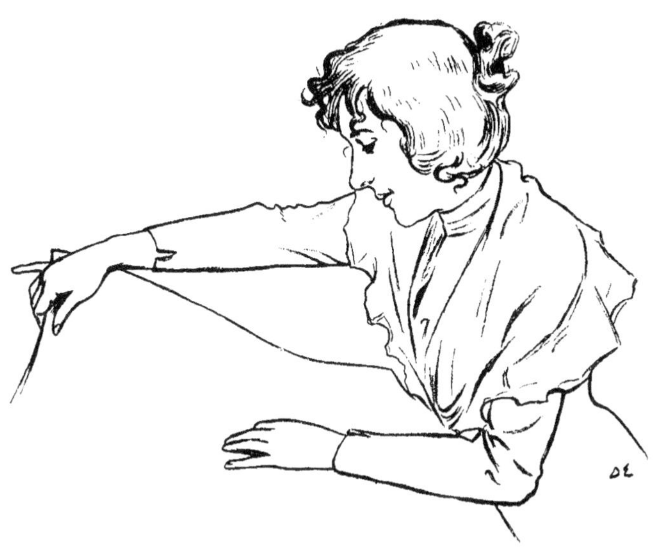

PRÉFACE

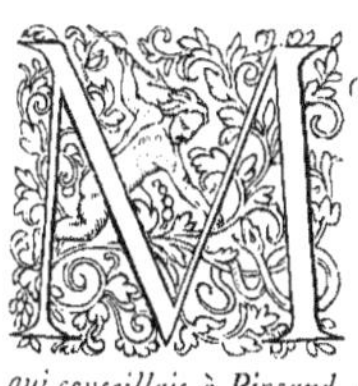

ON ami *Jules Pinsard, dont j'avais suivi avec beaucoup d'intérêt, dans* les Archives de l'Imprimerie, *les articles sur les procédés d'illustration photomécaniques, vient de réunir ces articles, les a remaniés et développés de façon à en faire un livre. Il me demande aujourd'hui d'écrire la préface de ce livre.*

Diable ! me voilà pris et obligé de m'exécuter puisque c'était moi qui conseillais à Pinsard, dans le temps, de faire un livre de ses articles, livre qui serait certainement accueilli avec beaucoup de faveur.

En publiant l'Illustration du Livre moderne et la Photographie, *son auteur a eu l'intention de faire, pour les pays de langue française, ce qu'avait fait Théodore Gœbel, avec ses* Arts graphiques du Présent, *pour les pays de langue allemande.*

Il était préférable que l'explication de l'illustration du livre moderne, à des lecteurs français, fut écrite par un Français plutôt que d'être traduite d'après l'ouvrage de Théodore Gœbel; en effet, ce qu'a écrit Jules Pinsard concordera mieux avec le tempérament latin des races de langue française qu'une traduction d'un ouvrage d'origine germanique, quelque bonne qu'elle puisse être et quelle que soit la valeur de l'auteur traduit.

Qu'on ne se méprenne pas sur le sens de ce que je viens de dire et qu'on n'y voie aucune

*critique ni insinuation malveillante contre l'œuvre magistrale de Théodore Gœbel, œuvre que j'ai
fort admirée et dont j'ai, plus d'une fois, dit tout le bien que j'en pensais bien sincèrement.*

*Si je trouve préférable une nouvelle façon d'expliquer une chose plutôt que de se borner à
traduire une explication antérieure, cela n'implique nullement que celle-ci était mauvaise ; c'est tout
simplement parce qu'il vaut mieux, dans l'intérêt supérieur de cette chose, qu'elle soit traitée, chacun
à son point de vue, par plusieurs individualités dont le but commun est le même : bien faire connaître
cette chose.*

*Théodore Gœbel a fait une excellente démonstration des différents procédés d'illustration ;
il a eu, pour l'aider dans cette tâche complexe, le concours des nombreux praticiens des arts
graphiques que compte l'Allemagne. Il est certain que l'auteur de* l'Illustration du livre moderne
et la Photographie *qui lui aussi a pu mettre à contribution de nombreuses bonnes volontés à
l'aide desquelles il a pu marcher sûrement dans le dédale des nouveaux procédés dérivant de la
photographie, a fait, tout comme Gœbel, un livre pratique, bien compréhensible.*

*Deux facteurs, dont on ne peut encore que soupçonner l'immense force, sont en train de
modifier profondément les conditions de l'industrie moderne : ces deux facteurs sont l'électricité et
la photographie. Le dernier surtout est destiné à avoir, sur les arts graphiques, une influence
capitale. On peut même prédire, sans crainte de beaucoup se tromper, que la photographie est appelée,
dans un temps plus ou moins proche, à bouleverser complètement les moyens actuels de reproduction.*

*Qui oserait affirmer que dans cent ans les livres s'imprimeront encore avec les caractères
mobiles dont nous nous servons aujourd'hui?*

*Évidemment, j'aime trop mon métier pour souhaiter que la photographie remplace un
jour les lettres mobiles, ces* petits clous *que, depuis plus de quatre cents ans, lèvent des générations
de typographes, et qui ont eu une influence si décisive sur l'ensemble du progrès humain. Mais est-il
possible de prévoir où s'arrêtera le développement des procédés dérivant de la photographie devant
les pas de géant qu'a fait celle-ci depuis, à peine hier, que Niepce et Daguerre l'ont fait connaître!*

*Il se pourrait bien, étant donné la marche torrentueuse des procédés photomécaniques, que
dans quelques années, les deux livres de Gœbel et de Pinsard, si modernes et si utiles en l'an de
grâce 1897, tombassent dans le domaine des documents historiques consultés seulement pour se
remémorer sur certain état de chose antérieur oublié de la génération actuelle.*

*Toutefois, comme les progrès trop rapides produisent une perturbation souvent préjudiciable
à l'ensemble social, il faut espérer que l'on sera assez sage pour modérer cette expansion, et que*
l'Illustration du Livre moderne et la Photographie *aura le temps d'écouler plusieurs éditions
avant d'être remplacé par les* Procédés d'illustration d'Aujourd'hui *que probablement l'ami
Pinsard — il est assez jeune pour cela -— écrira dans dix ou quinze ans.*

Ce que seront les procédés d'illustration dans quinze ans?.... Chi lo sa?

*En tout cas, aujourd'hui, on est arrivé à une grande perfection dans l'illustration par le
procédé ; si, au point de vue du grand art, le procédé n'a pas, à beaucoup près, pour un collection-
neur d'estampes ou un bibliophile, la valeur d'une eau-forte de Rembrand ou d'une gravure de
Dürer, au point de vue de l'art industriel il rend les plus grands services. Souvent le procédé se
rapproche tellement de l'art qu'il en est presque.*

*Bien qu'aujourd'hui les procédés d'illustration ayant la photographie pour base aient
porté un rude coup aux* ouvriers *dessinateurs ou graveurs, au point qu'on peut prévoir prochai-
nement leur presque complète disparition, ces procédés laisseront toujours debout les* artistes *dessi-*

nateurs et graveurs, mais ceux-là seulement qui seront vraiment artistes. Quelle que puisse être la beauté et la fidélité d'un paysage photographié et gravé chimiquement, jamais il ne vaudra, pour un amateur, un paysage dessiné par Corot ou Daubigny et gravé par Bellenger, Florian ou Pannemaker.

Mais si l'illustration par les procédés photomécaniques n'a pas la valeur intrinsèque de la gravure artistique, en revanche elle est prépondérante au point de vue de la reproduction fidèle et peu coûteuse de toutes les beautés de l'art de la nature. Grâce aux procédés modernes de reproduction, l'image vient agrémenter le texte, même dans les ouvrages à très bon marché, et augmenter ainsi la facilité de compréhension de ce texte en donnant une forme tangible aux descriptions. Aujourd'hui on illustre presque tous les textes qui s'impriment, soit des ouvrages de sciences, de fantaisies, d'études et autres; non seulement les savants et littérateurs usent de plus en plus de la facilité qu'ils ont d'appuyer leurs dires de figures et dessins obtenus rapidement et à peu de frais, mais aussi l'industrie et le commerce, les sociétés financières et les grandes administrations illustrent de même leurs imprimés: catalogues, prospectus, tarifs, horaires, itinéraires, etc., pour cette raison que, de par la photographie, ils obtiennent des gravures de sujets, exactes et pas chères, dans le laps de temps qu'impose la rapidité avec laquelle se traitent les affaires en cette fin de siècle de vapeur et d'électricité.

Cela prouve qu'aujourd'hui tout le monde, pour ainsi dire, a besoin d'être au courant des divers procédés d'illustration afin de savoir si, en tel ou tel cas, il doit employer celui-ci ou celui-là.

Il ne faut pas se dissimuler ceci: c'est qu'il n'est pas si facile qu'on le croit de se reconnaître parmi les nombreux procédés d'illustration que nous devons à la photographie, procédés dont la plupart ont des désignations barbares, dues les unes aux éléments chimiques qui sont la base de ces procédés, les autres au nom de leurs inventeurs. Ainsi allez donc, vous un profane, démêler la différence qu'il peut y avoir entre le gillotage, la gillotypie, la photozincogravure, la phototypogravure, la phototypographie, la zincographie, la zincogravure, la zincotypie, l'autotypie, etc.; ces divers procédés, somme toute, sont à peu près semblables comme résultat: du zinc ou du cuivre mis en relief par des morsures d'acides.

L'albertypie, la phototypie, la photocollographie (et j'en passe!) paraissent être des procédés différents. Eh bien, pas du tout, c'est tout bonnement l'impression à l'encre grasse sur gélatine bichromatée.

Combien, parmi ceux qui ont à faire des reproductions d'images se rendent un compte exact de ce que peuvent être la photoglyptie, l'hélioglyptie, la glyptographie, la woodburytypie, l'hélioplastie?

Et les impressions photopolychromes en trois couleurs, impressions qui, depuis quelque temps, entrent de plus en plus dans le domaine de la pratique et au moyen desquelles avec trois tirages seulement, jaune, rouge et bleu, on obtient des images polychromes qui auraient exigé une succession quintuple au moins de tirages avec les procédés de chromotypographie ou de chromolithographie ordinaires? Voilà encore un procédé photographique appelé à révolutionner la production de l'image coloriée tout autant que les autres procédés ont révolutionné l'illustration monochrome.

Les progrès accomplis par la découverte des différents procédés mécaniques d'illustration ont été si rapides, qu'il est pour ainsi dire impossible, à moins d'études spéciales et d'observations continues, de se rendre un compte exact de ces procédés, de leur valeur comme illustration, du temps qu'exige leur mise en pratique, ainsi que de la dépense approximative qu'exige le résultat obtenu.

Ces études spéciales et ces observations, que tout le monde n'a pas occasion de faire, un chercheur persévérant les a faites, et c'est de cette suite d'études et d'observations qu'est sortie l'œuvre qu'il soumet aujourd'hui au public : L'Illustration du Livre moderne et la Photographie.

Le public auquel il s'adresse n'est pas seulement le public spécial des industries du Livre, c'est le grand public, le public sans épithète. En ce temps où il est si peu de monde n'ayant pas occasion de faire imprimer, son livre sera utile à tous.

Les différents procédés d'illustration, l'auteur les montrera les uns après les autres, les expliquera, en fera voir les résultats, ce qu'ils peuvent donner, au moyen d'exemples, de gravures obtenues à l'aide de chacun des différents procédés qu'il passera en revue.

De sorte que les lecteurs de cet ouvrage — ouvrage qu'en qualité de régisseur-préfacier j'ai le grand plaisir de présenter au public — tiendront le fil d'Ariane qui les fera se reconnaître dans le labyrinthe des procédés d'illustration.

Ma préface — si on peut appeler cela une préface — pèche certainement sous bien des rapports, car je fais ici mes débuts comme préfacier et n'ai pas encore l'habitude des procédés scriptomécaniques. Mais bast, une mauvaise préface est bientôt passée, et le lecteur trouvera une large compensation dans le reste de ce volume.

V. BRETON.

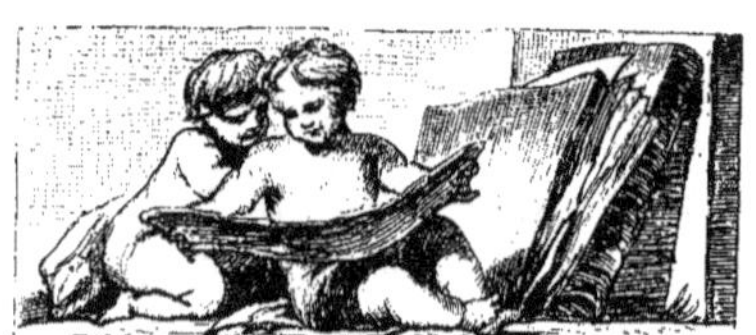

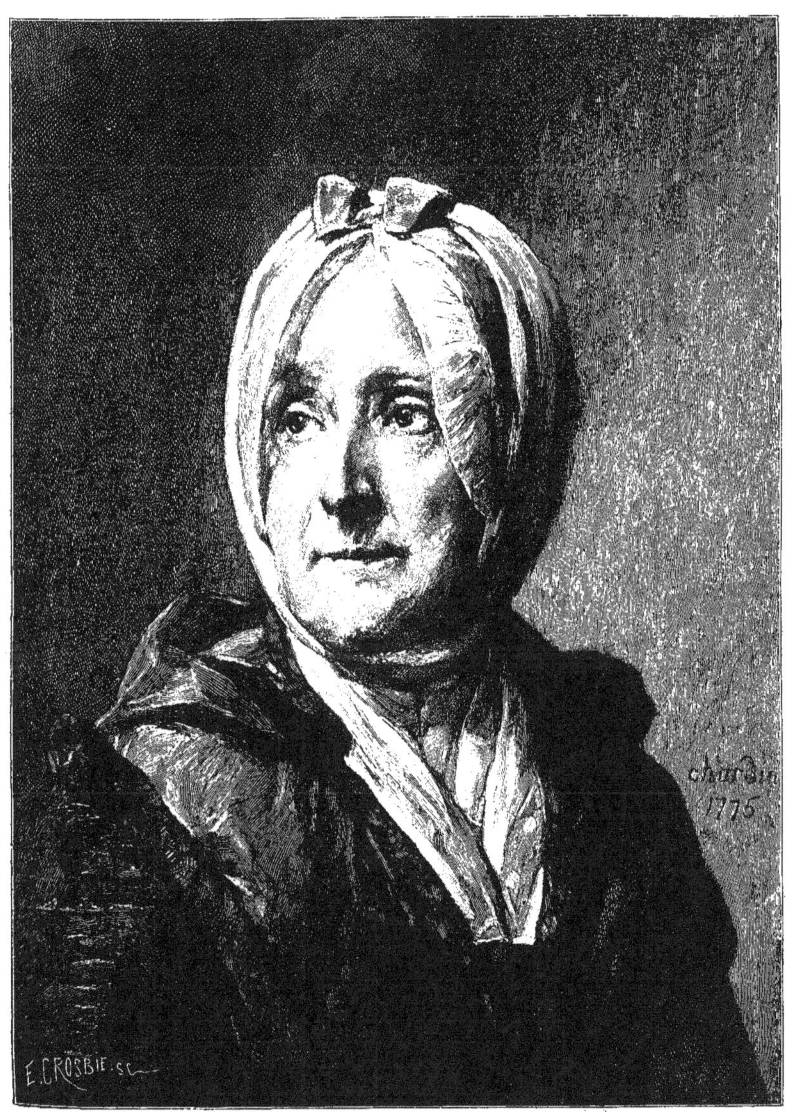

Portrait de femme, par Chardin
Gravure sur bois, extraite du *Magasin pittoresque*.

LIBRAIRIE FURNE
5, Rue Palatine, Paris.

CONSIDÉRATIONS GÉNÉRALES

LE PASSÉ, LE PRÉSENT

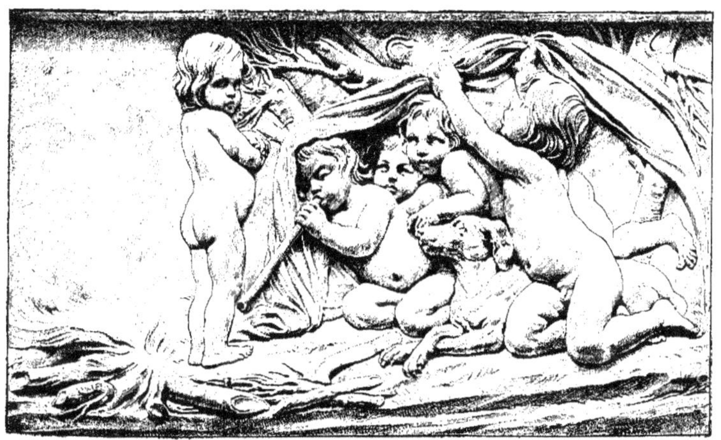

CHAPITRE PREMIER

Considérations générales. — Le Passé, le Présent.

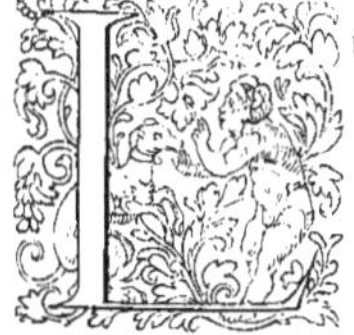ES progrès de l'esprit humain sont sans limites et chaque heure voit s'agrandir le domaine de la Science dont l'évolution est loin d'être terminée, malgré l'immensité du chemin parcouru. Pour elle, l'impossible n'est qu'un vain mot, car sous son souffle puissant, toutes les hypothèses, toutes les conceptions, même les plus improbables, les plus abstraites, s'animent et deviennent d'indiscutables réalités.

Mais la Science — et surtout la Science industrielle — ne survit et ne triomphe qu'à la condition d'un perpétuel rajeunissement, et chaque instant, voyant surgir une découverte en progrès sur la devancière, impose à l'homme l'absolue nécessité de reviser de temps à autre des principes scientifiques devenus surannés, de rejeter des moyens d'action, hier merveilleux, aujourd'hui démodés, caducs et impuissants devant l'éblouissante découverte moderne.

Or, l'Art est frère de la Science et l'Art se manifestant à chaque page dans le Livre, il était tout naturel que celle-ci eût pour lui une prédilection marquée et que, dès l'instant où retentit à la face du monde le génial *Fiat lux!* de son créateur, l'imprimerie subît, plus que tout autre, l'impulsion de cette inéluctable loi du progrès.

C'est pourquoi, depuis près de cinq siècles, l'imprimerie va de découverte en découverte, de merveille en merveille, aux divines lueurs de l'Art qui s'est fait son guide ; et c'est pourquoi également, dans le grand combat qu'elle livre, ayant pour mobiles la vérité et la recherche de la connaissance parfaite de l'intime nature, pour étendard la Science, l'imprimerie marche forte et confiante en son labarum, vers un avenir qui lui promet les plus étonnantes conquêtes.

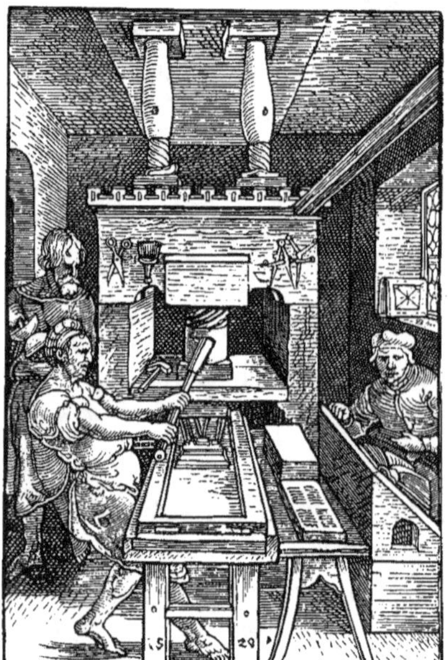

GRAVURE SUR BOIS DE 1520

Collection Jules-Guillaume Fick, à Genève.

*   *   *

L'intime nature ! Que n'a-t-on pas fait pour en pénétrer les secrets et pour la léguer par l'image aux générations à venir ? A quelles transformations de cette image n'avons-nous pas assisté dès les débuts de notre art ? A quelles recherches incessantes ne se livre-t-on pas encore et que sera-t-elle demain ? Voilà ce que nous voudrions dire. Mais le passé ne vous semble-t-il déjà bien éloigné et l'avenir n'est-il pas si plein d'imprévu et de surprise qu'une prédiction du lendemain du sujet qui nous occupe ne soit, sinon une fourberie, du moins un leurre ?

Si le cadre que nous nous sommes tracé de cet ouvrage nous le permettait, nous voudrions, pour bien démontrer l'évidence de cette influente loi du progrès que nous signalions tout à l'heure, vous faire assister dans le très artistique passé de l'illustration à la lutte acharnée que de tout temps se livrèrent les

PHOTOZINCOGRAVURE

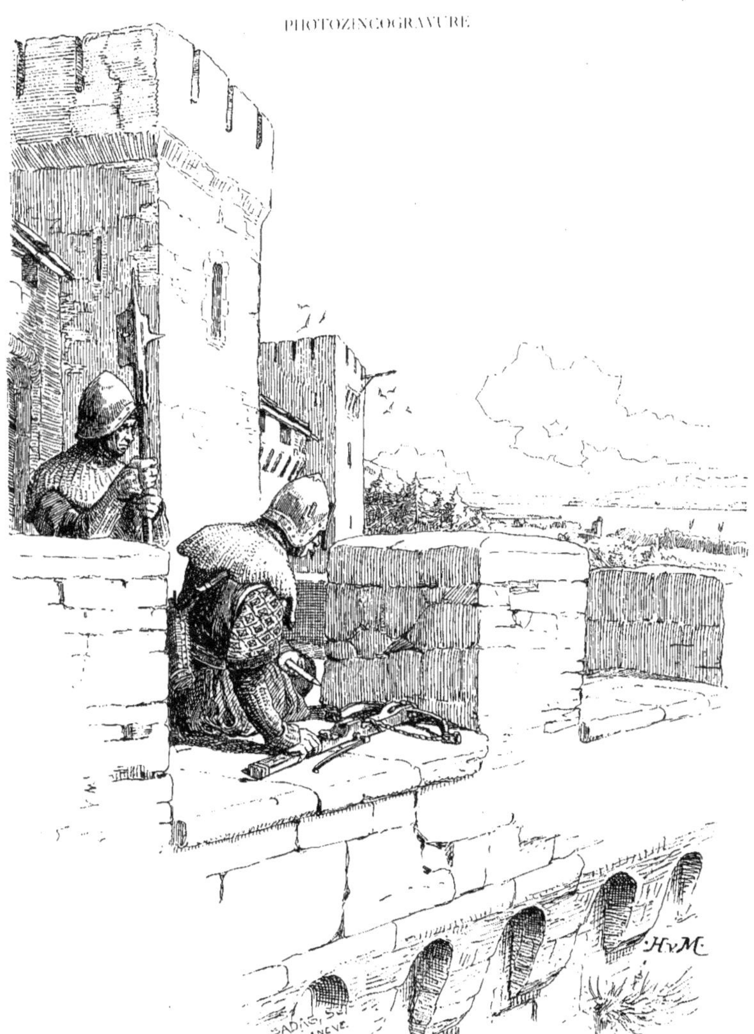

REPRODUCTION D'UN DESSIN A LA PLUME DE H. VAN MUYDEN.
(Frontispice de l'ouvrage *Les châteaux suisses*.)

CH. EGGIMANN & C⁹.
ÉDITEURS, A GENÈVE.

différents procédés d'exécution de celle-ci. Cet antagonisme de l'une à l'autre méthode a toujours existé et il est curieux de suivre dans le kaléidoscope de l'image à travers les âges les fluctuations de haut et de bas de ces gravures ; il est très intéressant de les considérer dans leurs multiples transformations, de les voir se remplacer tour à tour, s'éclipser, réapparaître, selon les besoins de l'époque, les nécessités du moment.

Ce qui a toujours fini par nuire à ces procédés et a fait leur défaveur chaque fois que se présentait une nouvelle trouvaille, c'étaient leurs conditions d'exécution

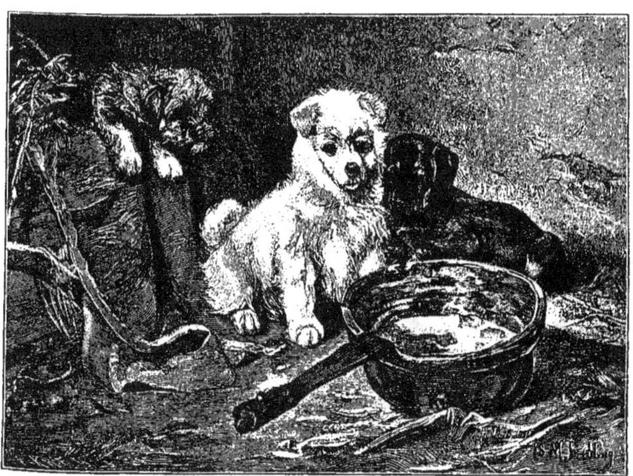

TROP CHAUD !

Reproduction zincographique d'une gravure sur bois
d'après une peinture de M. Leblig.

peu en rapport avec celles de rapidité et de prix de moins en moins élevé que réclamait progressivement le livre.

C'est pour cette raison que nous voyons tout d'abord le plus ancien des procédés d'illustration, la gravure en creux, l'inimitable *eau-forte* détrônée par la *gravure sur bois* ; celle-ci à son tour obligée de reculer devant l'invention de Senefelder apportant à l'imprimerie la *lithographie*, moins coûteuse, plus expéditive et qui, de ce fait, se place un moment au premier rang ; puis, lors de l'apparition des presses typographiques, la xylographie reprendre sa supériorité, sa rapidité d'impression venant maintenant compenser la cherté de l'établissement du bloc-matrice, et la lithographie s'arrêter dans sa marche en avant et ne plus guère pouvoir se soutenir qu'avec l'aide du polychrome qui lui donne un instant un regain de faveur, mais que vient maintenant combattre une nouvelle découverte, la photographie des couleurs, laquelle surgit pleine d'avenir, donne déjà de remarquables résultats et travaille activement à la supplanter.

Les choses en sont là et nous assistons à un effondrement, à une presque débâcle de tous les anciens procédés, furieusement battus en brèche par l'apparition dans le livre de la photographie et des nombreuses gravures chimiques dont elle est la base. Elle a depuis longtemps acquis — chèrement, nous en convenons — un rang dans l'illustration au même titre que les anciennes gravures, et maintenant elle se lève menaçante pour leurs existences, parce que, remplaçant en partie la main de l'artiste, elle rapproche davantage l'image de l'exacte fixation de la nature dans toute sa vérité et que, sans rivale au point de vue documentaire, par sa rapidité d'exécution elle répond plus parfaitement que ses devancières aux conditions d'activité de notre affairée fin de siècle.

C'est là la dernière transformation que voit notre époque, mais elle est d'une révolution si étonnante et d'une telle portée que les annales de l'illustration n'en fournissent pas d'autre exemple.

L'avenir, sans doute, nous garde encore de ces surprises, et plus d'une fois verra se confirmer cette vérité que dans l'ère de progrès dans laquelle nous ne faisons que pénétrer aucun genre, aucune gravure, ne sauraient se prévaloir d'avoir sur les autres une éternelle supériorité.

* *

Il serait téméraire de prétendre sans reproche les nouvelles illustrations faites d'un rayon de soleil et de quelques manipulations chimiques et dénigrer à leur profit les anciennes qui, procédant par pure interprétation, demeureront toujours essentiellement artistiques.

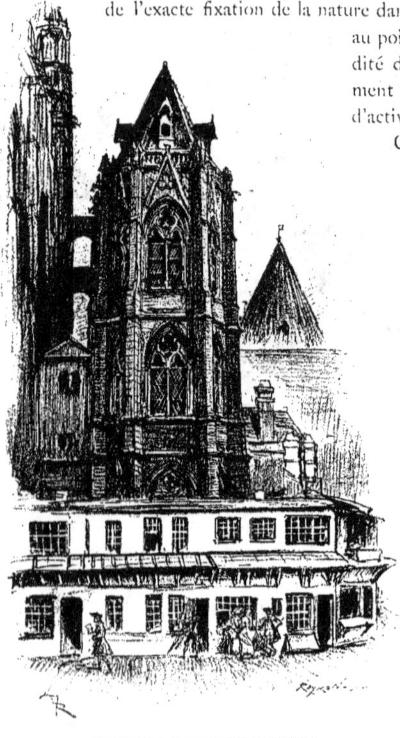

REPRODUCTION PHOTOZINCOGRAPHIQUE
d'un dessin au crayon.

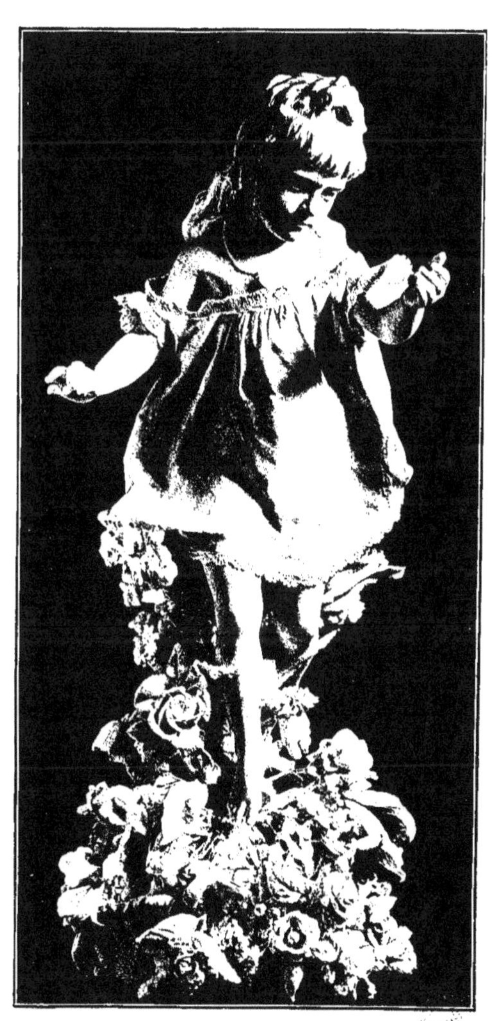

AUTOTYPIE A FOND NOIR
d'après photographie.

HUSNIK & HÄUSLER
Prague (Bohême)

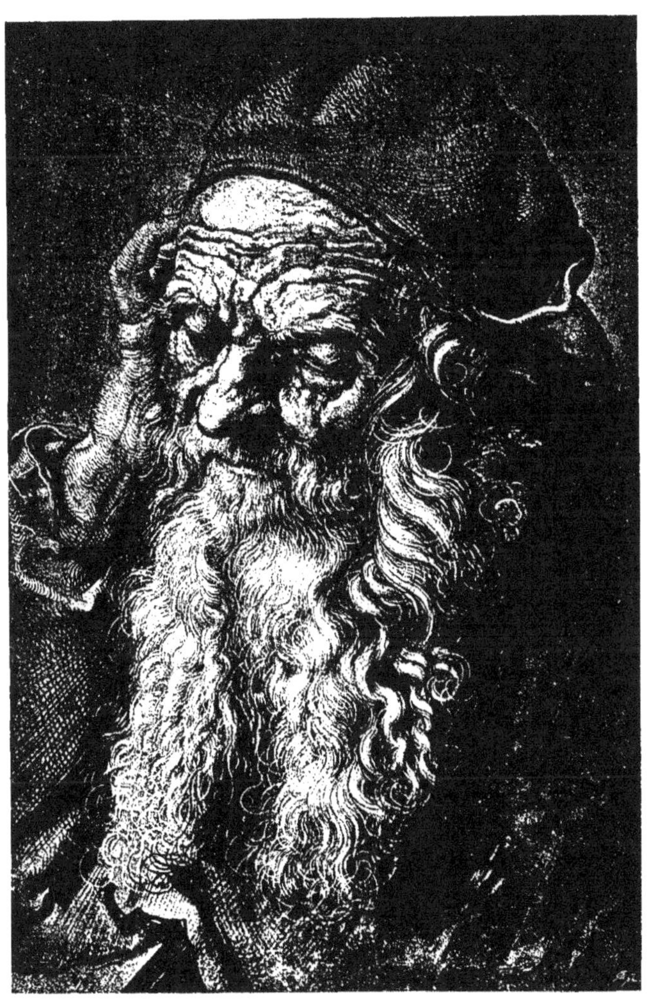

AUTOTYPIE EN DEUX PLANCHES
d'après un dessin original d'Albert Dürer.

C. ANGERER & GŒSCHL
VIENNE (AUTRICHE)

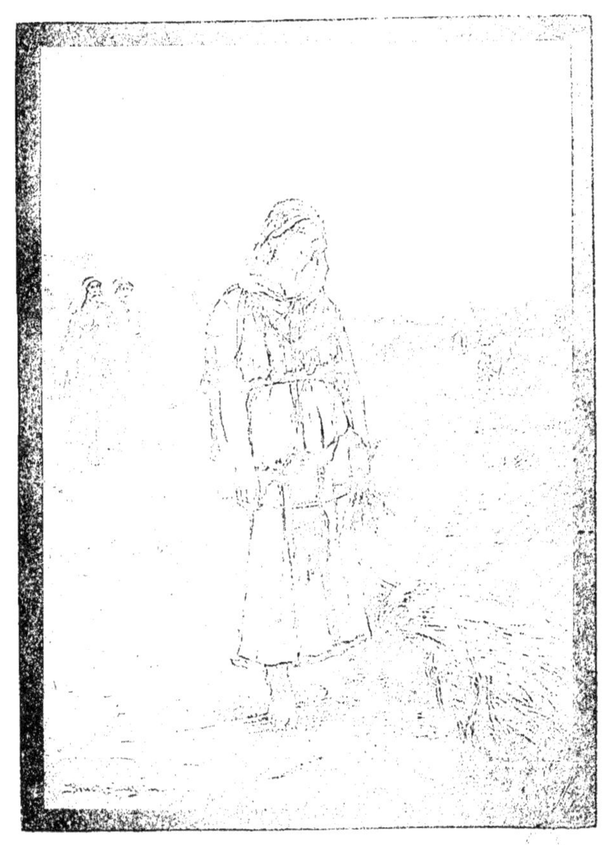

AUTOTYPIE A GRAIN IRRÉGULIER

Nouveau procédé (sans emploi de réseau) de W. Cronenberg.

Original de A. BRAUN
ÉDITEUR D'ART
PARIS

ÉCOLE PRATIQUE W. CRONENBERG
CHATEAU GRONENBACH
(BAVIÈRE)

Mais il faut convenir que les nouveautés qui, depuis quelques années, viennent de façon si inattendue révolutionner nos mœurs, si décriées au nom d'un faux éclectisme, par des préjugés opiniâtres, ont leur utilité et que, souvent d'une réelle valeur artistique, elles peuvent aussi bien que les gravures d'interprétation concourir puissamment au développement du beau. La production mécanique, la production à bon marché a fait d'elles d'admirables vulgarisatrices de l'art. Nées à une époque où souffle dans toutes choses un vent de démocratie, elles ont compris que l'art, le beau ne devaient pas seulement être réservés à quelques privilégiés. Comme la lumière, elles les ont fait pénétrer dans toutes les demeures, et riches ou humbles, tous, grâce à elles, se peuvent aujourd'hui récréer dans la contemplation des chefs-d'œuvre qu'elles procurent.

Affaire d'époque, qu'un principe utilitaire, que des nécessités nouvelles ont voulu, imposent, et résultat qu'il serait peu généreux de vouloir combattre

La production mécanique s'est introduite dans l'illustration. Qu'on le veuille ou non elle y est et... y reste. Or, comme toutes choses, la production mécanique contient ses bienfaits et son mal. Ses bienfaits, on les conçoit facilement. Son mal, c'est l'automatisme auquel condamne la machine. Il ne faut pas que les nouvelles gravures souffrent de ce mal; il faut qu'elles échappent à cette déchéance. Le remède est ici tout indiqué : Que des vouloirs d'artistes, des intelligences, élargissent encore le champ d'action des nouvelles gravures en même temps que, dirigeant leur intensive production, ils ne

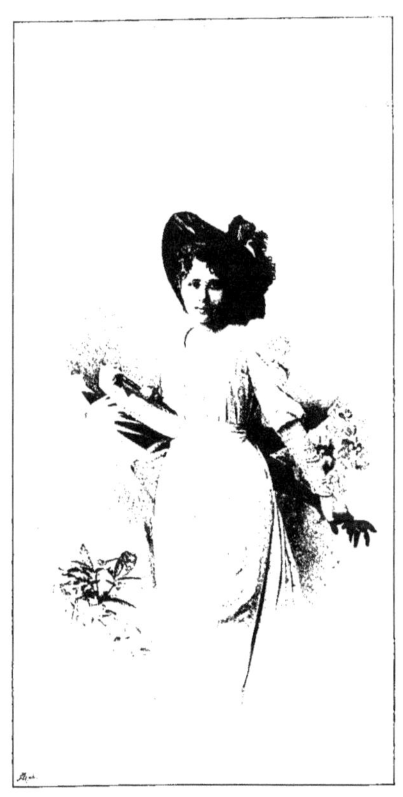

AUTOTYPIE D'APRÈS NATURE

ANGERER & GŒSCHL.
VIENNE

la laissent plus à des industriels, à des marchands, et les préservent d'une trivialité qui les rendrait odieuses et, cette fois, absolument condamnables.

Les nouvelles gravures reçoivent, du reste, très respectueusement l'inspiration de l'art. C'est ainsi que sortant peu à peu de la période de tâtonnement auquel condamne tout début elles tendent à une complète transformation. Leurs inventeurs ont travaillé et travaillent beaucoup encore à leur amélioration. Le principal grief que l'on faisait au « vil procédé » était qu'il s'écartait trop de l'art pur, étant production mécanique, non manifestation artistique originale. En est-il de même aujourd'hui où s'est créé pour ces gravures une classe spéciale d'artistes, aujourd'hui où la photographie et la chimie ne servent plus qu'à la création du gros œuvre, du travail de mise en place, du labeur ennuyeux que vient terminer par des retouches consciencieuses, la main, l'œil d'un interprétateur ?

Ainsi comprises, semi gravures photomécaniques, semi gravures d'interprétation, les nouvelles gravures sont-elles toujours le « vil procédé » ? Ne procèdent-elles pas, dans ce cas, de l'art pur, du véritable grand art ?

Sans vouloir souhaiter la disparition de l'estampe originale — chose peu désirable — on peut donc prédire aux procédés photomécaniques un brillant avenir et voir dans nos jours l'aurore d'une époque où l'art et l'industrie marcheront la main dans la main à la conquête du beau.

Et les découvertes se succédant de jour en jour et les perfectionnant de plus en plus, peut-être que demain verra leur complet triomphe et ne considérera plus les anciennes gravures qu'avec curiosité et attendrissement, comme les reliques d'un passé disparu, passé admirable sans doute, mais dont les productions ont été rejetées comme ne répondant plus aux nécessités de l'époque.

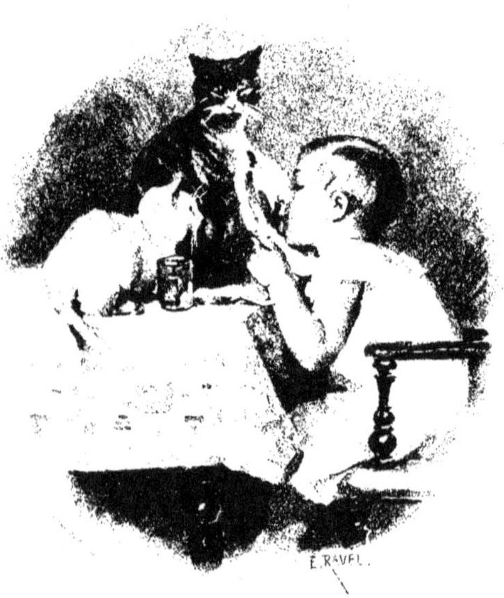

TROIS BONS AMIS

Autotypie d'après un dessin au lavis de E. Ravel.

PL. VII

(Gravures Photomécaniques)

(PHOTOTYPIE)

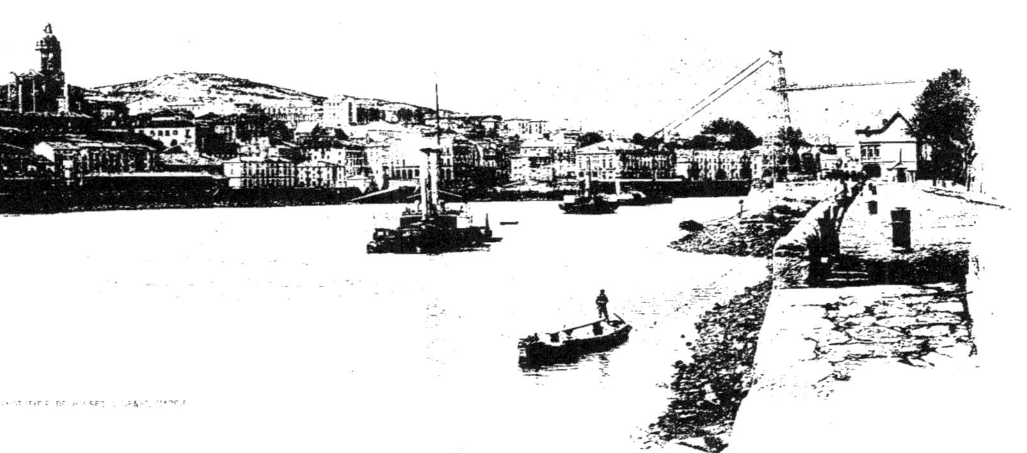

PORTUGALETE (Prov. de Vizcaye)

Ceci dit, nous aborderons plus pratiquement l'étude des procédés modernes d'illustration, mais nous prions nos lecteurs de ne pas attendre de nous un historique et une description complète de ces procédés. Nous n'avons nullement

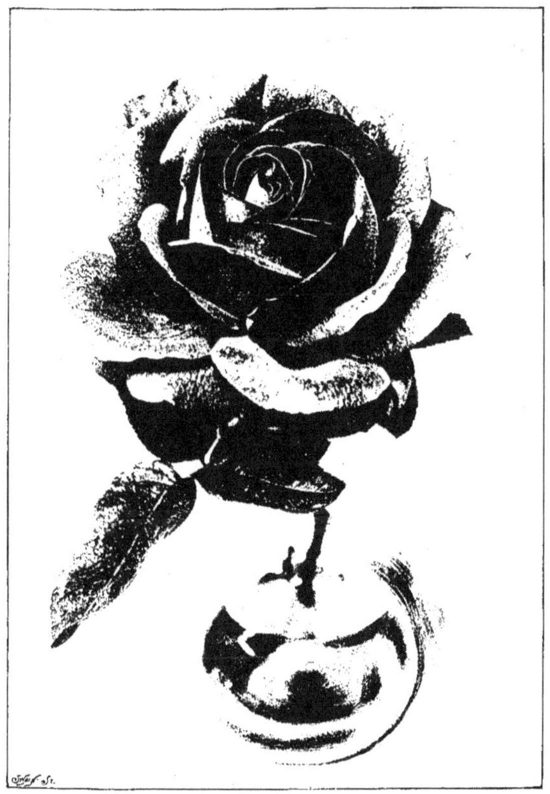

AUTOTYPIE D'APRÈS NATURE

JOHN SWAIN & SON
LONDRES

la prétention d'écrire *ex professo* un traité de chimie photographique ; notre but est plus simple : c'est, envisageant la question sous celui de ses côtés qui nous intéresse, d'esquisser les grandes lignes des nouvelles gravures que nous présenterons à nos lecteurs, en les accompagnant de spécimens obtenus par les procédés auxquels ils serviront d'exemples. Ceci nous permettra de mieux les décrire, d'établir, de par l'image même qui parle mieux que tout texte à l'intelligence du lecteur, le degré de corrélation qui unit de façon si intime tous les procédés. Nous voulons surtout montrer leurs avantages et leurs désavantages dans telle ou telle application à l'illustration du livre, signaler sans idée préconçue leurs défauts et leurs qualités, insistant d'avance sur ceci que, après avoir énuméré

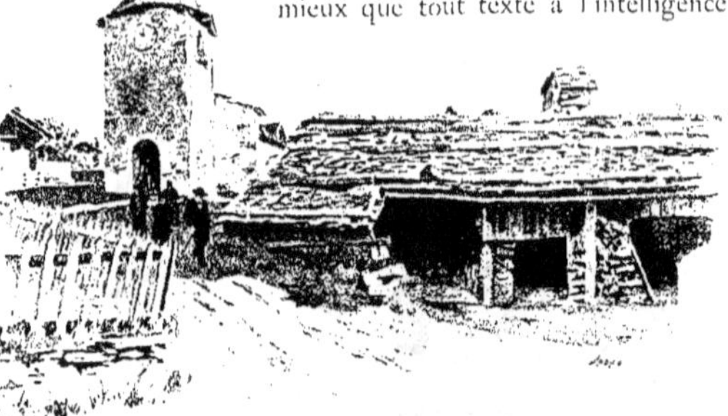

Autotypie d'après un dessin de Fréd. Rouge
(Combinaison de plume et de lavis.)
Cliché de la S. A. D. A. G., de Genève, extrait de « Sur l'Alpe », F. Payot, édit.

les griefs qui pèsent sur ces nouvelles gravures, il nous suffira le plus souvent de tourner la page pour les montrer triomphantes et faisant sortir de terre d'admirables productions. Nous signalerons, pour être vraiment pratique, les soins et les précautions à prendre relativement à leur emploi, indiquerons enfin leur coût approximatif, estimant pareil programme plus utile à nos confrères et à tous ceux, si nombreux, qu'intéresse ce curieux côté de notre art, que toute initiation à des mystères de laboratoire, de formules de réactifs ou de dissertation sur l'objectif, qui seraient ici déplacées et superflues, à notre avis du moins. Fixées ainsi par des images, mises en rehaut par le commentaire, reliées par des idées, les nouvelles gravures apparaîtront sous leur véritable jour au lecteur et il pourra de lui-même marquer le rang qu'elles doivent garder ou prendre dans la grande mêlée des intérêts des différentes illustrations.

Et n'aboutirions-nous qu'à ce résultat d'avoir guidé nos lecteurs dans le labyrinthe des procédés photomécaniques, que l'on confond facilement parce qu'ils sont légion et qu'il est bien difficile parfois de se reconnaître dans la quantité de synonymes bizarres dont on s'est plu à les affubler, n'aurions-nous servi que pour cette faible part à la vulgarisation de ces merveilles de la lumière et de la chimie, que nous nous déclarerions satisfait de ce résultat obtenu.

Autotypie d'après nature

Sans nous attarder à en faire l'historique détaillé, rappelons brièvement les origines des procédés photomécaniques.

Après l'invention de Daguerre, le problème longtemps cherché de l'inaltérabilité des épreuves photographiques donna lieu à de nombreux essais offrant de l'un à l'autre plus d'une similitude, essais qui ne furent pas tous suivis de résultats bien pratiques.

Niepce de Saint-Victor, Talbot et Poitevin furent les véritables précurseurs de la révolution qui allait s'accomplir dans les arts graphiques ; à leur suite, vaillamment, s'engagèrent les Pretsch, Maisenbach, Ducos du Hauron, Gillot et toute la phalange des chercheurs infatigables qui contribuèrent à l'avènement dans le livre des procédés dont ils avaient entrevu toute la future importance.

Au début, ces procédés, rompant un peu brusquement avec l'artistique passé, ne reçurent que peu de faveur. Leur nouveauté effrayait, et la routine aidant au regrettable état de choses que créait le secret dont les entouraient jalousement, mais à bon droit, leurs inventeurs, ces méthodes ne furent connues que d'un très petit nombre de personnes. Il n'en est plus de même aujourd'hui et, quoique combattues depuis leur naissance, elles n'en sont pas moins répandues sur toute la surface du globe.

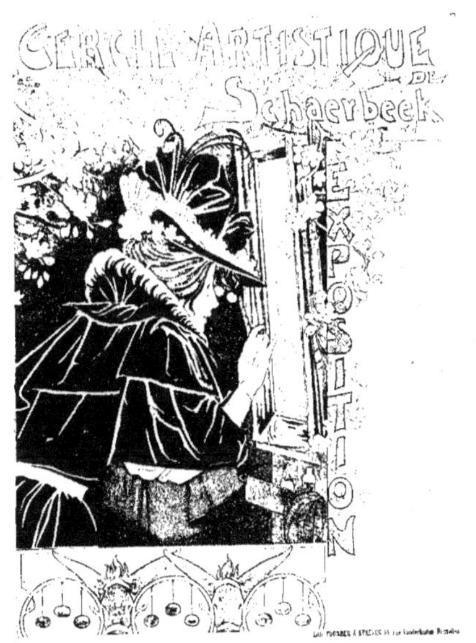

REPRODUCTION AUTOTYPIQUE D'UNE CHROMOLITHOGRAPHIE

La première qui parut fut la *Photolithographie*. Sa découverte, due à Poitevin, fit grand bruit, et ce précieux résultat détermina un redoublement d'ardeur chez ceux qui cherchaient à obtenir l'image phototypographique, l'impression en relief comme plus expéditive que celle en taille-douce, partant plus pratique et plus propre à l'illustration courante. Talbot, Poitevin et Pretsch établirent alors les premiers principes des procédés à base photochimique dont l'étonnante pluralité, divergente parfois quant aux détails d'obtention des planches matrices, n'en est pas moins condensée tout entière dans cette découverte faite par Mungo Pinto, le premier, de cette singulière propriété qu'a la gélatine bichromatée de se laisser impressionner par la lumière [1].

Timidement, l'illustration photomécanique essayait là ses premiers pas.

Mais ce furent les découvertes de la *Photozincogravure* (gillotage), celles surtout de l'*Autotypie* (similigravure), de la *Photocollographie* (phototypie) et de l'*Héliogravure*, ces trois-là apportant l'immense avantage de pouvoir reproduire les demi-teintes de la photographie, qui contribuèrent le plus à disputer aux anciennes méthodes la prépondérance dont elles avaient joui jusqu'alors.

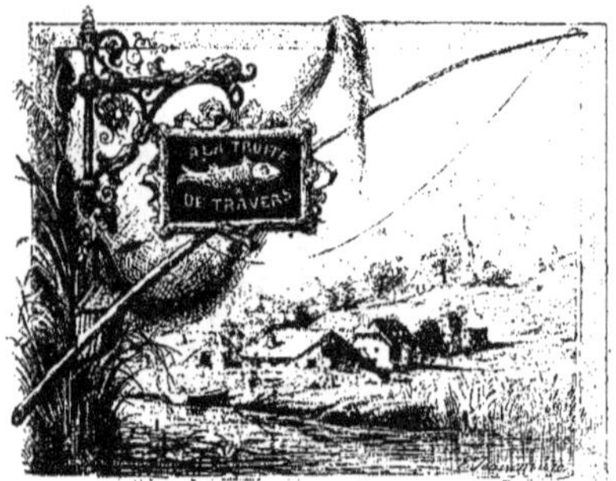

PHOTOZINCOGRAVURE D'APRÈS UN DESSIN A LA PLUME
SUR PAPIER PROCÉDÉ
Vignette de Jeanmaire, extraite de « *Croquis jurassiens* », F. Payot, éditeur.

Il eût été de bonne guerre pour ces dernières de s'assimiler aussitôt les procédés naissants. Elles ne le comprirent pas et les combattirent avec une énergie digne d'une meilleure cause, dans une lutte dont nous venons de voir les premiers engagements et dont tous les avantages étant du côté de leurs adversaires formidablement armés pour le combat, l'issue ne peut être douteuse.

On a donné aux procédés modernes le nom de *photomécaniques*. Le mot est juste. Ils tiennent beaucoup de la photographie mais s'en écartent en ce sens que, la première épreuve obtenue, la lumière n'est plus nécessaire pour la réalisation des suivantes dont le tirage se fait mécaniquement par les moyens d'impression ordinaires.

Nous les diviserons, pour en faciliter l'examen, en deux groupes de caractères très distincts : ceux *typographiques* et ceux *non typographiques*.

Les premiers s'impriment avec le texte ; les seconds nécessitent un tirage hors texte et parfois obligent à des impressions spéciales, d'où désavantage

---

[1] La gélatine, additionnée de 2 ou 3 °/₀ de son poids de bichromate de potasse ou d'ammoniaque, subit une transformation sous l'action de la lumière. Elle devient insoluble même dans l'eau bouillante.

Si donc on expose une feuille de gélatine ainsi bichromatée sous un cliché négatif, la lumière exerce son action sur les couches sensibles en raison directe de la transparence ou de l'opacité du cliché. Partout où la lumière pénètre, la gélatine devient insoluble, tandis que l'eau dissout plus ou moins les parties qui sont restées à l'abri de l'influence lumineuse.

C'est là tout le principe du procédé.

PHOTOCHROMOTYPIE

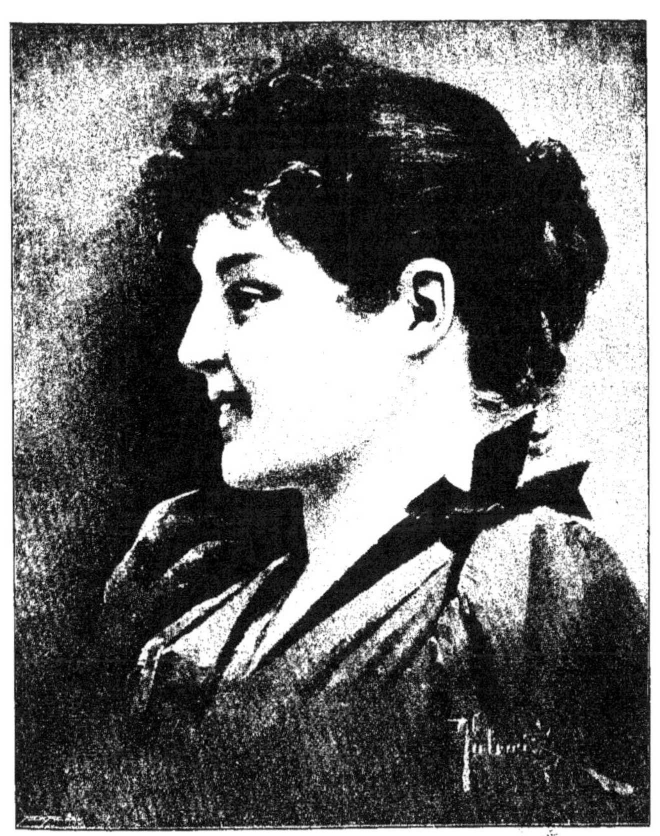

IMPRESSION EN TROIS COULEURS

(Procédé de M. le professeur Husnik.)

HUSNIK & HÆUSLER
Prague (Bohême)

PHOTOCHROMOTYPIE (PROCÉDÉ Dr E. ALBERT).

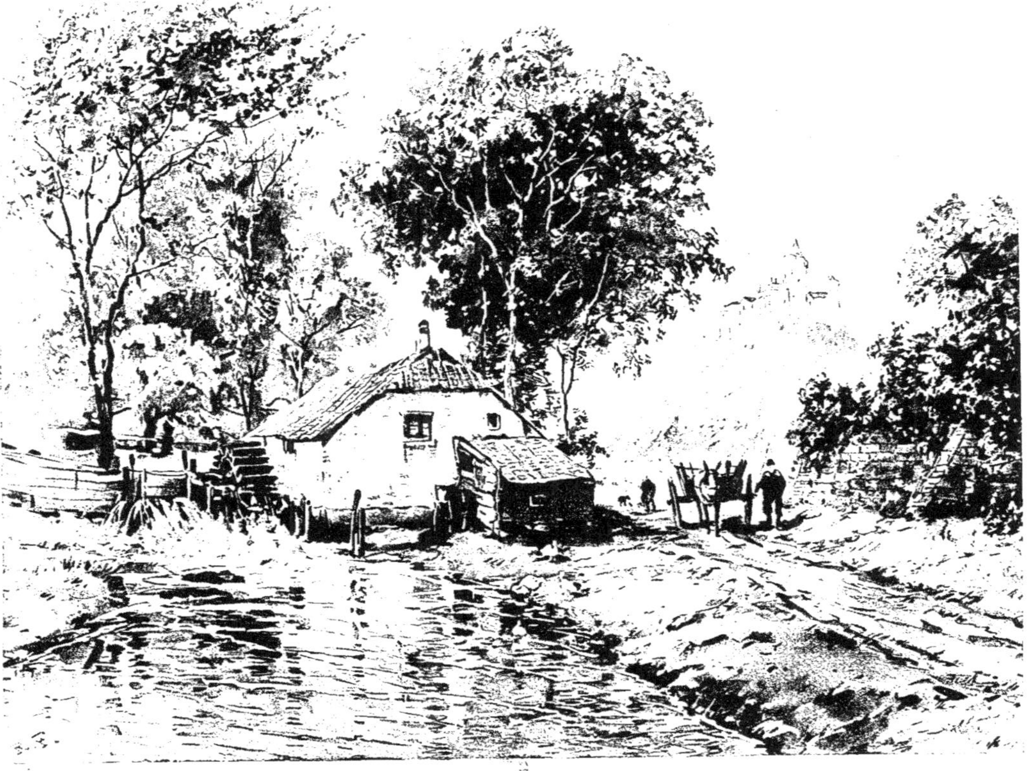

AUTOTYPIE en 3 couleurs d'après une CHROMOLITHOGRAPHIE en 11 couleurs.

marqué, de ce côté du moins, de ceux-ci sur ceux-là et différence dont on saisira mieux l'importance dans la description détaillée que nous allons faire de ces procédés [1].

En tête, et comme les plus anciens, non les moins intéressants, se placent naturellement le *gillotage*, la *photozincogravure*.

[1] Nous devons ici témoigner notre gratitude aux praticiens qui nous ont aidé de leurs conseils, aux personnes amies qui nous ont soutenu de leurs encouragements, et à celles si nombreuses qui, de tous les coins du monde, ont bien voulu mettre à notre disposition les spécimens de gravures photochimiques que nos lecteurs trouveront au cours de cette étude.

Que tous veuillent donc bien agréer nos remerciments pour le concours qu'ils nous ont prêté dans un travail dont nous leur reportons tout le mérite, notre plume n'ayant fait que mettre en œuvre les précieux matériaux qu'ils nous ont apportés.

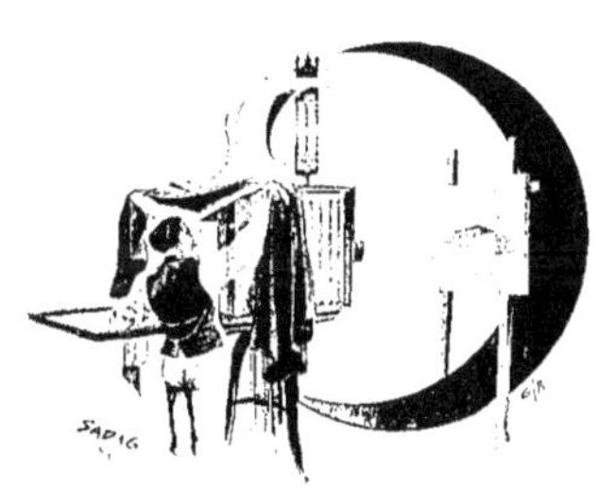

Vignette de la *Société anonyme des Arts graphiques*, de Genève.

*Gillotage, Gillotypie, Paniconographie,
Zincogravure, Zincographie, Zincotypie, Chemigraphie,
Autographie, Tissiérographie, Photozincogravure,
Phototypogravure, Phototypographie,
Photo-calque.*

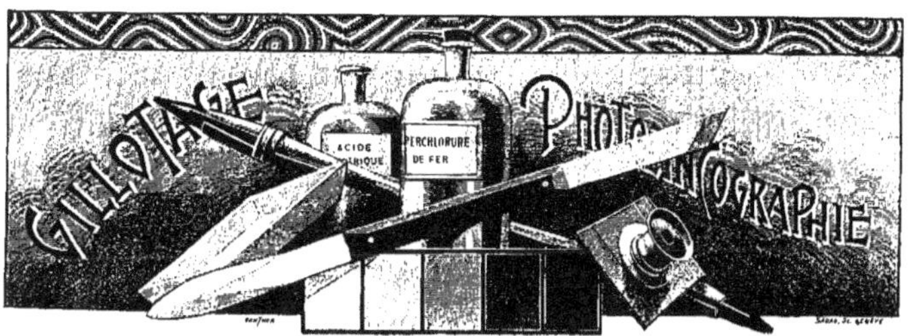

CHAPITRE II

Gillotage, Gillotypie, Paniconographie
Zincogravure, Zincographie, Zincotypie, Chemigraphie
Autographie, Photozincogravure, Phototypogravure
Phototypographie, Tissiérographie, Photocalque.

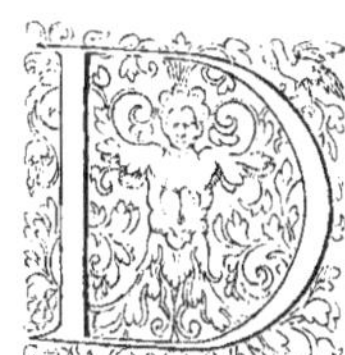Ix noms pour un seul et même procédé, voilà ce qui se présentera bien des fois dans l'examen que nous allons faire des diverses illustrations; redondance bizarre, regrettable, devrions-nous dire, puisqu'elle donne lieu parfois à des erreurs considérables, à des confusions fâcheuses de ces procédés que chacun baptise à sa guise et selon son calendrier.

Dès l'apparition de la photographie, un grand nombre d'expérimentateurs se livrèrent à de laborieuses recherches pour obtenir de la lumière la production de gravures en relief susceptibles d'être intercalées dans le texte où elles remplaceraient les dessins gravés sur bois par le burin et l'échoppe.

Le problème fut résolu par Gillot en 1850[1].

Il y aura donc cinquante ans à l'échéance de ce siècle que Firmin Gillot obtenait la transformation d'un dessin, d'une gravure en un cliché propre à l'im-

---

[1] C'est le 21 mars 1850 que Firmin Gillot fit breveter son « procédé de remplacer par un moyen chimique le travail du graveur sur bois ».

ZINCOGRAPHIE

d'après un dessin exécuté au crayon litho-graphique sur papier autographique.

(REPRODUCTION GALVANOPLASTIQUE)

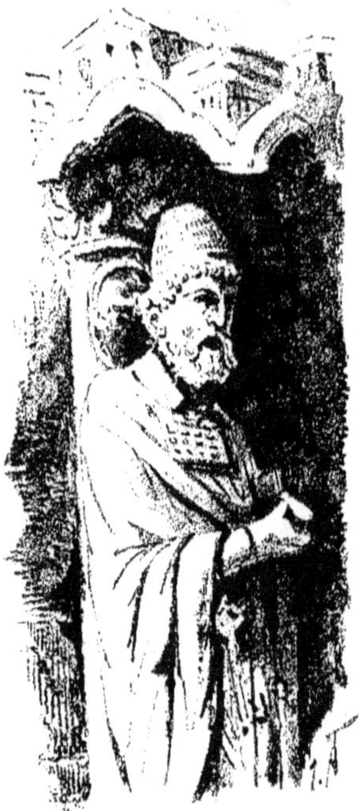

Au point de vue de la rapidité du tirage, la transformation d'une lithographie en une vignette typographique par la *zincographie* est un des précieux avantages des procédés de reproduction. Mais cette opération n'est pas sans offrir quelques inconvénients. En comparant les originaux avec les gravures obtenues d'eux par procédé chimique, on constate parfois de notables changements. C'est ainsi qu'en lithographie les gris de la vignette ci-dessus auraient conservé toute leur finesse, tandis qu'ils ont été quelque peu rongés par les morsures de l'acide. La reproduction galvanoplastique, épaississant le trait, a encore accentué les défauts de cette gravure qui offre un aspect usé et dont les noirs, bien qu'intenses, ne peuvent rivaliser avec les tons moelleux de la lithographie.

pression typographique. Ce procédé reçut tout d'abord de son inventeur le curieux nom de *paniconographie*, nom que le succès qui accueillit cette découverte eut bientôt transformé en les appellations de *gillotage*, de *gillotypie*, les plus simples sinon les plus rationnelles de toutes celles dont on s'est plu à l'affubler.

Pour être complet et rendre à tous les inventeurs des gravures qui nous occupent l'hommage dû à leurs patients labeurs, nous mentionnerons, *currente calamo*, la découverte de Tissier, lequel avant Gillot, en 1840 obtenait d'un décalque sur pierre, par l'action d'un acide creusant les parties de celle-ci que ne protégeait point un corps gras, un relief dont on prenait ensuite des empreintes fournissant des clichés pour le tirage typographique qu'on sait de beaucoup plus rapide. C'était la *tissiérographie*. Elle a, on le voit, bien des points de connexité avec la découverte de Gillot qu'elle a dû sans doute inspirer.

Une autre invention qui put encore aider à la naissance du gillotage fut celle du procédé *d'impression anastatique* découvert, dit M. A. L. Monet dans son savant traité des *Procédés de reproductions graphiques appliquées à l'imprimerie*, par Glyn et Appel, et qui consiste à décalquer une gravure ou toute page imprimée, lavée à l'acide hyposulfurique, sur une plaque de zinc qui permettra le tirage d'un certain nombre d'épreuves de ce report.

Le zinc ici faisait son apparition, remplaçant la pierre lithographique. Gillot mit à profit la découverte.

Le *gillotage* consiste à mettre en relief par méthode chimique, en un cliché de métal zinc ou cuivre, tout dessin *au trait*, c'est-à-dire exempt de teintes de lavis ou d'ombres plates. Ce cliché s'obtiendra ici par *chemigraphie*, la photographie ne jouant aucun rôle dans sa fabrication. Aussi ne l'indiquons-nous ici que pour être complet et parce que, tout en ne rentrant pas véritablement dans la catégorie des procédés photomécaniques, cette méthode fait partie trop intégrante de la seconde manière du procédé pour qu'on ne juge pas absolument inutiles les quelques lignes que nous lui consacrons.

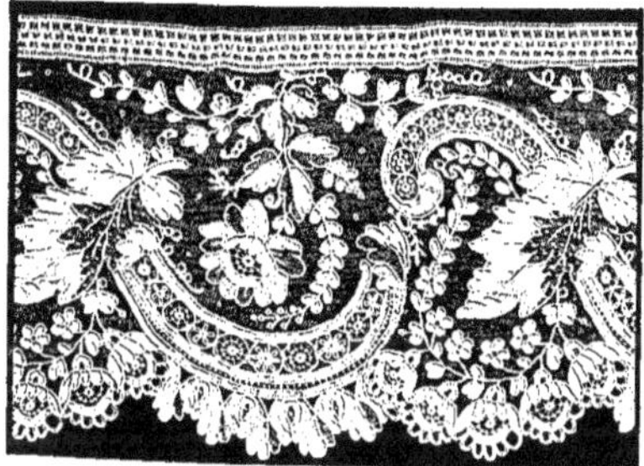

REPRODUCTION PHOTOZINCOGRAPHIQUE
d'après nature.
Cliché de B. Delaye, L. Hemmerlé & Cie, à Lyon.

Supposons donc que d'une gravure sur bois, sur pierre ou sur cuivre, d'un dessin à la plume, au crayon gras ou au burin, d'un pointillé ou d'une autographie, on tire sur papier à report une épreuve que l'on décalque sur une plaque de zinc poli. Ce report obtenu, la plaque sera encrée avec soin et soumise à des morsures successives d'acide nitrique, lequel rongera les parties non encrées, respectera les autres et constituera ainsi un relief ou cliché propre au tirage typographique.

La méthode Gillot s'applique aussi à des dessins exécutés à la plume, mais sur des papiers et avec des encres grasses spécialement préparés pour permettre le décalque du dessin. C'est là, on le voit, une manière de transport, de l'*autographie* pure et simple.

Le procédé dont nous venons d'établir les grandes lignes exige donc toujours comme point de départ une planche originale, gravure sur bois, sur pierre ou sur cuivre, ou un dessin autographique. Il ne donne qu'une reproduction de mêmes dimensions que l'original. A cette première partie du procédé conviennent ainsi plus spécialement les noms de gillotage, de gillotypie, de paniconographie, de zincogravure [1], de zincotypie, de chemigraphie ou d'autographie. Qu'on

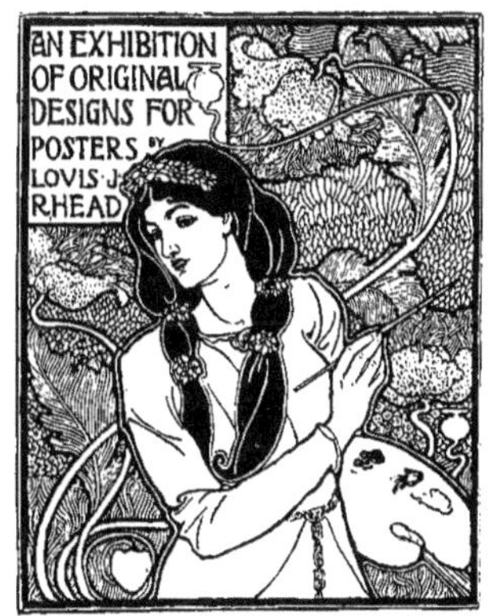

PHOTOZINCOGRAPHIE.

---

[1] Par une abusive extension, on nomme encore *zincographie* la *lithographie sur zinc*.

excuse la barbarie de cette nomenclature ; elle est indispensable pour bien préciser les méthodes et se reconnaître dans ce capharnaüm de l'illustration moderne.

Supposons maintenant que, privé de la planche originale, on ne possède qu'*une épreuve* d'une gravure que l'on veut reproduire, *agrandie ou diminuée ;* supposons encore un dessin *au trait* toujours, mais exécuté cette fois à l'encre ordinaire ou au crayon et sur un papier blanc quelconque, ou encore une reproduction *d'après nature* d'un objet ne comportant que du trait, une dentelle par exemple.

Toutes ces circonstances et difficultés ne permettent plus le facile report de tout à l'heure et la première méthode de Gillot est ici totalement impuissante. La photographie vient à notre aide et l'objectif, par le procédé de photozinco-

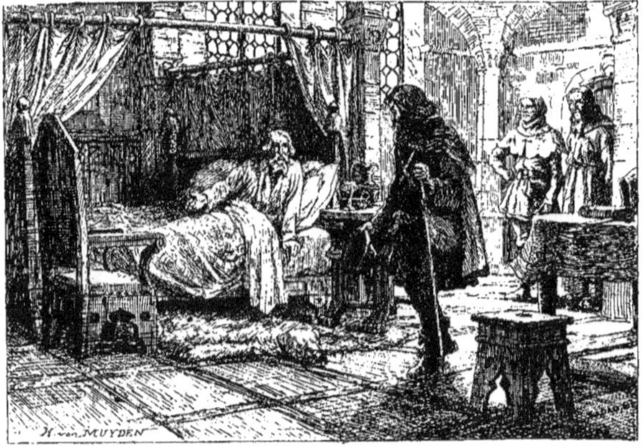

REPRODUCTION PHOTOZINCOGRAPHIQUE
d'un dessin à la plume de H. van Muyden.

Gravure extraite de *Les Châteaux suisses* (Ch. Eggimann & Cⁱᵉ, éditeurs à Genève).

gravure, encore appelé phototypogravure, phototypographie, photo-calque, va nous donner le cliché désiré.

Pour l'obtenir, la photographie doit elle-même se charger du report. C'est ainsi que, l'original ayant été photographié, on produit un positif sur une plaque de zinc recouverte d'une mince couche de bitume de Judée[1]. Les rayons lumineux, traversant les traits du dessin restés en blanc au négatif, insoleront la portion du bitume correspondante qui deviendra, à ces endroits seulement, insoluble

---

[1] Le bitume de Judée, vulgairement : l'asphalte, est un goudron que l'on trouve en grandes quantités à la surface des eaux du lac Asphaltite ou mer Morte.

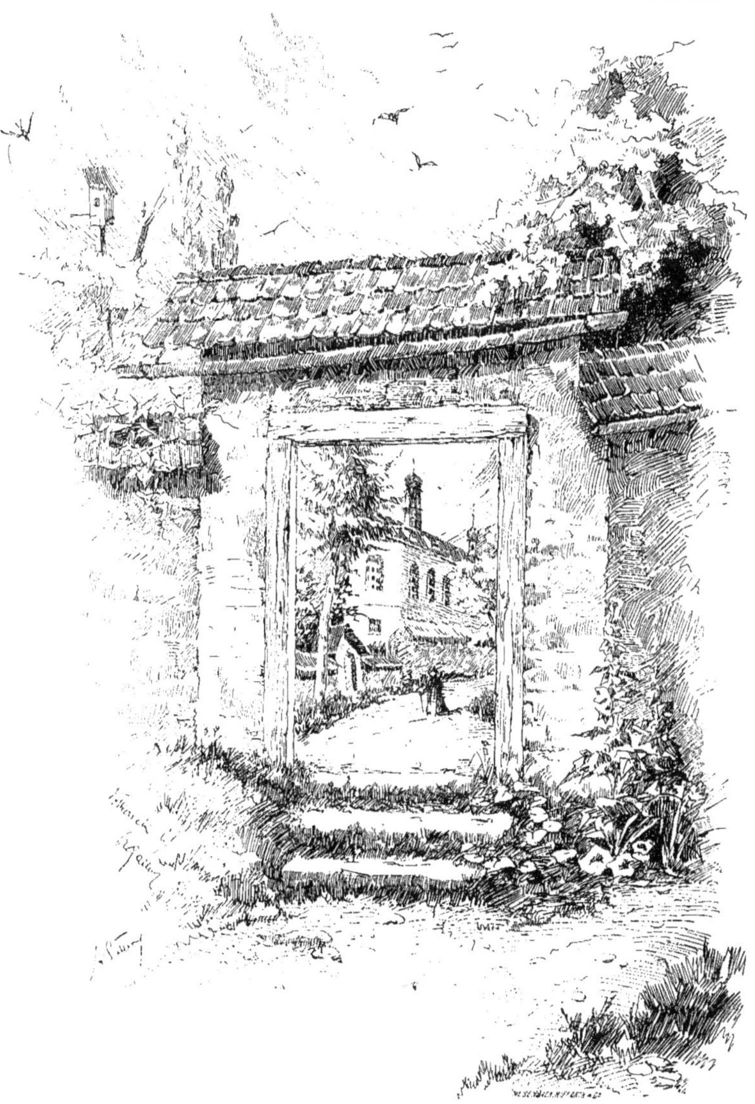

PHOTOZINCOGRAPHIE
d'après un dessin à la plume de A. Sutter.

Extrait de *Schweizer Landschafts- u. Architektur-Bilder*
(M. Kreutzmann, Zürich 1897)

MEISENBACH, RIFFARTH & Cⁱᵉ
MUNICH

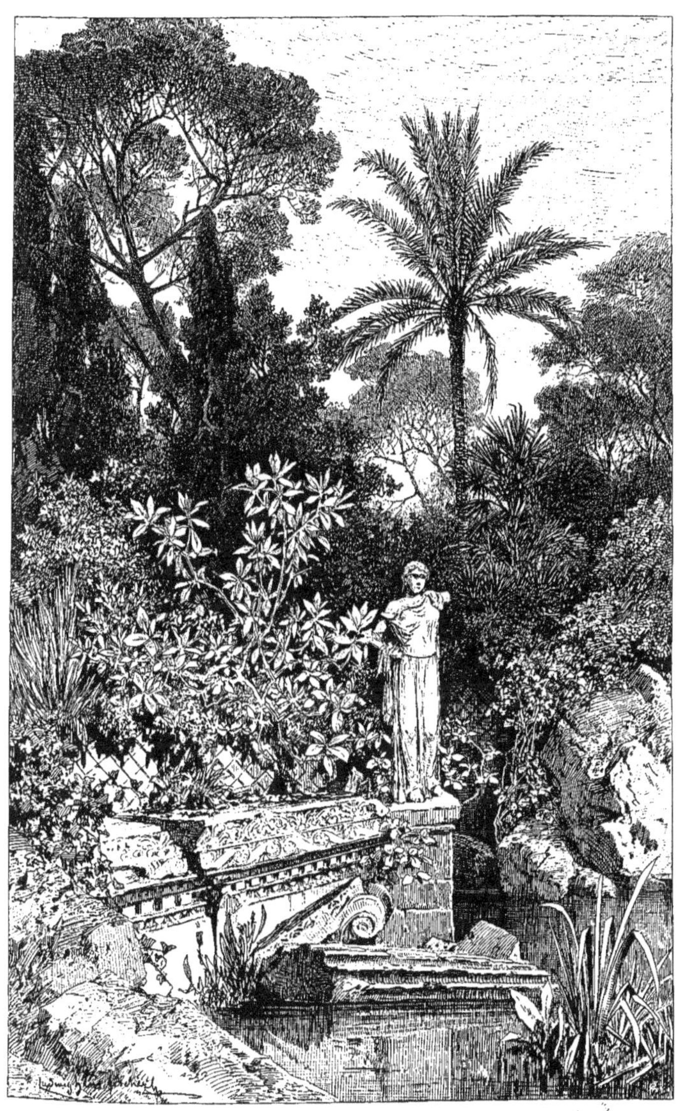

Photozincogravure

d'après un dessin à la plume sur papier blanc ordinaire.

C. ANGERER & GŒSCHL
VIENNE (AUTRICHE)

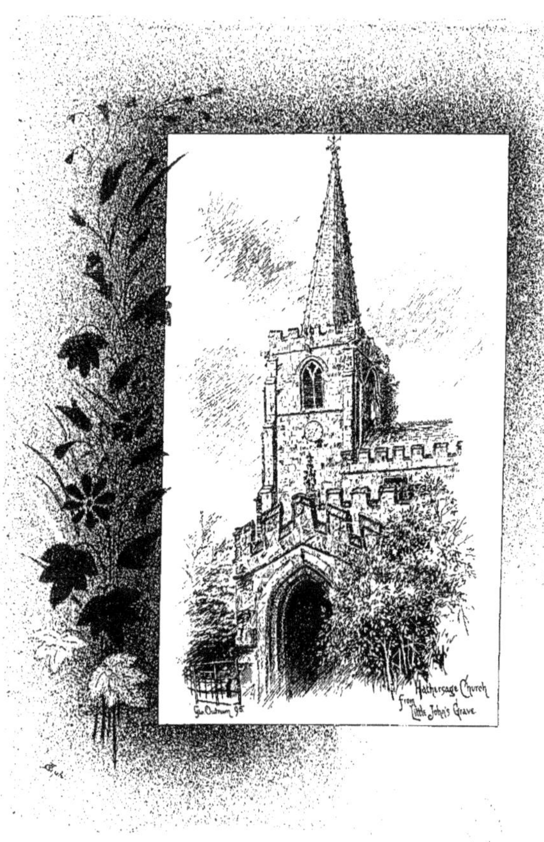

Photozincographie

d'après un dessin à la plume avec encadrement à fond granité irrégulier.

J. W. NORTHEND
8, Norfolk Row, Sheffield
(Angleterre)

dans les divers dissolvants, essence de lavande, essence de pétrole, benzine, etc. Après action suffisante de la lumière, la plaque est plongée dans une cuvette contenant un des dissolvants ci-dessus. Le métal se trouve bientôt mis à nu partout où le bitume a été soustrait par l'opacité du cliché à l'influence des rayons solaires. Les traits du dessin sont donc tracés *en bitume* sur la plaque de zinc, le bitume étant précipité dans toutes les parties blanches. Comme dans le premier cas de la méthode purement paniconographique, on attaquera avec l'acide nitrique les blancs du dessin, les portions de zinc non réservées, qui se creuseront, ne laissant subsister que le relief typographique.

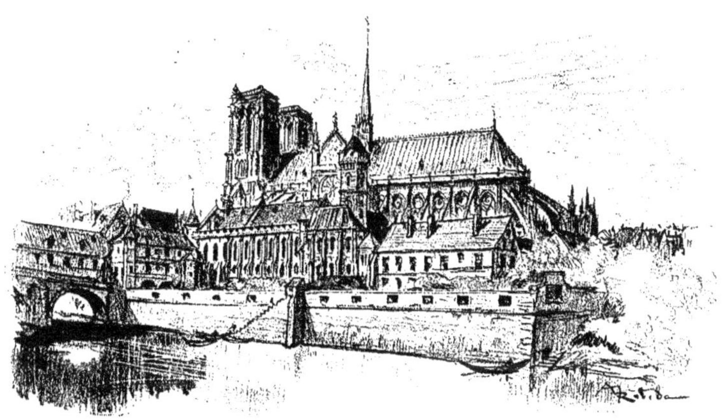

REPRODUCTION PHOTOZINCOGRAPHIQUE
d'un dessin au crayon de Robida.

Gravure extraite de *Paris de Siècle en Siècle* (Librairie illustrée).

Cette opération que l'on nomme *le mordançage* est très délicate. Elle doit être conduite graduellement, avec beaucoup de circonspection et des précautions suffisantes pour que l'acide ne vienne pas ronger en *sous-œuvre* le relief qu'aura fait naître une première *morsure*. On procède donc de la sorte : Après quelques minutes d'exposition à l'action de l'acide, action qui ne doit donner qu'un relief peu sensible, la plaque est retirée du bain, puis encrée au rouleau avec *un vernis* protecteur, et après cela exposée à la chaleur d'un réchaud. Le vernis fond alors et, en fondant, coule le long des talus, des reliefs déjà formés qu'il tapisse et protégera contre l'attaque corrosive lorsque tout à l'heure la plaque sera derechef soumise à l'action du bain. L'opération est ainsi renouvelée jusqu'à neuf ou dix fois, c'est-à-dire jusqu'au moment où le relief est jugé suffisant pour supporter le tirage typographique. Il a alors une épaisseur de 0",001 à 0",003, épaisseur que l'on tient plus ou moins forte suivant que les traits du dessin sont plus ou moins serrés et selon l'étendue de celui-ci.

« Il ne faut pas se faire d'illusions sur ce procédé » déclare M. Monet, « il présente des difficultés que la pratique seule, l'intelligence et l'esprit d'observation peuvent vaincre. Il est facile de se rendre un compte parfaitement exact du procédé et de la méthode employée par Firmin Gillot. En principe, tout paraît d'une simplicité élémentaire, mais si l'on songe à l'attention qu'il faut apporter aux morsures de l'acide pour que toutes les lignes délicates, les traits légers, les teintes faibles, les demi-teintes, les nuances du dessin soient complétement ménagés, garantis, fidèlement rendus, on verra que la gravure paniconographique exige une grande habileté et un sentiment artistique réel de la part de celui qui opère. »

M. Monet a raison de tous points.

Cette opération de morsure à l'acide est certes la partie la plus difficile du procédé. Elle demande d'infinies précautions et une attention soutenue ; c'est là plus que question de tour de main, et ne s'acquiert que par la pratique. Une morsure insuffisante procure de gros traits, empâtés, lourds, aux contours baveux ; si le travail a été exécuté trop précipitamment, le trait se trouve attaqué, rompu

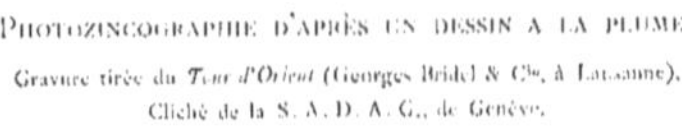

PHOTOZINCOGRAPHIE D'APRÈS UN DESSIN A LA PLUME.

Gravure tirée du *Tour d'Orient* (Georges Bridel & Cie, à Lausanne).
Cliché de la S. A. D. A. G., de Genève.

par endroits, découpé en dents de scie, les traits fins ont disparu. Le zinc est *grillé*, dit-on alors, et on se trouve en face d'un détestable résultat.

Certes, la retouche est possible. Elle est même toujours quelque peu nécessaire fût-ce après bonne réussite. On peut alléger au burin certains traits venus trop épais ; quelques coups de l'échoppe doivent avoir raison des blancs insuffisamment creusés ; des lointains trop intenses peuvent être atténués par la mollette du photozincograveur. On peut, en un mot, aisément retrancher ; on conçoit qu'il serait difficile d'ajouter ce qui aurait disparu sous une action trop rapide de l'acide.

La plaque de zinc, ainsi retouchée, est montée sur un bloc de bois et mise à la hauteur des caractères d'imprimerie. Le cliché est terminé.

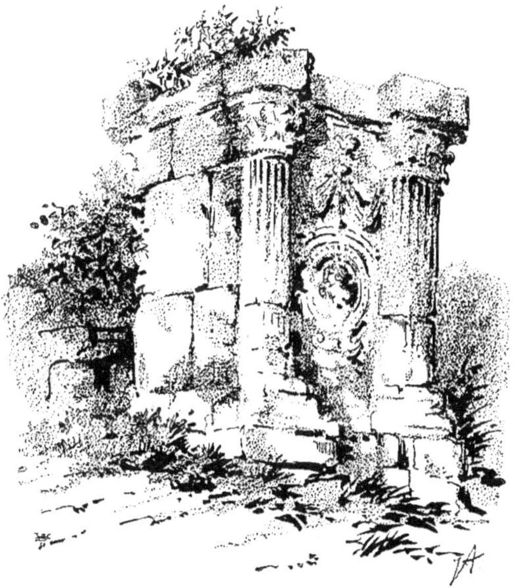

PHOTOZINCOGRAVURE

d'après un dessin exécuté au crayon gras avec touches au pinceau sur papier mince à grain factice.

(Croquis théorique.)

Le grain du papier a été ici obtenu par un moyen factice en introduisant sous la feuille de papier, au moment où l'on dessinait, un carton recouvert d'une toile de chagrin bien tendue. Le crayon, posé bien à plat, n'a plus déposé alors qu'une série de points de différentes grosseurs au lieu de taches noires qui seraient fort mal venues. Au moyen de quelques larges touches au pinceau, un peu d'effet a été ensuite ajouté à cette gravure d'un genre que rendent bien les procédés photomécaniques.

* * *

Théoriquement, tout dessin au trait exécuté d'une façon quelconque est bon à la reproduction ; pratiquement, il n'en saurait être de même : il y a parfois de grandes difficultés à surmonter et les résultats ne sont pas toujours excellents.

Lorsqu'on destinera un dessin à la plume à la reproduction photozincographique ou par tout autre procédé à base photographique, on devra observer que le dessin doit être exécuté sur un papier bien blanc, bristol glacé de préférence, et avec une encre très noire, encre de Chine bien diluée, de façon à ce que le tracé contraste aussi violemment que possible avec le fond blanc du papier.

Il sera toujours mieux aussi d'exécuter le dessin plus largement, franchement, dans des dimensions supérieures à la grandeur du cliché que l'on veut obtenir et de le réduire ensuite à l'épreuve photographique (un tiers est la meilleure proportion à indiquer, un quart si le dessin est traité largement). La réduction faiblissant et resserrant également tous les traits donnera plus de finesse au résultat qui sera toujours préférable à celui d'une reproduction d'exacte grandeur.

Par contre, l'agrandissement d'un dessin au trait sera toujours défavorable. On ne devra l'opérer que dans des cas de nécessité absolue. On conçoit bien, en effet, que le grossissement épaississant les traits et les désagrégeant, fait apparaître plus visiblement les défauts du dessin qu'il transforme souvent pour son plus grand désavantage.

Les derniers plans ne devront pas être traités trop faiblement. A la réduction, des traits trop fins s'affaiblissent, des hachures trop serrées se bouchent et donnent des noirs là où l'on voulait des gris, et le résultat ne rend pas ce que l'on espérait sur le vu de l'original.

Les dessins au crayon gras, les fusains donnent à la reproduction des vignettes d'un aspect tout particulier et sont d'un très heureux effet dans l'illustration d'un volume. Les dessins à la mine de plomb ne sont

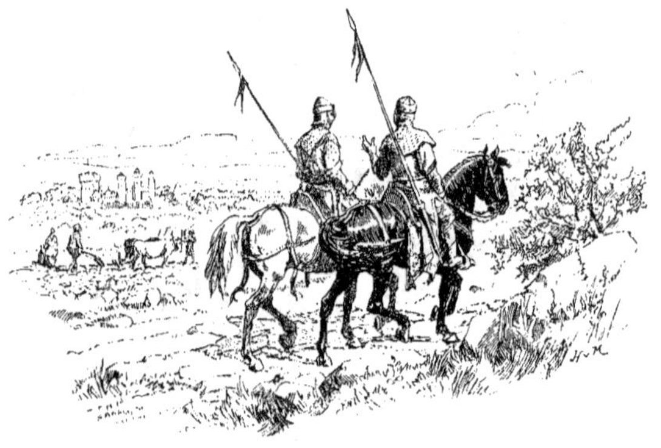

d'après un dessin à la plume de H. van Muyden.

Cliché de la S. A. D. A. G., de Genève.

propres à la reproduction que lorsqu'ils ont été exécutés vigoureusement sur papier grené, sans effaçage et avec un crayon assez tendre pour atténuer autant que possible le brillant de surface du trait. Dans ces conditions encore, ces diverses reproductions, aux effets très artistiques, sont d'une énorme difficulté.

Si dans un même dessin on emploie la plume et le crayon à mine de plomb,

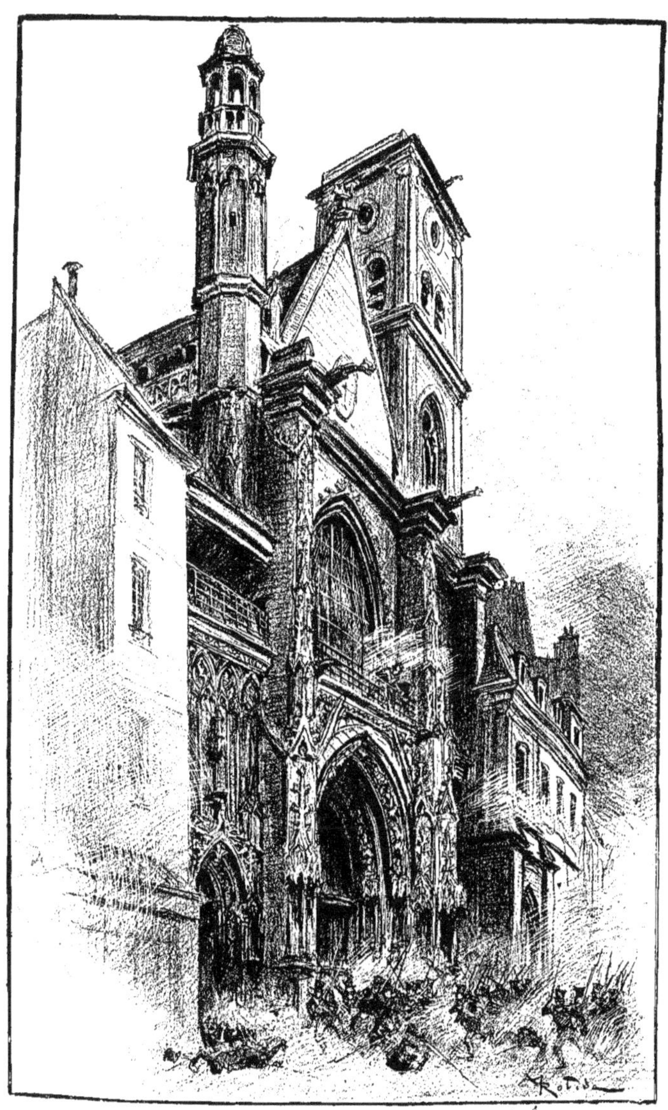

PHOTOZINCOGRAPHIE

d'après un dessin au crayon de Robida.

Gravure extraite de *Paris de Siècle en Siècle*
(Librairie illustrée)

la photographie traduira les deux tons avec une presque égale intensité. Il ne faut donc pas se fier outre mesure au ton séduisant de la mine de plomb, laquelle sur le dessin, mais sur le dessin seulement, donne des gris très fins contrastant agréablement avec les teintes à l'encre noire, mais gris, qui à la reproduction, se traduisent toujours par une tonalité très montée par l'encrage et sans grande différence avec celle des parties traitées à la plume.

Les dessins exécutés à la sanguine viendront également au tirage avec une intensité presque égale à celle du trait à la plume.

Il ne faut donc rechercher dans les dessins faits en vue d'une reproduction que le grand contraste entre le trait et le blanc du papier. Tel croquis, traité à la plume et aux différents crayons, merveilleux d'aspect sur l'original, sera une fois reproduit, d'un piteux effet aux côtés d'un autre simplement fait à la plume mais exécuté en vue de la reproduction, c'est-à-dire traité largement, par hachures bien espacées quant à la réduction et au résultat final.

Quelques photozincogravures obtenues de cette manière sont fort délicates et, dans leurs résultats, se rapprochent des gravures à l'eau-forte.

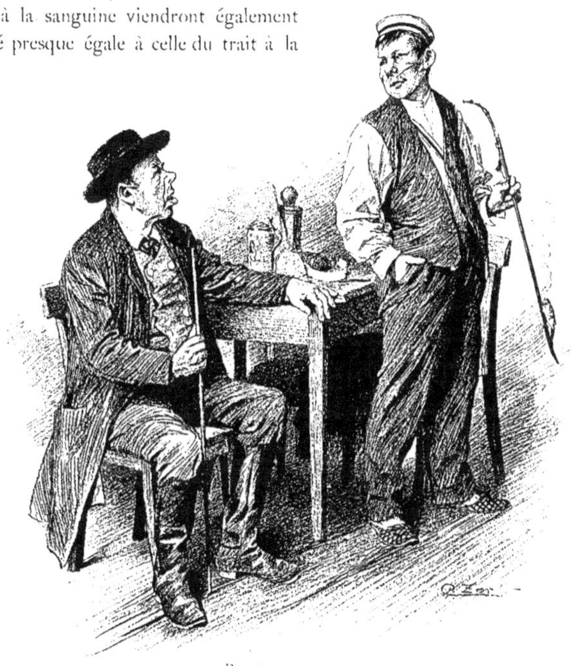

PHOTOZINCOGRAPHIE
d'après un dessin au fusain.

Cliché de Meisenbach, Riffarth & Cie, Munich, Berlin et Leipzig.
Gravure extraite des *Fliegende Blätter*.

Il nous a parfois été donné de voir des épreuves ainsi obtenues que l'on eût pu sans désavantage pour elles mettre en parallèle avec de magnifiques estampes encyprotypes.

Il faut reconnaître cependant que les dessins à la plume sont d'une tonalité quelque peu monotone. L'aspect du travail sera toujours celui d'un dessin sur fond blanc, la gamme de leurs tons ne variant, du blanc absolu du papier au noir intense d'un à-plat d'encre, que par des tons intermédiaires produits par des hachures plus ou moins espacées.

C'est là le côté faible de ce procédé que l'on peut, sans le trop dénigrer, considérer comme le moindre de la série des procédés photomécaniques. S'il offre de nombreux avantages de fidélité de rendu, d'authencité, s'il ne transforme pas les œuvres originales, n'étant pas interprétateur mais habile copiste, si avec lui on peut compter sur une grande rapidité d'exécution, sur une sérieuse économie, il faut reconnaître qu'il n'a pas pour lui la vigueur des tailles de la gravure sur bois, qu'il ne peut trop viser au modelé que l'on obtient de celle-ci, partant qu'une gravure sur bois sera toujours d'exécution plus brillante qu'une photozincogravure.

Mais, attendez, tout se transforme et tout s'améliore de jour en jour dans les procédés photomécaniques. A peine la photozincogravure était-elle née qu'on s'apercevait de la trop grande sécheresse de ses dessins ; on cherchait alors un moyen d'atténuer celle-ci, d'adoucir le *cassant* du trait de plume, et de se rapprocher du modelé autant que cela était possible en obtenant une augmentation de l'échelle des tonalités des dessins noirs sur fond blanc.

On eut pour cela recours aux papiers dits *papiers procédé*.

Ces papiers vulgarisés — d'aucuns disent : inventés, — par Gillot[1], sont *couchés*, c'est-à-dire recouverts d'une couche de baryte (craie) sur laquelle est imprimé un grisé linéaire qui formera le fond du dessin.

Quelques-uns de ces fonds grisés sont formés de lignes ténues horizontales ou verticales, suivant que l'on emploie le papier dans un sens ou dans l'autre. D'autres fois, les traits seront croisés ou quadrillés ; ailleurs, le papier, vermiculé, offrira seulement un grain saillant et l'aspect rugueux d'une toile à gros grain.

Dans tous ces cas, l'emploi sera le même. L'artiste ayant exécuté son dessin sur ce papier, enlèvera au grattoir les parties de celui-ci où il voudra obtenir des lumières. Il obtiendra ainsi des blancs semblables à des rehauts de gouache posés sur un fond teinté gris.

S'il gratte complétement, le ligné gris disparaissant, il obtient un blanc pur ; le grattage est-il moins énergique, le ligné gris ne disparait pas totalement, se traduit à la reproduction par un pointillé très fin et produit une sorte de demi-teinte, un gris très lumineux.

L'échelle des tons est donc considérablement augmentée et l'artiste dispose maintenant de nombreuses valeurs qui sont :

le ton gris naturel du ligné qui forme le fond ;

les blancs absolus produits par le grattage complet du fond gris ;

le ton gris pointillé produit par le demi-grattage du fond gris ;

---

[1] On les appelle, du reste, souvent papiers Gillot.

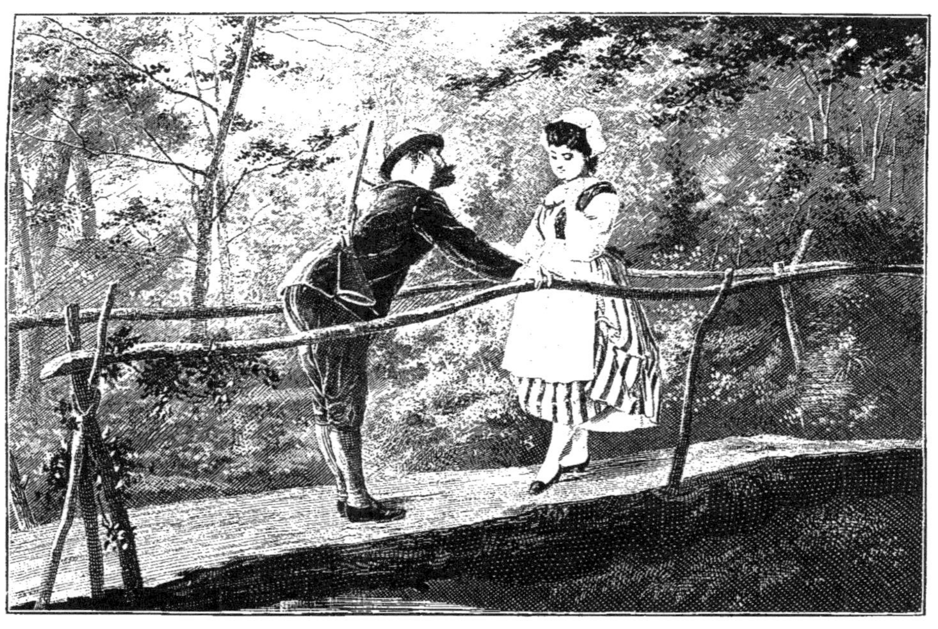

Photozincographie

d'après un dessin à la plume sur papier bristol blanc.

HUSNIK & H. EUSLER
Prague (Bohême)

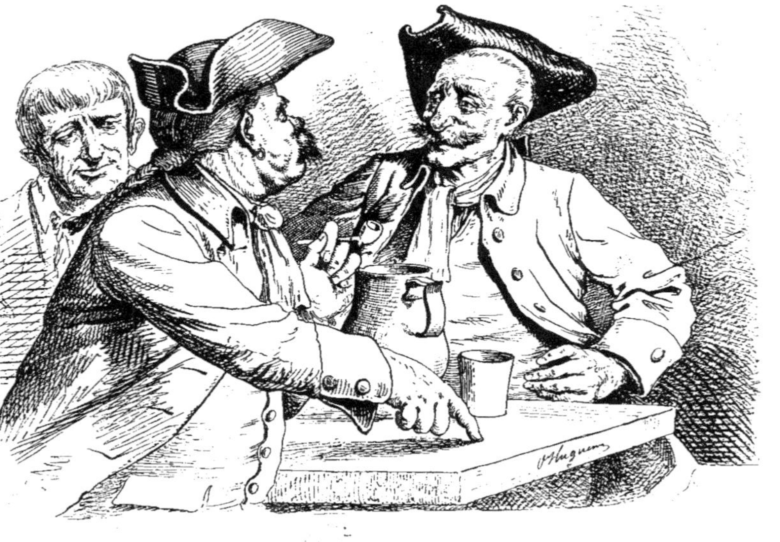

Photozincographie

*d'après un dessin à la plume sur papier bristol
de M. le prof. C. Huguenin.*

le noir absolu obtenu par les touches d'encre posées à plat, soit à l'aide d'une grosse plume, soit au pinceau ;

les diverses valeurs produites par les hachures plus ou moins prononcées et variées dans leur espacement ;

les gris donnés par des hachures au crayon et les noirs absolus fournis par le même crayon et posés en touches intenses. Cependant, cette dernière valeur est quelque peu problématique, la photographie nous l'avons dit rendant avec peu de différence les noirs de la plume et ceux du crayon.

***

Le genre de papier ayant été choisi suivant le sujet à traiter, papier à lignes grises pris dans son sens vertical ou horizontal, papier quadrillé ou papier granulé, le dessinateur procède ainsi : Il esquisse légèrement sur sa feuille les contours

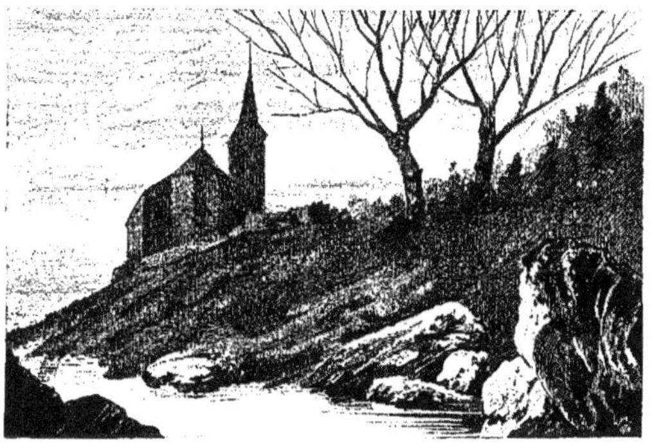

CROQUIS THÉORIQUE
montrant les cinq tons principaux que l'on peut obtenir du papier « procédé » ligné gris.

1. *Ton noir absolu.* Visible dans les rochers du premier plan, dans celui de gauche surtout, où les vigueurs sont formées par des touches larges, des à-plats d'encre.

2. *Ton gris foncé.* Produit sous formes de tons continus ou de quadrillé assez intense par des traits de plume : visible dans la silhouette de l'église, les arbres, les buissons et tout le terrain du second plan. Quelques traits de crayon se sont traduits à la reproduction avec une intensité presque égale à celle atteinte par ceux à l'encre : les deux flèches de l'église, quelques-unes des branches des deux arbres avaient été traitées au crayon.

3. *Ton gris plus clair.* Le ton naturel du papier, ligné gris. Visible dans la partie la plus sombre du ciel et dans le lointain du dernier plan.

4. *Ton gris très clair.* -- Pointillé gris. Visible dans une partie des nuages et plus faiblement dans les parties éclairées des rochers de gauche, au premier plan. Produit par un demi-grattage du fond ligné du papier qui s'est transformé en un pointillé très lumineux.

5. *Ton blanc pur.* - Le bas du ciel, l'eau et quelques lumières dans les rochers du premier plan. Produit par grattage complet du fond ligné gris du papier, lequel fond a disparu complètement dans ces parties.

du dessin avec le crayon *bleu*. Cette couleur étant photogénique ne se reproduira pas avec l'original, mais elle aura servi à former la carcasse du dessin qui sera exécuté ensuite à la plume et avec une encre qui, nous le répétons, devra être très noire. Le crayon, parfois le pinceau, vient aussi renforcer la valeur des teintes et on obtient les tons clairs ou les blancs purs en supprimant plus ou moins ou totalement, avec l'aide du grattoir, les lignes imprimées ou gaufrées, fond du dessin.

L'usage de ce papier exige une certaine habileté, mais les résultats, nous y insistons — et nous croyons suffisamment le prouver par les reproductions que nous donnons dans ces pages — les résultats, disons-nous, sont assez surprenants pour que les artistes en fassent un emploi qui leur sera du plus grand secours dans l'illustration de leurs œuvres.

Beaucoup d'entre eux, du reste, se sont fait une spécialité de ces dessins sur papiers procédé, lesquels — sans contredit — offrent de grandes ressources. Et de nos jours où la reproduction et la réduction d'un dessin sont choses courantes, un grand nombre de publications et d'éditions sont illustrées par le procédé que nous venons d'examiner, procédé qui rend, sans y rien changer, le style, le tempérament de l'artiste, ce que ne faisaient pas toujours la gravure sur bois, la gravure sur cuivre, la lithographie, gravures d'interprétation, interprétant parfois trop à leur manière.

Nous venons de lancer un bien gros mot en disant que nombre d'éditions sont maintenant illustrées par le procédé. Le livre ainsi ornementé a eu contre lui de redoutables adversaires. Qu'on se rappelle les jugements trop sévères d'Henri Béraldi, un iconophile célèbre, un humoristique écrivain, l'auteur admirable des *Graveurs du*

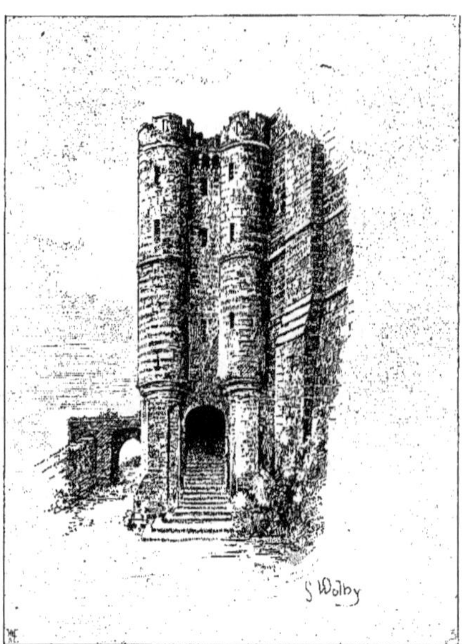

PHOTOZINCOGRAPHIE
d'après un dessin à la plume sur papier procédé ligné gris.

LE CHATELET AU MONT SAINT-MICHEL.

Dessin de G. Dalby, 13, rue Fresnel, Paris. — Cliché de Ducourtioux & Huillard, Paris.

Le dessin original, plus grand d'un tiers, a été exécuté à la plume et au grattoir, ce dernier servant à poser les rehauts, les blancs de l'image. Sans ces touches lumineuses qui donnent de la vie à l'ensemble, ces dessins seraient d'un aspect froid et monotone. La signature de l'artiste avait été exécutée très faiblement à la mine de plomb; elle est cependant venue avec beaucoup d'intensité.

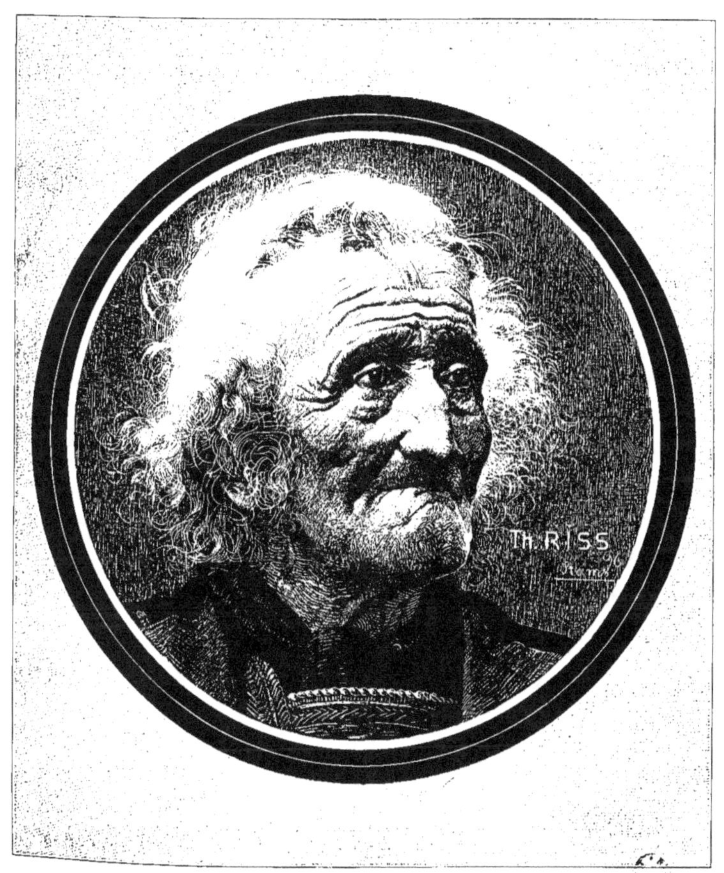

Photozincographie
d'après un dessin à la plume et au grattoir sur papier procédé.
(Papier Angerer, n° 6)

C. ANGERER & GŒSCHL
Vienne (Autriche)

XIXᵉ siècle, pour lequel « les procédés et paniconographies diverses ne comptent pas », de Bracquemond, qui dans de beaux mouvements de purisme artistique disait à ses néophytes : « Voulez-vous compter dans l'Art, usez d'un moyen d'art, et la paniconographie et le report n'en sont pas. »

Pour si *artistiques* qu'elles soient, ces opinions nous paraissent très exagérées. Il y a, quoi qu'on dise, de l'art dans ces mille et un croquis enlevés chaque jour et leurs auteurs ont besoin pour leur exécution d'un sentiment artistique aussi élevé que celui qu'exige une lithographie ou une gravure sur bois.

Les gravures aux procédés ont eu, du reste, d'éloquents défenseurs. Jules Adeline n'est pas un des moindres ; ses *Arts de Reproduction vulgarisés*[1] contiennent çà et là d'admirables plaidoyers en faveur des procédés « si malmenés et pourtant si utiles ».

« De nos jours, dit-il, jamais les publications n'ont été si nombreuses et illustrées si copieusement et de si amusante façon. Les procédés de reproduction,

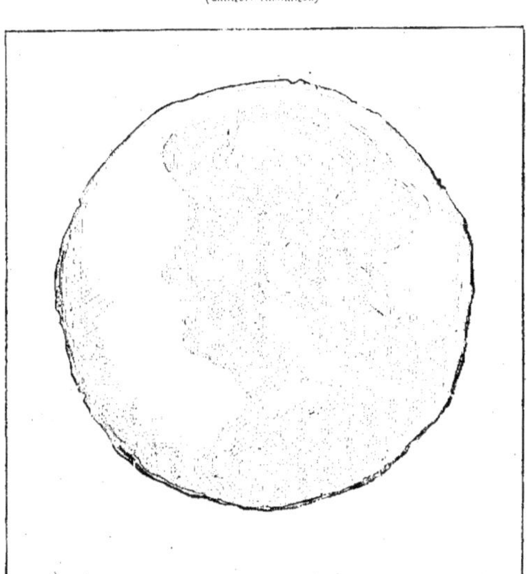

PHOTOZINCOGRAPHIE
d'après un dessin entièrement exécuté au grattoir sur papier procédé.
(CROQUIS THÉORIQUE)

Ce cliché n'a été exécuté que pour montrer le brillant parti que l'on peut tirer du grattoir ; on comprend, en effet, que ce genre ne convienne que dans des cas très peu fréquents, le modelé que l'on peut obtenir de quelques coups de canif étant forcément très limité. On remarquera que le ligné de la figure est vertical, tandis que celui du fond sur lequel est placé cette sorte de camée, est horizontal. C'est un petit artifice destiné à varier les effets ; le médaillon se détache mieux ici que s'il avait été placé sur un fond ligné dans le même sens. Le contour du médaillon a été repris à la plume.

---

[1] Un vol grand in-8 avec 140 vignettes dans le texte et 12 planches hors texte, publié par la *Société française d'Éditions d'art* (L.-H. May), à Paris, à l'amabilité de laquelle nous devons quelques-uns des croquis théoriques que nous donnons dans ces pages.

purement mécaniques, ont donc rendu déjà d'immenses services et en rendront peut-être de bien plus grands encore. Est-ce à dire qu'ils doivent conduire à l'abandon complet des anciens procédés de gravure? Oh! que non pas. Les uns donnent un résultat et les autres en donnent un autre. Le mariage de l'objectif

Photozincographie

d'après un dessin exécuté à la plume et au crayon
sur papier procédé à grain gris vermiculé.

(croquis théorique.)

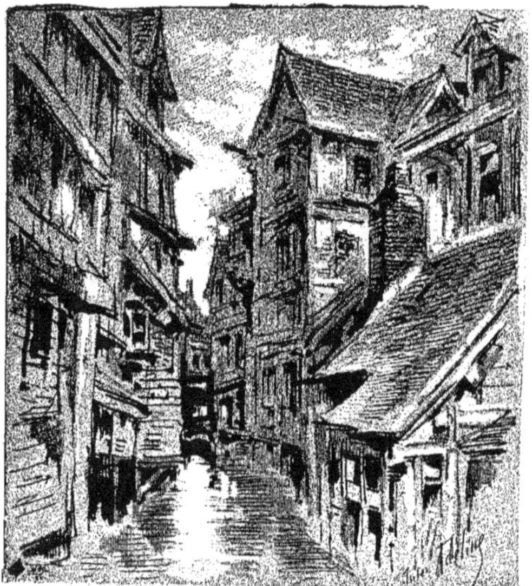

Le papier sur lequel a été fait ce dessin était une feuille recouverte de très fins vermiculages en noir. L'artiste a procédé pour l'exécution de son travail de la même manière que l'on opère sur papier ligné gris. Ce papier procédé, quoique rarement employé, est pourtant moins froid, moins monotone que le ligné gris. Il donne aux dessins auxquels il sert de fond un aspect assez pittoresque.

et de l'acide n'a encore produit qu'une union imparfaite: le ménage n'est pas sans nuages, mais l'union peut devenir plus intime. »

Intime, croyez-le, elle le deviendra et plus promptement peut-être qu'on ne le suppose. Cela est-il tant à combattre. Au nom d'un étroit principe

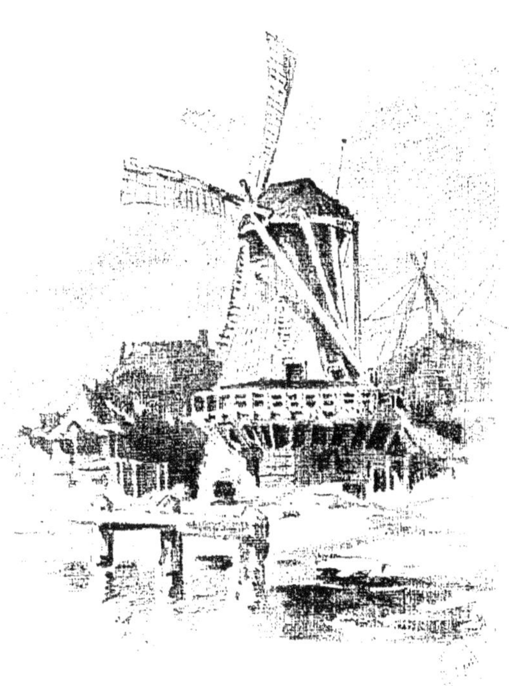

PHOTOZINCOGRAPHIE

*d'après un dessin exécuté au crayon gras sur papier procédé
à gros grain simulant la toile.*

(CROQUIS THÉORIQUE)

artistique, on est parti en guerre contre le « procédé », croisade absurde, mais heureusement sans grands résultats. Le procédé se maintient, se perfectionne chaque jour et chaque jour entre davantage dans les mœurs du livre.

Il n'y a du reste pas lieu de s'en plaindre. L'art reste ce qu'il est et n'est amoindri en rien par cette concurrence de la nature. Une gravure sur bois

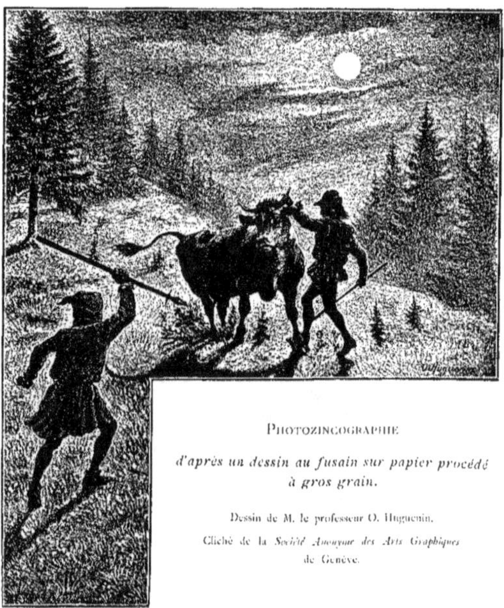

PHOTOZINCOGRAPHIE

*d'après un dessin au fusain sur papier procédé
à gros grain.*

Dessin de M. le professeur O. Huguenin.
Cliché de la *Société Anonyme des Arts Graphiques*
de Genève.

restera toujours sans prix aux côtés d'une gravure au procédé, l'artiste aura toujours sa gloire que le procédéiste n'arrivera pas à amoindrir. Mais, que diable ! il faut faire la part des choses... et des nécessités. Les gravures au procédé ont leur utilité ; tel dessin reproduit par la photogravure le sera très fidèlement, dans un quart d'heure, peut-être, avec une dépense presque insignifiante, tandis que ce même dessin reproduit par la gravure sur bois ne sera rendu que transformé, exigera une longue exécution ... des mois, parfois ! et coûtera fort cher. Graves défauts par le temps qui court !

*
* *

Le gillotage n'a pas de rival possible pour les copies documentaires les fac-similés d'écriture, les reproductions de gravures anciennes. La sincérité de la photographie fait ici l'excellence du procédé qui a permis de sauver de l'oubli des œuvres admirables. Des gravures, voire des ouvrages entiers ont été reconstitués par cette méthode qui les reproduit d'une manière absolument irréprochable.

Le gillotage est très employé encore par la presse illustrée qui a compris la supériorité que réalisaient sur la lente et coûteuse gravure sur bois, la rapidité et le bon marché du procédé [1]. De plus, le relief important des clichés qu'il procure permet de l'utiliser dans les journaux à tirage rapide où il peut suffire à un nombre très considérable.

FAC-SIMILÉ PHOTOZINCOGRAPHIQUE

*Fragment
d'une Bible du XIIIe siècle.*

Mais de quelque secours que soit ce procédé dans l'illustration courante, il restait encore — nous l'avons dit, et c'est là le seul grief sérieux à lui faire — impuissant devant les demi-teintes d'un sujet nature. Le problème ardu s'imposait donc de découvrir une méthode qui permît de traduire par des tonalités différentes, par la gamme de toutes les nuances allant du blanc au noir, les valeurs intensives, les teintes continues, telles que les rend si fidèlement l'objectif.

En un mot, il fallait d'un original *nature* obtenir une planche typographique, un cliché où fussent transportés, avec toute l'exactitude

Victor Hugo n'avait
pas un seul livre chez lui ;
j'en ai vingt-cinq mille
chez moi.

On peut se passer de
livres quand on est Victor Hugo.
Quand on n'est que moi, on
n'en a jamais assez

Jules Simon

FAC-SIMILÉ PHOTOZINCOGRAPHIQUE
Autographe de M. Jules Simon.

---

[1] Le prix des clichés obtenus par ce système, le meilleur marché entre tous, varie avec leur genre de confection, c'est-à-dire suivant qu'ils sont effectués *par report direct* (chemigraphie, zincographie) ou *par reproduction photographique* (photozincographie).

Dans le premier cas, soit lorsque ces gravures sont obtenues par report direct, le prix varie suivant les maisons les fabriquant et le genre et l'importance du travail, de 3 à 8 cent. le cm². Dans le second cas, ce prix va de 4 à 10 centimes.

de l'épreuve photographique, les jeux et les effets de lumière et de perspective du sujet.

Malgré ce que paraissait avoir d'irréalisable, d'utopique même, cette idée de faire accomplir à l'influence lumineuse un travail mécanique et... intelligent, elle n'en fut pas moins résolue très pratiquement comme on va le voir par le procédé suivant.

Pour une étude technique plus complète de ce procédé (photozincogravure), nos lecteurs consulteront avec profit les ouvrages ci-après :

ADELINE (Jules). Les Arts de Reproduction vulgarisés, Paris, Librairies-Imprimeries réunies, May & Motteroz.

DE LA BAUME-PLUVINEL. — La Théorie des Procédés photographiques. Paris, Gauthier-Villars & fils, G. Masson, éditeurs.

GEYMET. — Traité pratique de Photogravure sur Zinc et sur Cuivre. Paris, Gauthier-Villars, 1886, in-18 jésus.

MONET (A.-L.) — Procédés de Reproductions graphiques appliquées à l'Imprimerie. — Paris, Administration du Bulletin de l'Imprimerie, 1888.

POITEVIN (A.) — Traité des Impressions photographiques. — Paris, Gauthier-Villars, 1883.

ROUX (V.) Traité pratique de Zincographie, 2e édition revue et considérablement augmentée par l'abbé J. FERRET. - Paris, Gauthier-Villars, 1885.

VIDAL (Léon.) — La Photographie appliquée aux Arts industriels de Reproduction. Paris, Gauthier-Villars, 1880.

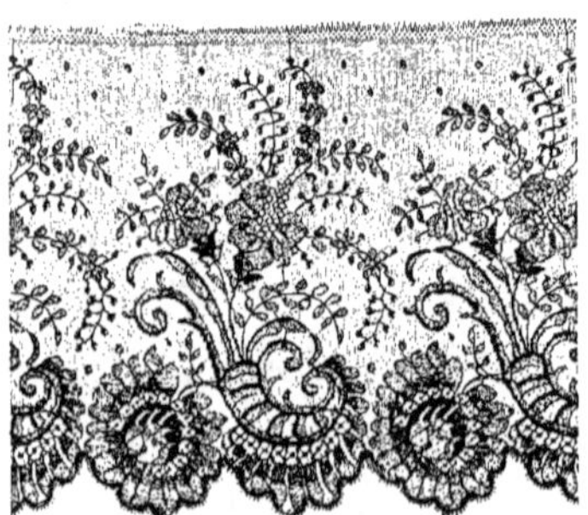

REPRODUCTION PHOTOZINCOGRAPHIQUE
d'après nature.

Cliché de B. Delaye, J. Hemmerlé & Cie à Lyon.

*Autotypie, Autogravure, Similigravure, Photogravure,
Typogravure, Phototypogravure,
Typophotographie, Linéographie, Demi-teinte.*

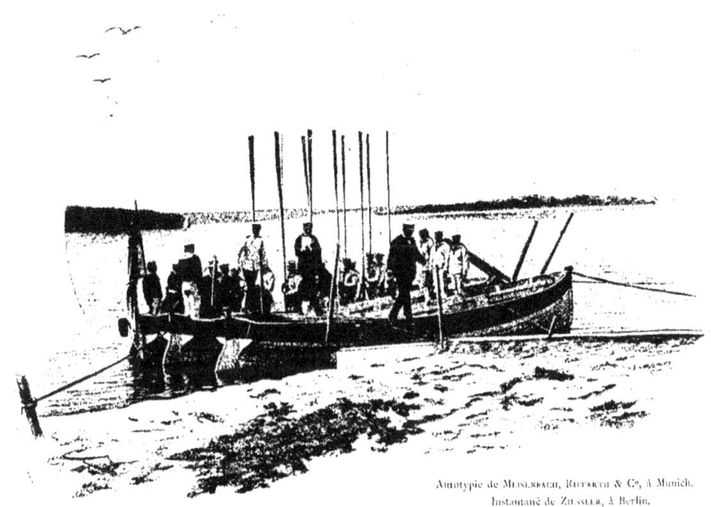

CHAPITRE III

Autotypie, Autogravure, Similigravure, Photogravure, Typogravure, Phototypogravure, Typophotographie, Linéographie, Demi-teinte.

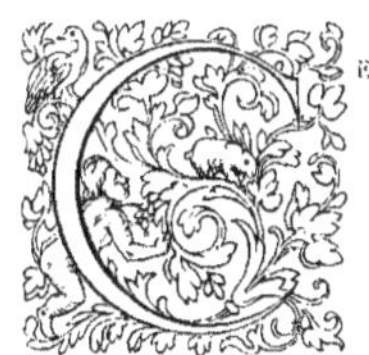

E procédé est encore récent, car si de nombreux essais en furent tentés depuis une trentaine d'années, il n'a été rendu bien définitivement pratique que par les perfectionnements qu'y apporta l'Allemand Georges Meisenbach, en 1882.

Les recherches faites pour obtenir les demi-teintes, le modelé d'un sujet quelconque avaient naturellement amené les expérimentateurs à ce principe qu'on ne pouvait aboutir à l'impression typographique d'un cliché à demi-teintes qu'en les divisant — d'une manière artificielle — en une multitude de points dont les différentes dimensions, les groupements procureraient les diverses variations d'ombres et de lumières.

Placet tenta d'abord quelques essais et réussit à faire des planches typographiques rendant les demi-teintes au moyen du grain produit par une résine projetée sur l'image. Cependant la pratique offrait beaucoup de difficultés, le procédé ne donnait pas le résultat que l'idée semblait contenir et les recherches durent être poussées plus avant.

Après lui, un Anglais dont le nom se retrouve presque à chacune des pages du Livre d'or de la photographie, un vaillant entre ceux dont les patients labeurs fournirent les prolégomènes de ces admirables découvertes, Fox Talbot, expérimentait le filet ou réseau grâce auquel il arrivait à l'obtention typographique des demi-teintes, trouvaille jetant les bases du procédé qui a rendu célèbres les noms des Anglais Swan et Suttons et dont le brevet de Meisenbach, en 1882, consacrait le succès définitif[1].

Georges Meisenbach, pour rendre les diverses valeurs de modelé d'un sujet, le photographiait au travers d'un écran portant un grisé de lignes très rapprochées. Cette double photographie décomposait l'image en lignes et en

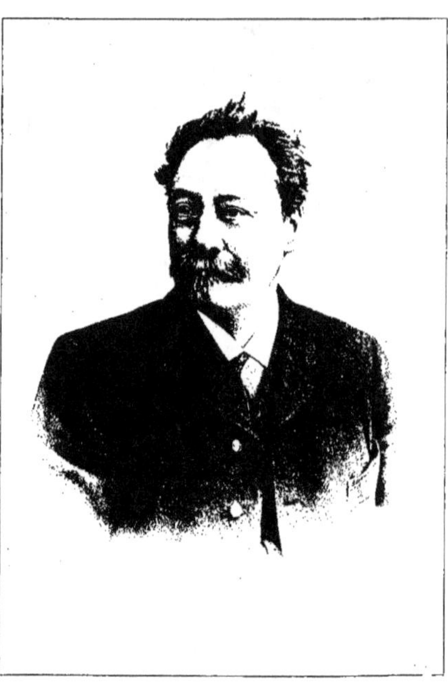

GEORGES MEISENBACH.

points. C'est la méthode qui, perfectionnée, est encore employée aujourd'hui, l'image étant ensuite mise en relief d'une manière analogue à celle que nous avons décrite dans l'examen du procédé précédent.

---

[1] Le cliché typographique à demi-teintes a été l'objet de nombreuses recherches. En 1882, M. Cellarius, de Sainte-Marie-aux-Mines (Alsace), prenait un brevet en France pour la découverte qu'il venait de faire de l'obtention possible de ce genre de cliché par l'interposition d'une trame qu'il obtenait d'une feuille de gélatine portant un grisé de lignes tiré lithographiquement. L'épreuve que nous a communiqué l'inventeur marquait un pas décisif mais ce résultat était de beaucoup dépassé par celui qu'obtenait Meisenbach lequel, vers la même époque, lançait sa découverte. En homme intelligent, s'inclinant devant la supériorité que présentait l'épreuve concurrente, M. Cellarius abandonnait alors sa trouvaille.

Nous donnons ici même une reproduction de la première autotypie sortie des mains de Meisenbach. Par l'examen de cette épreuve, en tenant compte naturellement du chemin parcouru et des perfectionnements apportés à la découverte, il est facile de se convaincre de ce fait que si l'autotypie a gagné en finesse, ses résultats, sa valeur, ne sont guère différents de ce qu'ils étaient au début.

L'inventeur baptisa sa découverte : *autotypie*. Cette appellation lui a été surtout conservée en Allemagne, en Autriche, en Suisse. En France, en Belgique on préfère pour elle le nom de *similigravure*, on la désigne encore sous ceux de photogravure, de typogravure, de phototypogravure, de phototypographie, de linéographie, de demi-teinte. Ce dernier nom lui est aussi donné en Amérique et en Angleterre (*half-tone*).

Avez-vous remarqué ces noms *phototypogravure*, *phototypographie?* Nous vous les avons déjà indiqués comme ceux du procédé qui faisait l'objet de notre précédent chapitre. Ne voyez-vous pas maintenant le danger que présente la multiplicité des appellations des différentes gravures photochimiques? Ce nom *phototypogravure* s'appliquant indistinctement au procédé de reproduction des dessins au trait (gillotage) et à celui qui rend les demi-teintes ne peut-il, ne doit-il pas engendrer fatalement de graves erreurs? Il y a là une situation dangereuse plus encore que bizarre, une anomalie flagrante déroutant absolument celui qui se donnera la peu agréable tâche d'ouvrir les nombreux ouvrages qui traitent de ces matières. Quelle autorité fera la lumière dans ce chaos? En notre époque de congrès à outrance, quel congrès interviendra pour réglementer cette question de baptême des arts nouveaux et fera enfin cesser la confusion, l'anarchie qui règnent dans la Babel iconographique ?...

REPRODUCTION DE LA PREMIÈRE AUTOTYPIE obtenue par Meisenbach.

* * *

Pénétrons maintenant davantage au cœur de notre sujet, et donnons la manière d'obtenir ce genre de gravure que ses parrains aussi nombreux qu'inconnus nous permettront bien d'appeler le plus fréquemment du nom choisi par l'inventeur : *autotypie*.

Nous avons dit que pour pouvoir les reproduire typographiquement, c'est-à-dire en même temps que le texte, on était obligé de décomposer les demi-teintes en une série de points, ce que l'on obtient en interposant entre la plaque sensible et l'objectif un écran formé de lignes entrecroisées en réseau.

Indiquons rapidement la manière d'opérer. Aussi bien, nous le répétons, nous n'avons pas la prétention de faire de cet ouvrage un manuel pratique des gravures photomécaniques. Les traités spéciaux abondent, plus ou moins bons, plus ou moins complets, et nous y renvoyons le lecteur désireux d'approfondir la technique de ces inventions. Nous ne nous sommes donné pour tâche que d'examiner les procédés dans leurs rapports avec l'illustration du livre.

Pour faire une autotypie, on applique le cliché photographique obtenu à travers la glace quadrillée sur une plaque de zinc bien planée ou une planche de cuivre (polie au préalable) recouverte d'une substance susceptible de se laisser impressionner par la lumière.

C'est avec intention que nous restons dans la généralité en disant simplement : *une substance*, parce que celle-ci varie avec chaque photograveur. Les uns emploient le bitume de Judée, les autres la gélatine ; quelques-uns opèrent avec la gomme blanche arabique pure, d'autres simplement avec de l'albumine. Bref, la « substance » varie à l'infini. Cent maisons exploitent le procédé par cent méthodes différentes ; d'où le retour sempiternel de l'inévitable mention : *Procédé spécial de la maison X*, qui paraphe chacune de ces illustrations dans nos journaux techniques.

Donc, l'un portant l'autre, le cliché photographique porté par le... futur cliché autotype — pour l'instant encore simple plaque de zinc ou de cuivre, — les deux clichés sont exposés à la lumière pendant un laps de temps plus ou moins long, suivant que l'on opère avec le soleil ou à la lumière diffuse. Une fois l'insolation terminée, la plaque de métal est séparée du cliché photographique et lavée dans un liquide dont la nature, essence de lavande, benzine, etc., varie selon la substance sensible dont on a revêtu cette planche. Les parties non insolées disparaissent alors, laissant à nu le métal que l'on met ensuite en relief par les morsures d'un acide, généralement l'acide nitrique s'il s'agit d'un cliché zinc, ou le perchlorure de fer si c'est d'un cliché cuivre.

Le réseau ligné s'appelle *trame*, ou encore *linéature*. C'est une glace transparente sur laquelle un quadrillé [1] de lignes très régulier a été gravé mécaniquement. Ces glaces, selon le sujet à reproduire, portent ordinairement de 35 à 60 lignes au centimètre. Les Américains ont acquis une grande perfection dans ce genre de fabrication qu'ils ont été longtemps seuls à exploiter, et ils sont parvenus

---

[1] Autrefois (et cet usage n'a pas encore entièrement disparu) on se servait d'une glace rayée diagonalement *dans un seul sens*. On obtenait le quadrillé en lui faisant subir une rotation de 90° pendant la seconde moitié du temps de pose. On conçoit les difficultés qu'offrait cette rotation qui risquait fort de déplacer l'appareil. La glace quadrillée, naturellement plus coûteuse a supprimé cet inconvénient.

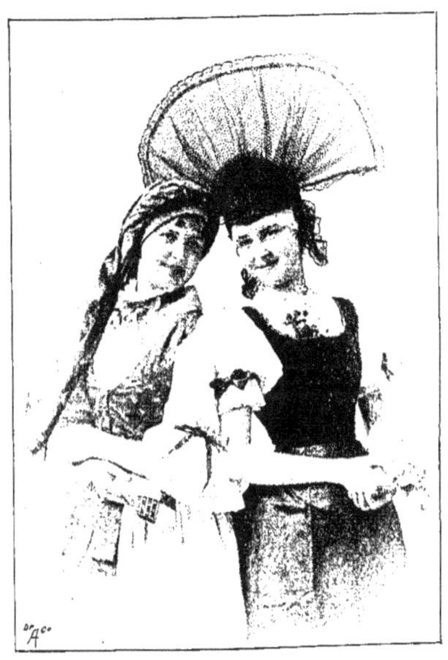

48 lignes au centimètre carré

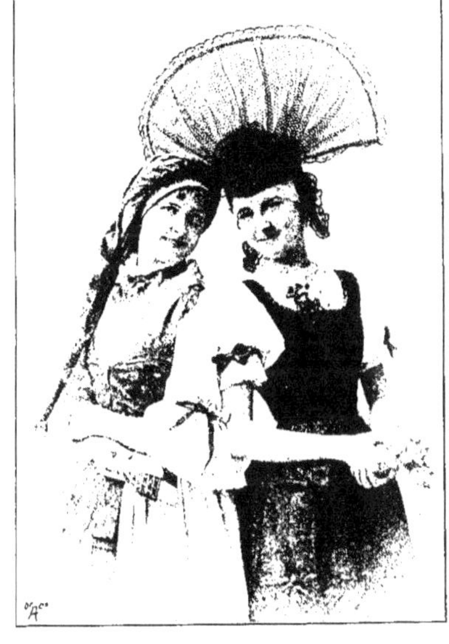

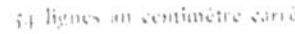

54 lignes au centimètre carré

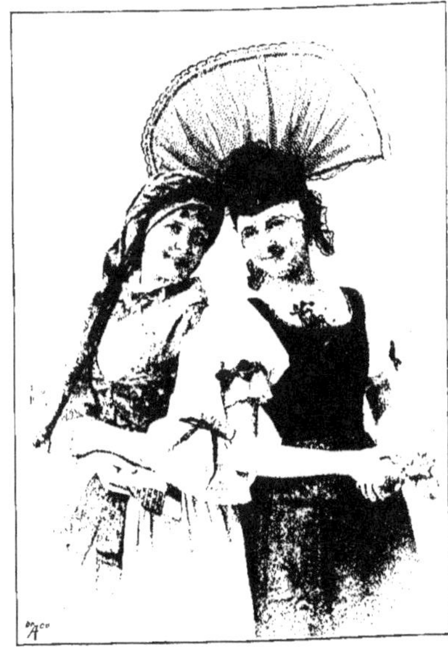

60 lignes au centimètre carré

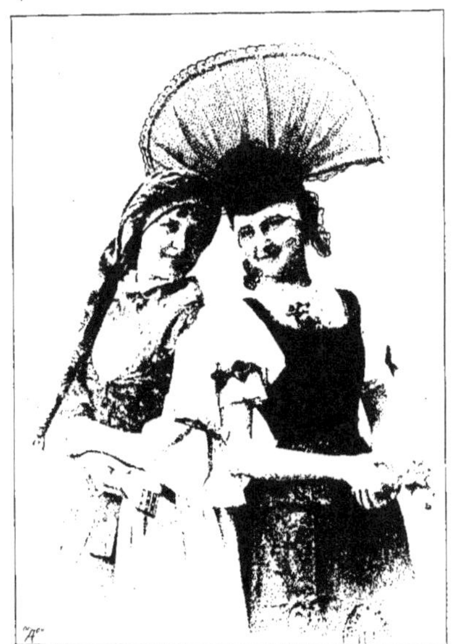

66 lignes au centimètre carré

EXEMPLES DE RÉSEAUX DE GROSSEURS DIFFÉRENTES

Clichés Dr E. Albert & Co, Munich.

à produire couramment des trames portant un tracé de 80 lignes au centimètre. Ces trames si serrées sont employées dans des cas spéciaux et surtout pour l'autotypie polychrome que l'application de la méthode « des trois couleurs » met si avantageusement à la mode. Leur emploi, sans grandes difficultés cependant, réclame quelques soins à l'impression.

Nous ne dirons pas que l'autotypie est arrivée à son ultime perfection, ce serait vanité et il faut admettre que toute découverte, si brillante soit-elle, reste toujours, — ceci est tout à l'honneur de la science, — perfectible en certains points; mais on lui doit la contastation qu'elle est arrivée à un résultat inconnu jusqu'à ce jour et qu'elle laisse peu à peu derrière elle l'ex-reine des illustrations, la gravure sur bois qui a déjà eu fort à souffrir du caractère d'indiscutable authenticité de sa redoutable rivale.

Une teinte grise produite par le quadrillé microscopique du réseau dont nous parlions tout à l'heure forme le fond du dessin et donne à l'image cette douceur de ton qui est la caractéristique et fait le charme plein de distinction de ces gravures.

Cependant, il faut bien le reconnaître, ce quadrillé n'est pas toujours assez délicat, assez léger. L'art du photograveur ou similiste exige beaucoup d'habileté et de soins et ne s'acquiert que par une longue pratique. Quoi d'étonnant après cela que quelques insuccès se présentent et que des praticiens n'aient pas toujours toute l'habileté requise pour exécuter ce genre avec tous les soins qu'il réclame? Combien moins étonnant encore que des contempteurs de ces procédés, guidés en cela par des motifs d'intérêt particulier plutôt que par le sentiment de pure esthétique qu'ils affichent, se soient écriés à la prostitution de l'art, condamnant sur quelques mauvaises productions tant d'admirables gravures?

« Les photograveurs, disent-ils, ont inventé un horrible tamis... Il semble que la scène se passe dans un aquarium rempli d'eau malpropre et ces gravures font tout juste l'effet de superbes estampes que l'on aurait couvertes de cendres !.... »

Ennemi d'un enthousiasme aveugle autant que de cette hostilité systématique des alarmistes du *trop de zinc!* nous reconnaîtrons volontiers ce qu'il peut y avoir de justifié dans leurs reproches.

Le quadrillage, s'il est grossièrement exécuté, a l'inconvénient grave de voiler le dessin ; mais, s'il est assez fin, — et il est arrivé aujourd'hui à une ténuité qu'il semble difficile de dépasser, à preuve quelques-uns des spécimens que nous donnons dans ces pages, — c'est alors comme une gaze légère flottant devant l'image dont les divers plans se fondent en un moelleux que ne peut donner l'échoppe du graveur : les blancs ne sont plus noyés comme ils l'étaient dans les productions du début, et les noirs, quoique tempérés dans leur intensité, s'enlèvent d'une allure franche et vigoureuse rendant les différentes tonalités du sujet avec une étonnante sincérité.

Ce reproche est donc d'un autre âge ; au reste, ce n'est plus sur ce point que s'étayeront les griefs. C'est là difficulté vaincue. Poursuivons.

Les reproductions de dessins au lavis sont particulièrement remarquables : de leur nature se dégage comme l'impression que donnerait la réunion du vaporeux d'un pastel, de l'originalité du camaïeu ou du clair-obscur des vieilles gravures italiennes jointe à la distinction de la grisaille, mélancolique un peu, sans doute, mais si belle cependant quand elle est l'œuvre d'un habile pinceau. Elles sont véritablement admirables et la tache noire du premier plan, l'éloignement

AUTOTYPIE CUIVRE
d'après un dessin au lavis. Obtenue avec une plaque sèche au gélatino-bromure et une trame américaine
de 60 lignes au centimètre carré.

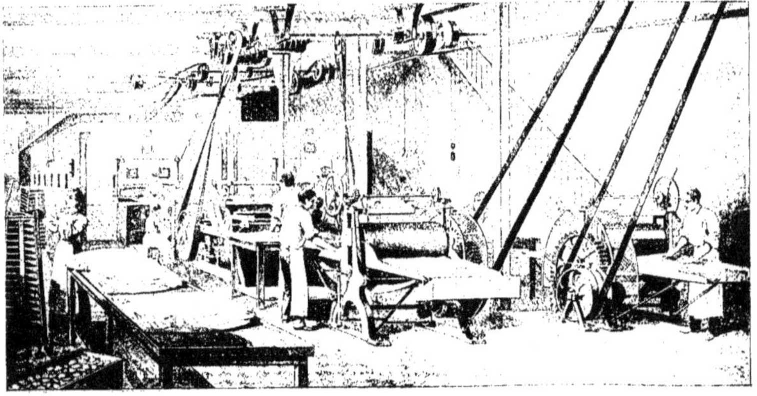

SALLE DE BISCUITERIE DE LA FABRIQUE POTIN, A PARIS

Cliché de D. Callaмes, à Sainte-Marie-aux-Mines (Alsace).

successif des autres allant, dans une gradation merveilleuse, se perdre peu à peu dans l'imperceptible teinte du fond, donnent à ces gravures un modelé et une douceur que l'on peut dire inconnus de la gravure sur bois.

L'autotypie est de tous les procédés celui qui a acquis le plus grand développement. Elle s'est répandue dans la plupart des pays et rayonne sur toute la surface du globe.

Les Etats-Unis, cette terre de progrès où fleurissent si magnifiquement les procédés de reproduction, ont notablement perfectionné la similigravure et obtiennent de superbes résultats avec ce mode d'illustration. Ce pays nous a, un instant, rapidement distancés dans cette voie. Il faut le constater sans acrimonie, malgré ce que cette constatation a de désobligeant pour notre amour-propre national, et travailler sans relâche à amener nos productions à la perfection que présentent les *half-tones* américaines.

Et que l'on ne vienne pas contester nos dires, car de même que cette affirmation, si elle était faite par nous sans connaissance de cause, serait assurément un immense travers, la négation de la supériorité que nous venons de constater, paralysant tout effort et tout acheminement vers le mieux, en serait un non moins ridicule et plus dangereux encore.

Alors que paraissaient dans *Les Archives de l'Imprimerie*, les articles qui ont donné naissance à cet ouvrage, nous signalions comme un témoignage impossible à récuser, un extrait du rapport de M. Henry Le Soudier, éditeur, commissaire de la section française (imprimerie et librairie) à l'exposition de Chicago. Dans ce remarquable travail M. Le Soudier, après avoir constaté la perfection des similis américains, s'exprimait ainsi sur les causes auxquelles il l'attribue :

« Les procédés de reproduction aux États-Unis sont véritablement merveilleux et il n'est pas exagéré d'affirmer qu'ils occupent sans conteste une des premières places, pour ne pas dire la meilleure, au point que certaines de leurs autotypies peuvent à peine être égalées en Europe.

« Les *autotypes* ou autotypies, aux États-Unis, sont d'une finesse remarquable, tendent à remplacer de plus en plus la gravure sur bois et parviennent à supplanter la phototypie. Il faut reconnaître que les papiers qu'on emploie de l'autre côté de l'Atlantique, parfaitement satinés et d'une qualité excellente, sont peut-être pour une bonne part dans la mise en valeur des illustrations et de l'impression. Il est

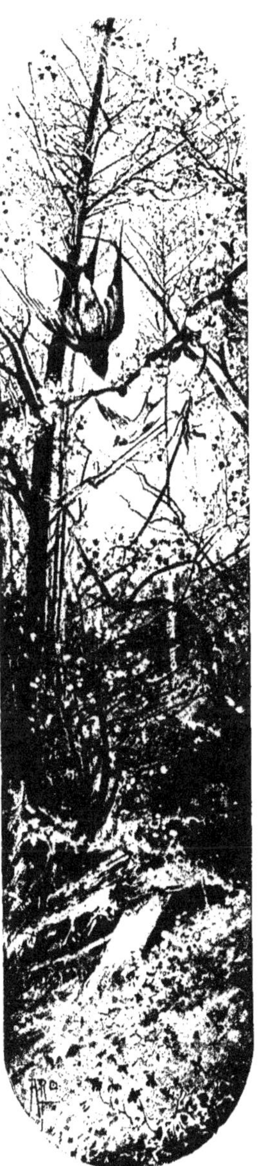

Autotypie d'après lavis, extraite du « Daheim ».
Cliché Meisenbach, Munich.

donc utile de constater que, malgré les procédés dont ils disposent, aussi parfaits soient-ils, les Américains n'obtiendraient peut-être pas un aussi bon résultat s'ils n'avaient à leur disposition d'aussi bons papiers que les leurs. Ajoutons, toutefois, que leurs clichés sont établis avec un soin remarquable, qui porte sur les moindres détails au point que l'imprimeur ne reçoit que des clichés irréprochables. »

La leçon bien comprise peut être profitable. A ce titre nous croyons qu'elle méritait d'être signalée.

Relativement à cette presque suprématie du cliché américain, il faut considérer que le rapport de M. Le Soudier remonte déjà à quelques années et envisager que, justement mis en éveil par cette redoutable concurrence, nos grands établissements artistiques d'Europe ont fait depuis beaucoup, beaucoup d'efforts, pour amener leurs productions à la hauteur de celles si vantées d'Amérique. Notons qu'ils y réussissent assez fréquemment.

Sans vouloir faire ici d'autre réclame que celle — oh combien supérieure à toute autre ! — que se feront eux-mêmes ceux qui auront signé les spécimens de gravures photomécaniques que nous donnons dans ces pages, sans vouloir citer aucun nom, il ne nous paraît pas déplacé de jeter autour de nous un coup d'œil rapide pour voir ce qui se fait de mieux dans cette branche de « l'industrie graphique ».

L'Allemagne est la nation où se rencontre peut-être le plus grand nombre de metteurs en œuvre des procédés photomécaniques et il faut reconnaître sans parti pris que quelques-uns de ses spécialistes produisent en autotypie des planches qui ne le cèdent en rien aux productions des plus fameux établissements américains. Une preuve de ce que nous avançons, preuve tangible et convaincante, nous est fournie par le très remarquable ouvrage de Théodore Gœbel, *Les Arts graphiques du Présent*. Les praticiens d'Allemagne ont donné là toute leur mesure. Avec leur précieux concours, l'auteur ne pouvait produire qu'un chef-d'œuvre. Il l'a fait, et l'imprimerie allemande s'enorgueillit à bon droit de cet incomparable arsenal graphique. — L'Autriche-Hongrie, encore un pays où notre art est fort en honneur, s'est placée aux premiers rangs dans le domaine des illustrations tributaires de la photographie. Ses autotypies joignent à une très artistique exécution un fini que l'on ne rencontre guère que dans ce pays ; ses blocs sont montés de façon impeccable et fournissent de superbes tirages. L'Autriche possède, du reste, une imprimerie d'État qui ne s'est jamais départie un instant du culte du beau et oriente vers une voie toujours artistique les nombreux établissements graphiques que compte ce pays. — En France, on fait bien, très bien également. Les productions françaises peuvent certainement soutenir la comparaison avec celles de toutes les autres nations, si *américaines* soient-elles. De grands établissements produisent chaque jour des pages splendides qu'anime le plus pur souffle d'art. Nous voudrions citer des noms ; l'envie en chatouille notre

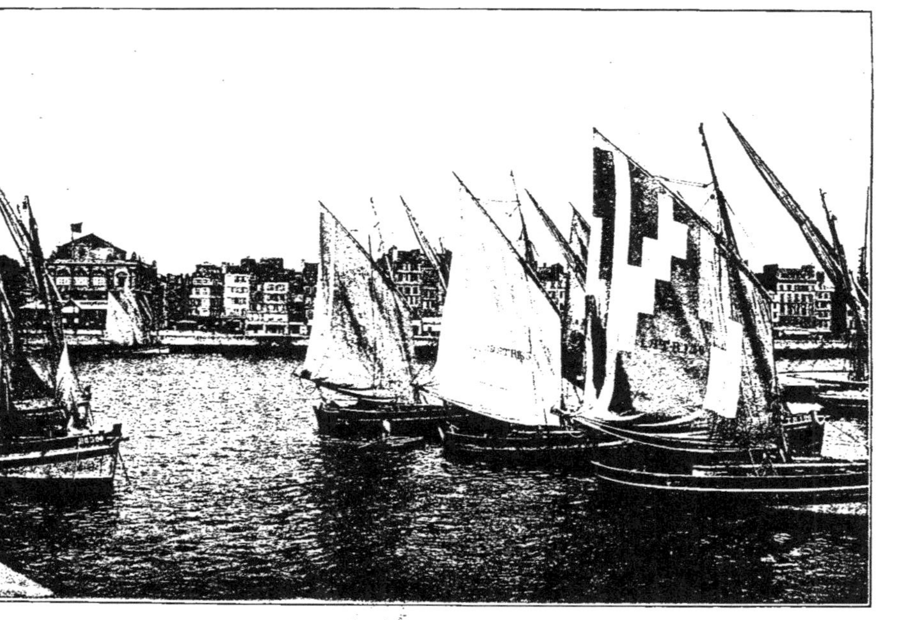

AUTOTYPIE SUR ZINC D'APRÈS UNE PHOTOGRAPHIE.

B. DELAYE & L. HEMMERLÉ
8, RUE HENRI IV, LYON

Autotypie cuivre d'après une étude de M. C. Puyo, à Paris
(Nouveau procédé breveté)

Jean MALVAUX, Bruxelles

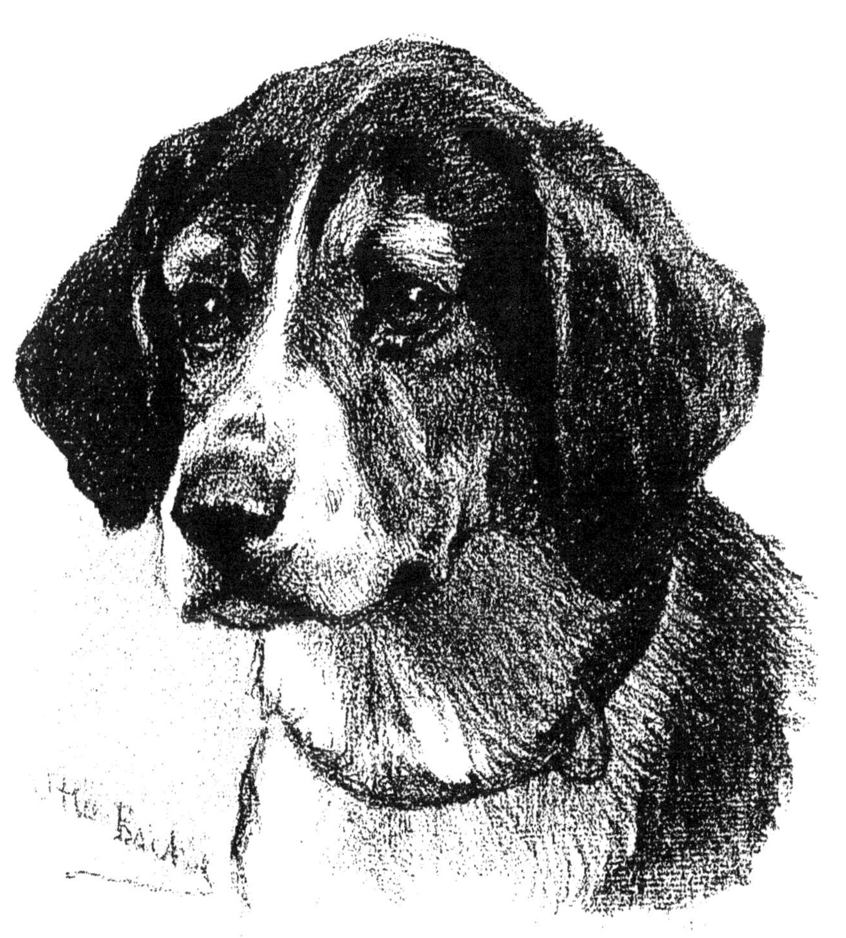

Autotypie d'après un dessin au crayon
appartenant à MM. Winkel & Magnussen, Copenhague.

C. ANGERER & GŒSCHL
Vienne (Autriche)

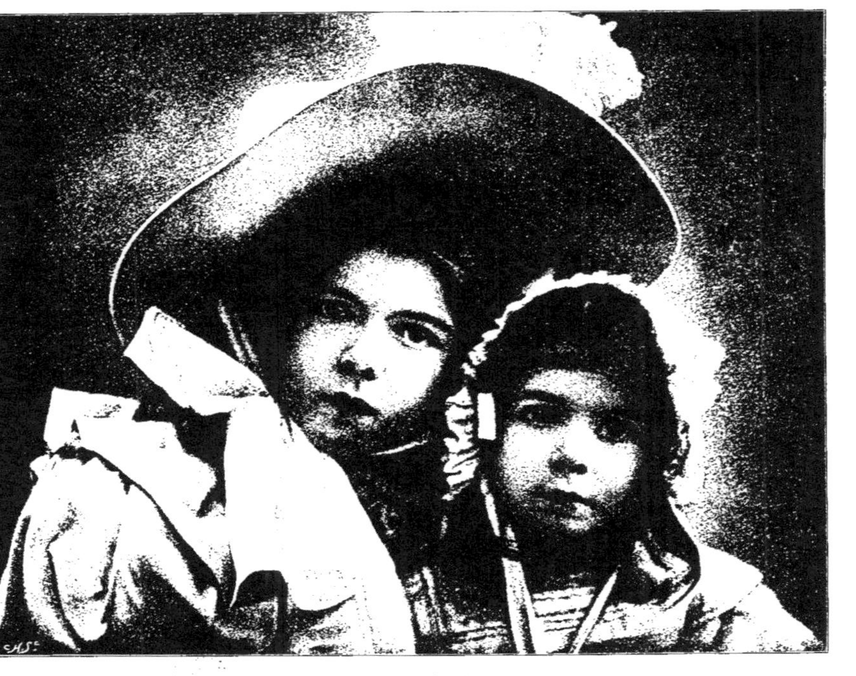

Autotypie cuivre d'après nature

CARL HENTSCHEL & C°
Londres

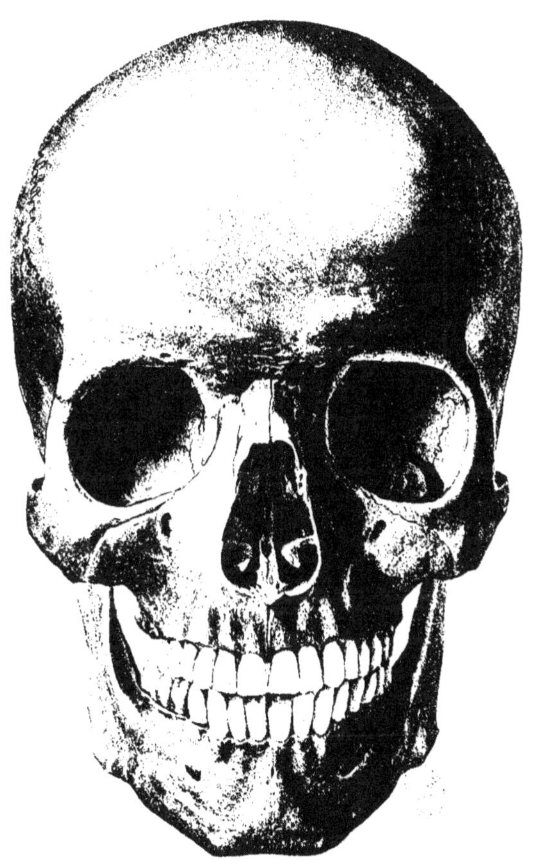

Autotypie d'après un dessin au lavis

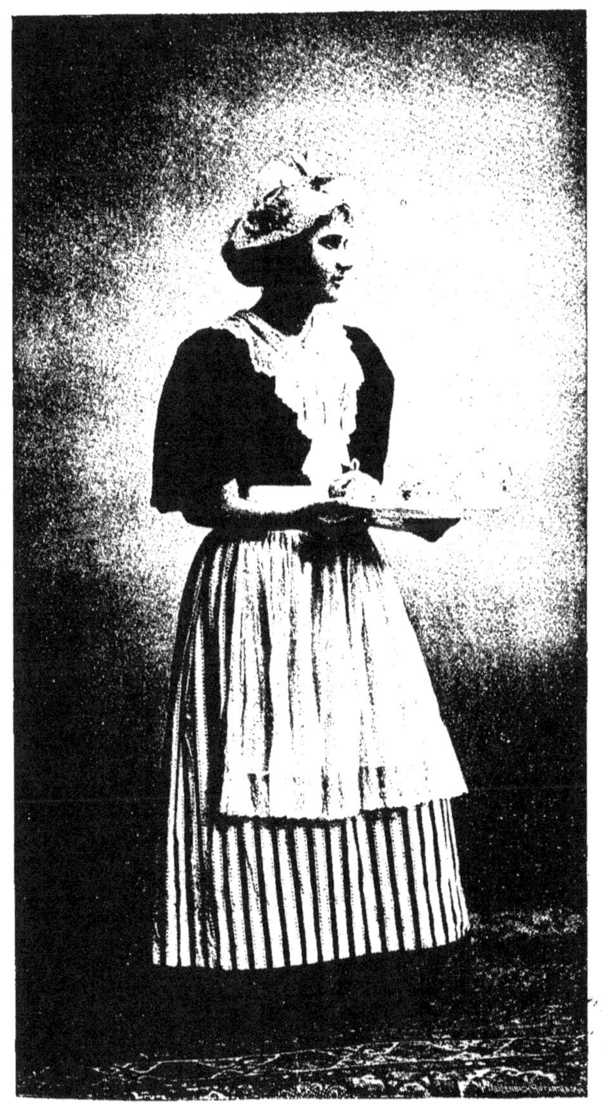

AUTOTYPIE SUR ZINC D'APRÈS UNE PHOTOGRAPHIE

Négatif de Fr. Müller, Munich.

MEISENBACH, RIFFARTH & C°
MUNICH - BERLIN - LEIPZIG

plume, mais cette envie est combattue par la réserve que nous nous sommes imposée. Passons donc, mais pas sans constater cependant que s'il ne leur manque rien de ce qui fait le chef-d'œuvre — en admettant, ce que beaucoup contestent, qu'il se puisse rencontrer des chefs-d'œuvre dans l'illustration photomécanique — il manque à nos productions une publicité dont savent admirablement tirer parti nos voisins qui inondent le marché européen de leurs spécimens. Serions-nous, en France, ennemis de l'étalage, que nous devrions au moins ne pas mépriser l'enseigne. En Angleterre, beaucoup d'établissements encore; de bonnes productions également, surtout en autotypie. En Suisse, en Belgique, en Italie, peu d'ateliers graphiques, mais comme dans les pays que nous venons de citer, quelques excellentes maisons. En Russie, une très artistique fondation nationale, l'Expédition pour la confection des papiers d'État, produit dans le genre photomécanique des gravures parfaites, aussi parfaites qu'on puisse les souhaiter. A part cette imprimerie d'État, quelques rares établissements. En Espagne, la production photomécanique est peu développée; à Madrid, à Barcelone deux ou trois bons praticiens, néanmoins. Jusqu'au Japon, enfin, ont pénétré les nouvelles gravures et, soyons justes, dans ce pays d'étourdissants progrès elles atteignent à la plus haute perfection.

Les procédés nouveaux, on le voit, règnent sous toutes les latitudes ; partout ils font leur trouée, révolutionnant et supplantant toutes les anciennes méthodes.

❋
❋ ❋

L'autotypie s'obtient d'après dessins au lavis, aquarelles, peintures, en un mot d'après tout original en demi-teintes ou d'après nature, portraits, paysages, etc.

Ce procédé se recommande pour les reproductions artistiques et pour l'illustration la plus fine du livre. D'une manière générale, il n'est pas à indiquer pour les impressions trop rapides ou celles faites sur de mauvais papiers, où son fond très serré s'empâterait et ne donnerait aucun bon résultat. Cependant de récents essais et des clichés spéciaux donnant des gravures à treillis plus grossier et de métal plus résistant, semblent l'avoir rendu accessible même aux journaux quotidiens, favorisant ainsi l'illustration d'actualité et réalisant sur la gravure sur bois l'avantage d'épargner la longue et coûteuse mise en train qui, jusqu'à ce jour, l'éloignait des publications de grande périodicité ou à tirage trop hâtif.

L'autotypie, venons-nous, de dire ne demande pas de mise en train. Nous allons ici nous heurter à bien des objections, la plupart des imprimeurs multipliant pour elle les découpages comme ils le font pour une gravure sur bois. Et cependant, on peut poser ce principe que *théoriquement* l'autotypie réclame peu de hausses ou découpages à l'impression parce qu'elle est produite par des surfaces absolument planes, et partant déduire ce corollaire que ce travail fastidieux d'une mise en train trop complète sera avec elle inutile ou apportera des effets qui dénatureront le caractère de l'œuvre reproduite. Ceci est de la théorie, nous verrons à la fin de ce chapitre ce qu'il en est, en réalité dans la pratique, mais nous tenons à faire observer d'ores et déjà que les autotypies les mieux venues en ces pages sont celles qui ont eu le moins de découpages. Nous reviendrons sur ce sujet.

En attendant, nous voulons finir d'examiner les perfectionnements apportés à l'autotypie et les recherches que l'on fait encore dans cette branche industrielle.

Nous avons vu que le plus grand reproche adressé à ce genre de gravure portait sur l'aspect trop absolument symétrique que donnait à l'autotypie l'in-

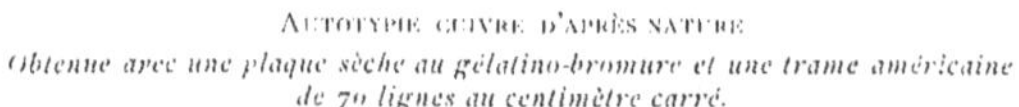

AUTOTYPIE CUIVRE D'APRÈS NATURE
*Obtenue avec une plaque sèche au gélatino-bromure et une trame américaine
de 70 lignes au centimètre carré.*

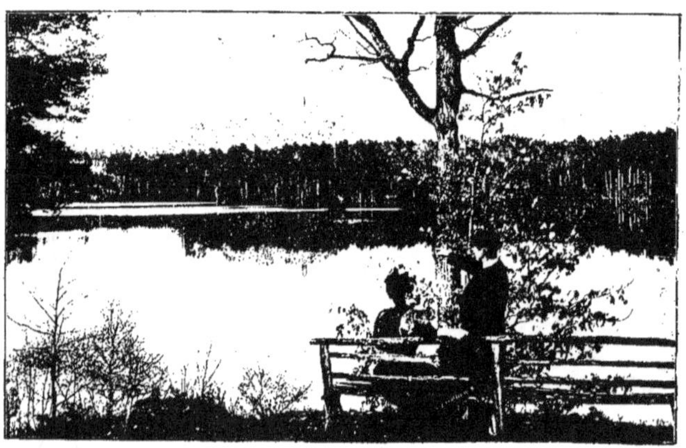

L'ÉTANG DE HANAU PRÈS NIEDERBRONN

Cliché de D. Cellarius, à Sainte-Marie-aux-Mines (Alsace).

dispensable emploi du quadrillé, de la trame. On a donc cherché à diviser les demi-teintes non plus à l'aide du trait, du quadrillé, mais à l'aide de grains que selon la nature des clairs ou des ombres, il fallait obtenir épais ou minuscules, denses ou clair-semés.

Les essais ont été fréquents. Il faudrait des pages nombreuses pour retracer tout ce qui a été fait dans cette voie : emploi de résines de tous genres, cribles, reports, tout a été tenté. C'est qu'en effet, le résultat cherché était affriolant. Le dessin ainsi rendu par une suite de points plus ou moins gros, plus ou moins groupés, devait être d'apparence plus artistique que le quadrillé du réseau, quoi qu'on fasse, toujours un peu trop mathématique.

Ne voulant pas allonger au delà des bornes que nous nous fixâmes l'histoire de toutes les tentatives faites pour arriver à ce résultat de remplacer par un grain irrégulier le quadrillé du réseau, nous nous bornerons à mentionner la très récente découverte de M. Cronenberg, directeur de l'École pratique du château Grönenbach, en Bavière, un chercheur qu'occupe depuis longtemps cette idée de la suppression du réseau, et qui a obtenu déjà des résultats vraiment pratiques.

C'est le grain que donne la photocollographie (phototypie, si l'on veut), procédé que nous examinerons en son temps, que M. Cronenberg utilise pour l'autotypie. Grâce à de patients essais, ce praticien est arrivé à produire en photocollographie la grosseur de grain qu'il désire selon le sujet qu'il traite. Le procédé dont M. Cronenberg a bien voulu nous indiquer les grandes lignes n'est autre chose que le décalque sur une planche de cuivre planée d'une épreuve photocollographique. L'inventeur fait ensuite légèrement mordre son cuivre par l'acide et produit ainsi des autotypies sans emploi de réseau. Si nous pouvons ainsi dire, ce procédé revient à une *lithographie sur cuivre ;* un report et une mise en relief, on ne procède pas autrement pour le report lithographique.

La planche VI de cet ouvrage montre assez à quelle supériorité M. Cronenberg est déjà arrivé dans la pratique de son art. Il vise cependant encore à plus de perfection ; nous ne doutons pas qu'il y parvienne et que son invention n'aille un jour enrichir de brillante façon la galerie des procédés photomécaniques. Ce n'est pas tout, et ce qui ne sera pas un des moindres avantages de la découverte du procédé de M. Cronenberg, c'est que malgré la rapidité avec laquelle on est parvenu à *fabriquer* le cliché autotypique — affaire de quelques minutes — notre inventeur est arrivé

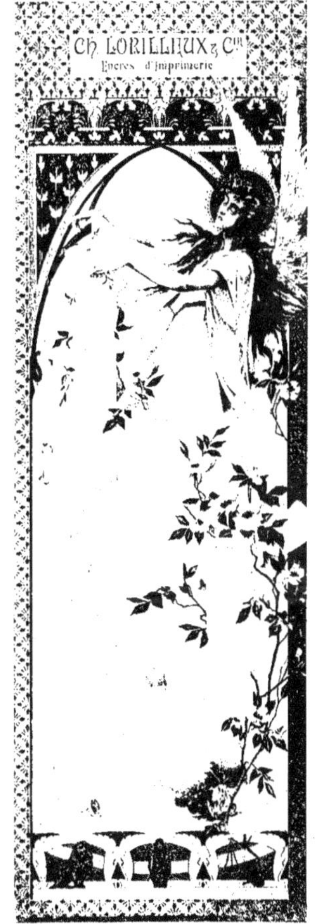

FRAGMENT D'UN CALENDRIER
de la maison Ch. LORILLEUX

Autotypie d'après une chromolithographie.

à réduire encore ce temps de fabrication et à réaliser une notable économie sur le prix d'établissement de ce cliché.

En notre époque outrancière, alors que jamais ne fut plus justifiée la très matérielle mais très pratique devise *The times is money*, alors que l'imprimerie, du modeste atelier d'autrefois où quelques élèves opéraient sous l'œil d'un maître, toujours un disciple de l'art, s'est élevée jusqu'à l'usine aux machines ronflantes où seule, l'énorme production fait le bénéfice, il nous semble que le résultat que M. Cronenberg est sur le point d'atteindre n'est point chose banale et qu'il faut lui en garder de la reconnaissance.

Parallèlement aux tentatives faites pour substituer au quadrillé le grain de beaucoup plus agréable et d'allure plus artistique, nous trouvons encore nombre d'essais faits en vue du perfectionnement, de la consécration de l'autotypie.

Le degré de ténuité du réseau semble avoir atteint son point extrême ; aussi les efforts se portent-ils maintenant d'un autre côté. On sent si bien qu'il y a quelque chose à retirer d'une méthode déjà si pratique !

Pour faire accepter « le procédé » aux derniers récalcitrants, on tente d'extraire matière d'art de sa genèse purement mécanique en ajoutant au travail de la lumière, du vieux soleil, la note personnelle que peut y ajouter l'artiste. Un habile burin, par une série de savantes retouches,   ainsi que le montrent quelques-unes de nos planches, entre autres celle ci-contre, pl. XXIX,

– reprend l'œuvre première, produit mécanique, pour la rapprocher de l'œuvre d'interprétation, œuvre d'art. On *déguise* le procédé, qu'on nous pardonne l'expression. A coups de burin, on transforme le moelleux des ciels de l'autotypie en

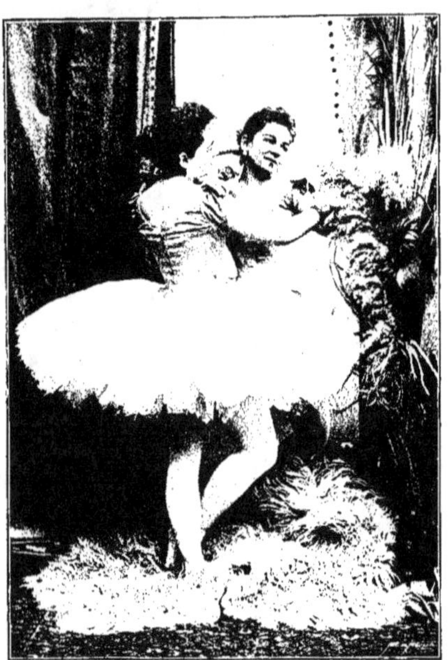

AUTOTYPIE SUR ZINC D'APRÈS PHOTOGRAPHIE
(*Mise en train faite avec relief en gélatine de M. le professeur Husnik.*)
Cliché de Husnik & Häusler, à Prague (Bohême).

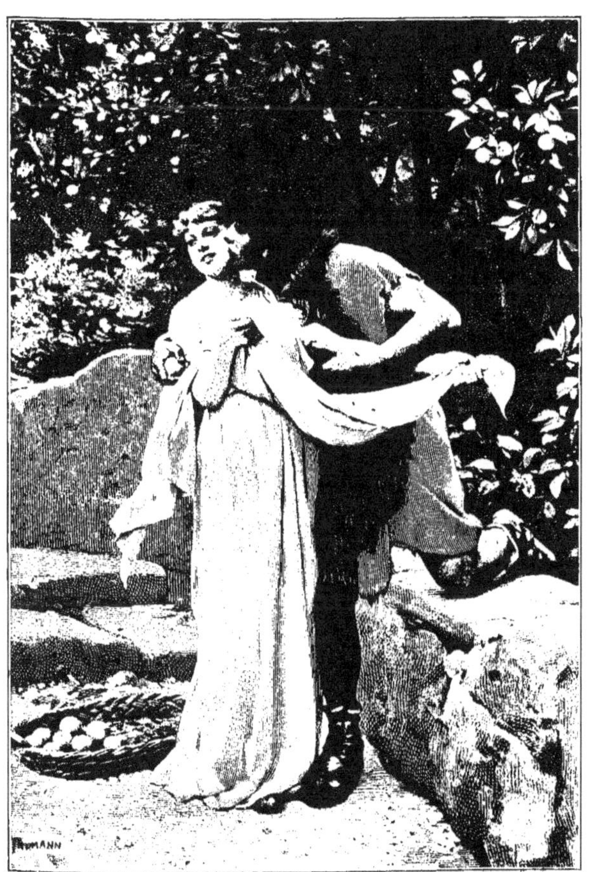

Autotypie d'après une photographie

(retouché au burin)

ELECTRO-LIGHT ENGRAVING CO
Pearl rose et new Chambers streets, New-York
939, Market street, Philadelphie.

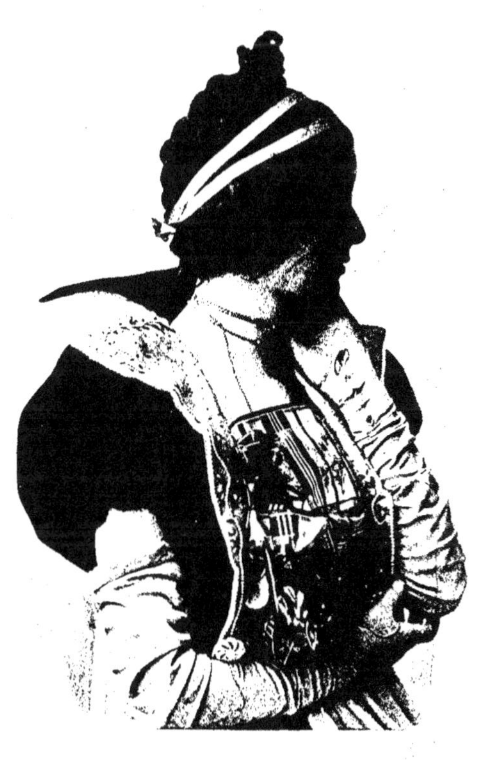

SOCIÉTÉ LYONNAISE DE PHOTO-CHROMO-GRAVURE
B. Delaye & L. Hemmerlé, Lyon

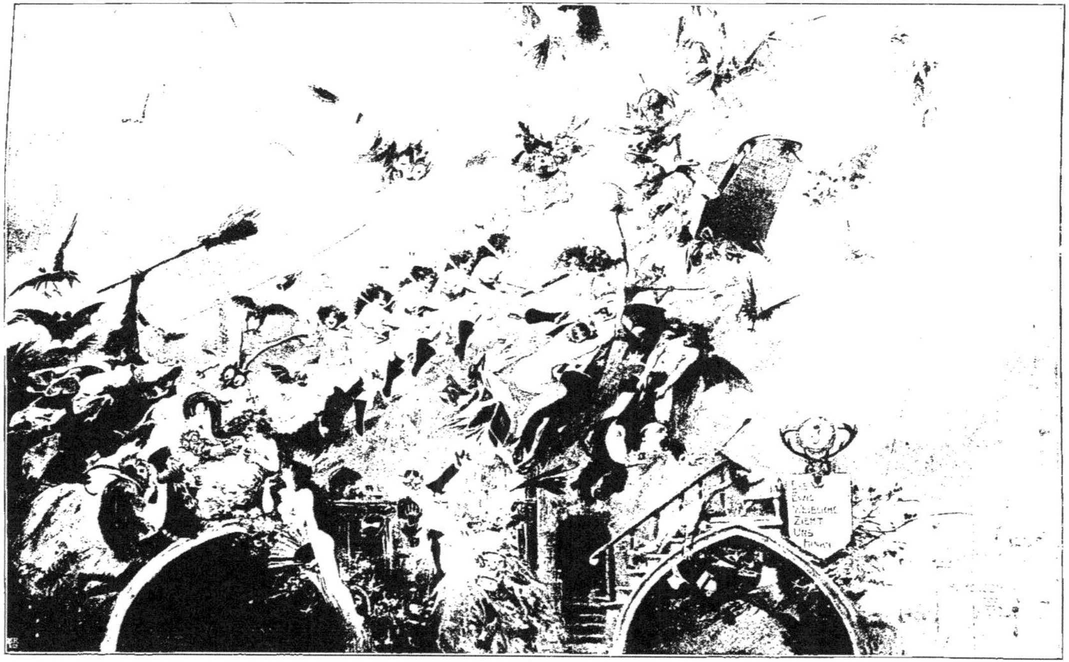

Danse des sorcières.

Décoration du plafond dans la cave d'Auerbach à l'exposition de Leipzig 1897.

Autotypie en cuivre. — Meisenbach Riffarth & Co., Leipzig.

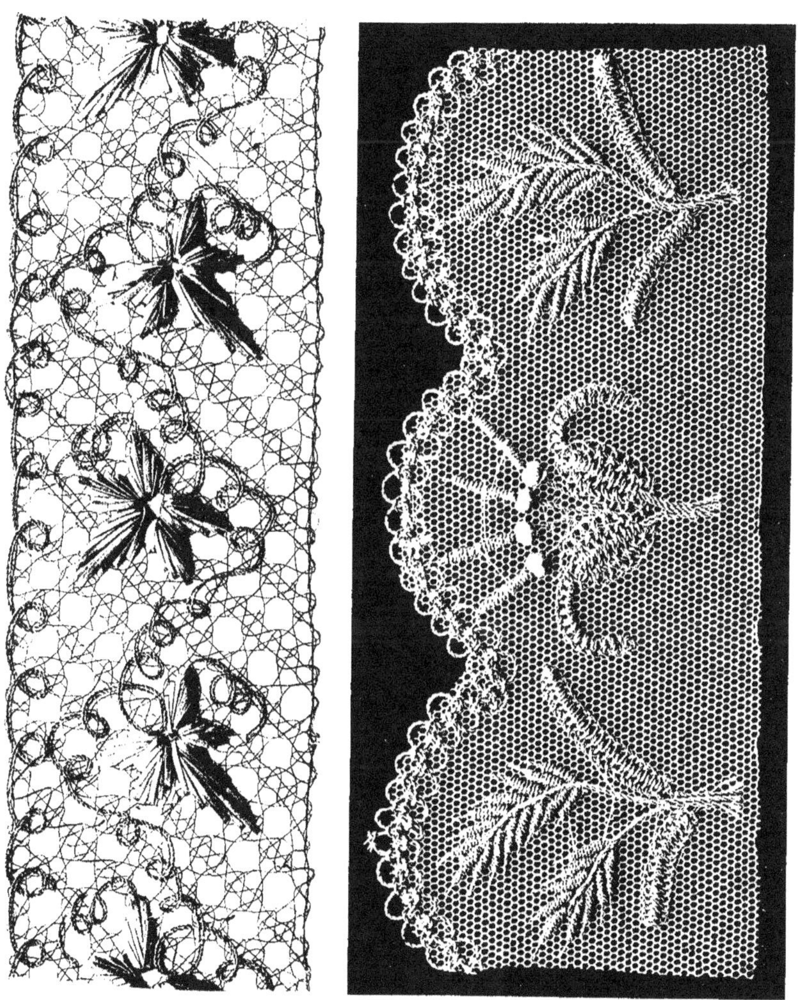

Reproduction d'après nature de dentelles et d'ouvrages de paille.

C. ANGERER & GŒSCHL
Vienne (Autriche)

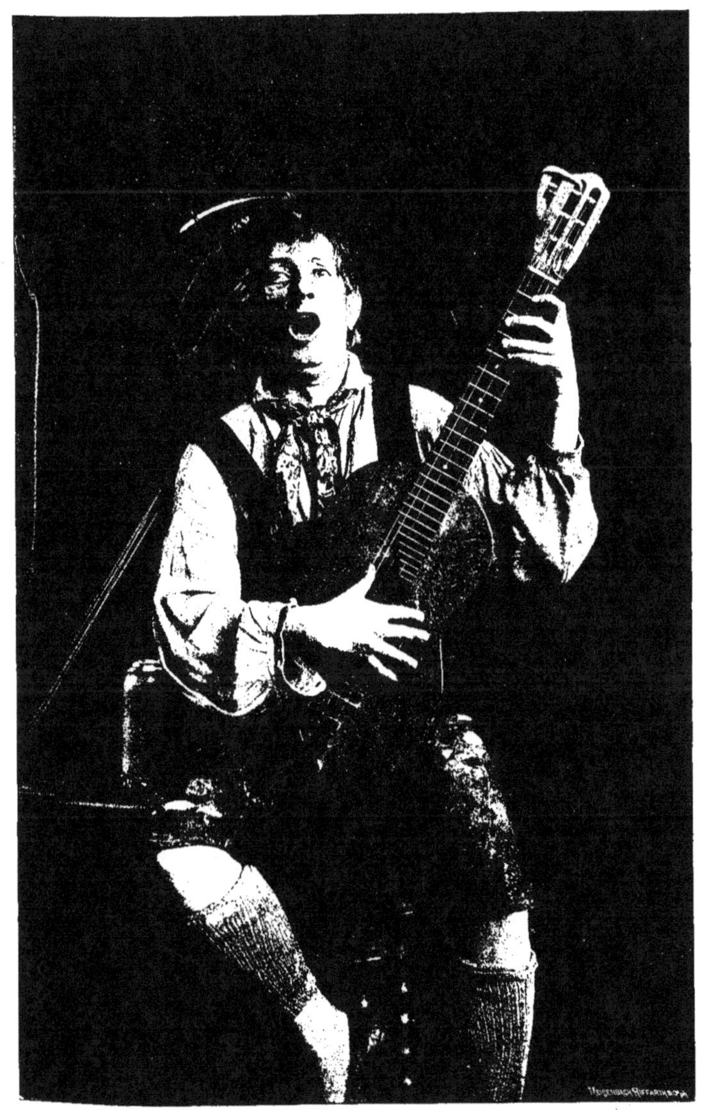

Autotypie sur cuivre d'après nature

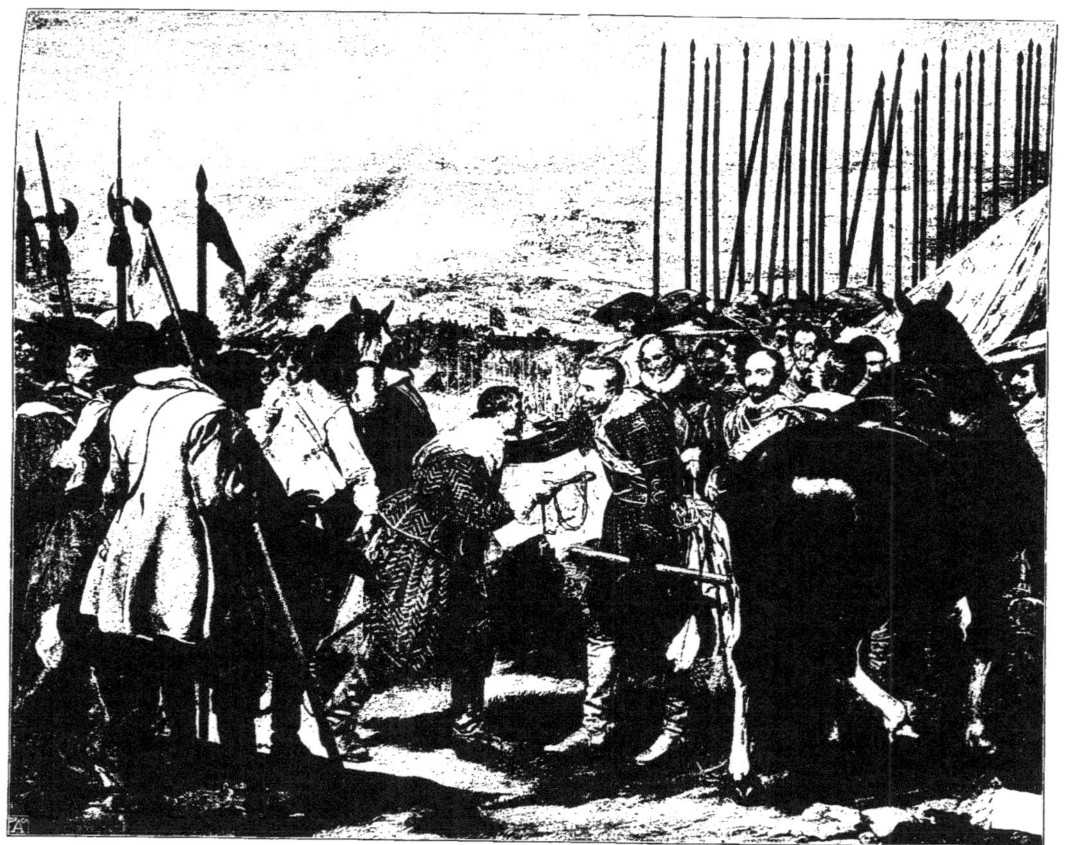

Autotypie d'après un tableau de Velasquez

Dʳ E. ALBERT & Cⁱᵉ, Munich

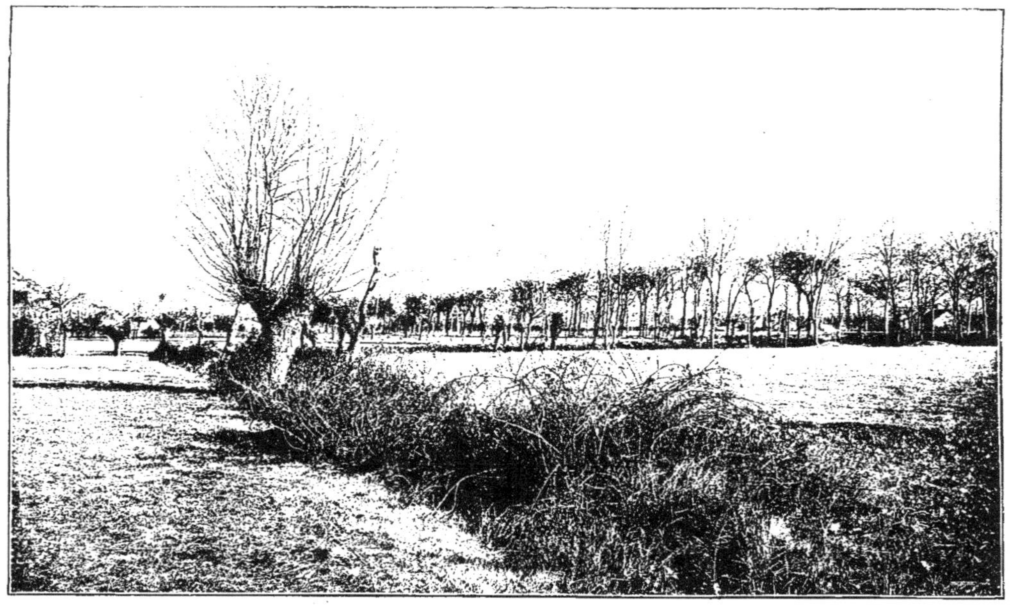

Autotypie en deux planches

HUSNIK & HÆUSLER
Prague (Bohème)

Photo-typogravure en trois couleurs

PL. XXXVI

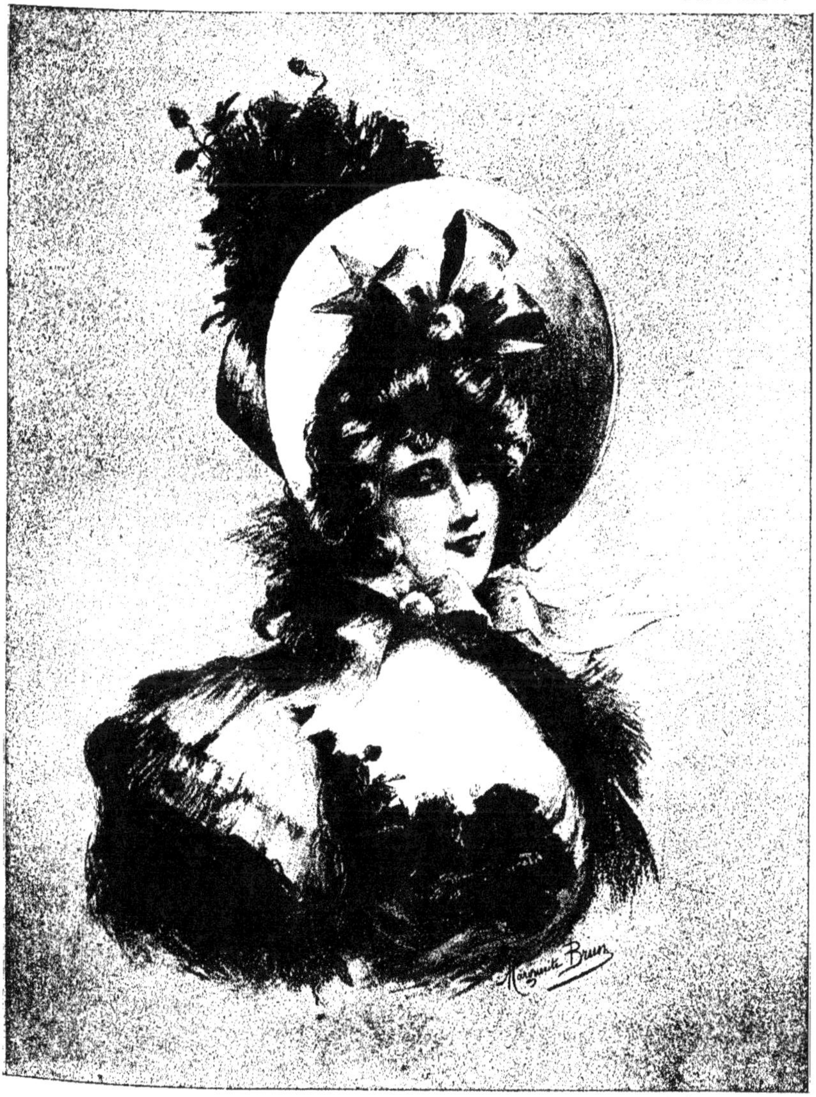

D'APRÈS UN PASTEL.

Imprimé sur papier « Idéal »
de la maison Vve Prioux & Fils, à Paris.

SOCIÉTÉ LYONNAISE
DE PHOTO-CHROMO-GRAVURE
(B. Delaye & L. Hemmerlé)
8, Rue Henri IV, LYON

Encres spéciales de Ch. Lorilleux & Cie, à Paris.

une série de vigoureuses hachures comme en a la gravure sur bois. Çà et là, quelques tailles de l'échoppe creusent les blancs purs, de l'absence desquels on a si souvent fait reproche à ces gravures grises ; les masses sombres, les grands noirs qui, sans cela, ont en effet dans ce procédé trop peu de profondeur, ressortent alors convenablement. Un grand contraste s'accentue entre les lumières et les ombres, bienfaisant contraste qui rend l'ensemble plus vibrant. L'image autotypique, s'accommodant admirablement de cet alliage du modelé de la photographie et de la vigueur des tailles xylographiques, devient alors plus vivante. Bref, une note artistique se glisse dans le tout. C'est une forme d'art nouvelle qui apparaît à la suite de cette concession faite à la vieille gravure manuelle et que les nouvelles méthodes, de tempérament si révolutionnaire, devaient bien au régime créé par les anciennes gravures.

Si vraiment concession il y a, cette concession est, on n'en peut douter, tout au profit de l'art nouveau et, voyez-le, c'est sur elle que s'échafaudent aujourd'hui les principales espérances de magnifique avenir que ses partisans souhaitent à l'autotypie.

Parmi les améliorations rêvées, la transformation du réseau que nous exposions il y a un instant, le passage du quadrillé au pointillé, était déjà un effort en vue du perfectionnement du procédé qui nous occupe. Notons maintenant que ces essais, vigoureusement poursuivis un instant, sont peu à peu abandonnés, les chercheurs se tournant plutôt vers ce second moyen, l'intervention manuelle, la retouche par le burin artiste qui doit aboutir au triomphe complet de l'autotypie.

Et bientôt, peut-être même à l'heure où paraîtront ces lignes, nous assisterons encore à quelque subit revirement. Il ne faut s'étonner de rien, ces procédés ne vont pas sans à-coups, et, si jeunes, n'ont naturellement pas dit leur dernier mot. Préparons-nous donc aux surprises et voyons d'un œil calme les brusques changements de direction que subissent dans leur marche ascendante les inventions nouvelles. En matière de procédés photomécaniques, on brûle aujourd'hui ce qu'on adorait hier ; ne nous désolons pas des inévitables tâtonnements et hésitations que comportent des créations aussi inattendues et, sans paraître trop candides n'envisageant que les résultats déjà acquis, espérons que le jour est proche où tous les efforts combinés feront de l'autotypie non la meilleure entre les meilleures gravures possibles, mais un procédé auquel le Livre devra la plus large part de ses succès.

L'autotypie et, nous l'avons dit, avec elle tous les procédés photomécaniques ont été violemment combattus. Nous reconnaîtrons bien volontiers que la bataille fut menée par des plumes autorisées, mais pour conclure par la constatation que les batailleurs aboutirent au résultat fort imprévu de servir admirablement la cause de leurs ennemis. C'est un fait : pendant dix ans, pendant vingt ans, pour *démolir* procédés et procédéistes, on n'a négligé aucune occasion de signaler les défauts, vrais ou supposés, des nouvelles gravures. Point bêtes, les procédéistes se sont attachés à faire disparaître ou à atténuer les inconvénients qu'on leur signalait si bénévolement. Ils y sont parvenus bien des fois et doivent un fameux cierge aux détracteurs qui leur ont toujours sincèrement indiqué les points faibles de leurs inventions.

D'abord, nous l'avons vu, on reprocha à l'autotypie d'être monotone, de ne procéder que de grisaille, de se présenter sans relief, ses différents plans s'absorbant les uns les autres, ses noirs manquant de profondeur. Ces reproches étaient alors mérités; sous l'effort des procédéistes, ils s'atténuèrent jusqu'à disparaître. Après, on trouva « atroce » le quadrillé auquel l'autotypie semblait devoir être condamnée. Tout en recherchant les moyens qui la pourraient affranchir de cette gênante tutelle, on rendit son réseau si fin, si délicat, son quadrillé disparut si bien dans la note générale qu'il faut être aujourd'hui prévenu ou au courant des gravures modernes pour s'apercevoir de son existence. Nous n'exagérons pas, il est inconnu de la masse du public; ajoutons que pour les initiés, il n'est actuellement aucunement déplaisant. Mais, voici que surgit une objection autrement redoutable à laquelle les nouvelles gravures auront beaucoup de peine à répondre si tant est qu'elles y parviennent: après avoir épuisé contre elles tout l'arsenal des épithètes désobligeantes, voilà qu'on leur fit le reproche de ne pas s'éclairer au flambeau de l'art pur. En France, on taxait de « bourgeois » quiconque osait regarder avec complaisance le livre qu'avilissaient, que « polluaient » les gravures sur zinc; en Allemagne, la chose ne doit faire aucun doute, ce mécréant devait être « philistin ». C'était le temps, peu éloigné, où une plume célèbre de véritable artiste écrivait qu'il fallait protester contre « les turpitudes artistiques, dont sous prétexte de bon marché on offensait les regards du public ». Ce n'était pas de l'art, il fallait condamner cela.

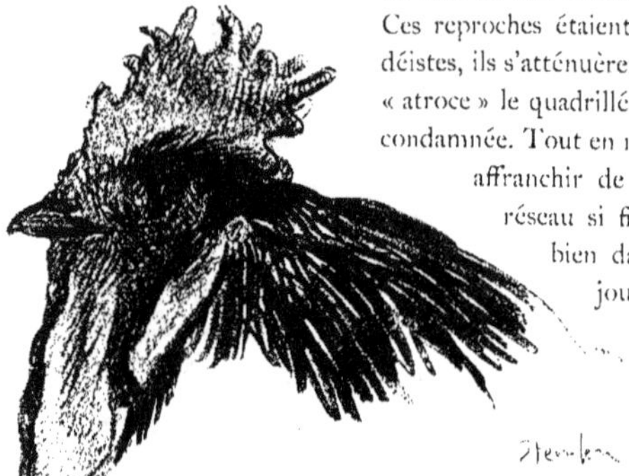

Mais, mon Dieu ! Michelet l'a dit qui n'était pas le premier venu : on peut être un fort honnête homme et ne pas connaître Raphaël. Pourquoi, puisqu'on parle du public, ne pas vouloir lui laisser admirer de temps à autre, entre deux œuvres d'artiste, quelque épisode de nature bien rendu par l'objectif? Parce que cela n'étant point obtenu par une intervention manuelle ne saurait être une œuvre d'art. Le fallacieux prétexte ! S'il est vrai, ainsi que l'affirme Zola, qu' « une

REPRODUCTION AUTOTYPIQUE
d'un dessin de Steinlen.
Extrait de *l'Estampe et l'Affiche*. (Éd. Pelletan, éditeur, à Paris.)

œuvre d'art est un coin de la nature vu à travers un tempérament », ne peut-on déduire de la proposition que l'on fera montre d'un véritable tempérament artistique en admirant avec simplicité les coins de nature transportés sans altération, par la photographie, du domaine splendide des choses dans la région de l'art ?

Si toute appréciation n'était encore qu'une question de tempérament, et non pas, comme trop souvent, une simple affaire de routine ou une oiseuse obligation de mode ! Admirer quand il est du bel air de s'extasier, condamner quand il devient de bon ton de faire fi de ce qu'on ne peut juger qu'à travers son snobisme, ce n'est pas là pourtant montrer son goût, mais sa sottise.

Eh bien ! les plus fougueux tenants des gravures dérivées de la photographie ont-ils jamais cherché à faire accroire qu'elles disputeraient leurs parchemins aux anciennes gravures, filles aînées de l'Art, en qui seules on veut trouver de la noblesse ?

Non. Ils raillent simplement l'opinion outrancière des critiques qui prétendent que les autotypies ne donnent ni la sensation, ni l'illusion de l'art, qui les rejettent dédaigneusement et les condamnent sans appel à être antiartistiques parce que mécaniques.

Ce sont là des idées préconçues bien fâcheuses, derrière lesquelles on trouverait peut-être l'unique criterium de l'intérêt. La vérité est qu'on pardonne difficilement à ces œuvres leurs tendances démocratiques, *vulgarisatrices,* mot duquel on extrait le flétrissant qualificatif : *vulgaires.*

Mais ce n'est qu'un cénacle fermé qui s'en va répétant : « *Odi profanum vulgus* », et la chose n'a pas plus d'importance que la résolution platonique d'une coterie.

Et nous, les indépendants, « bourgeois » et « philistins » tant que l'on voudra, mais typographes n'ayant en vue que l'intérêt du Livre, que nous voulons voir continuer à s'inspirer des lois de progrès qui ont toujours été sa règle, nous ne pouvons nous défendre de ratifier le jugement des hommes (de métier, si l'on veut) qui défendent le progrès contre la vaine excommunication de la routine parlant au nom de l'Art, sans logique et sans mandat.

Néanmoins, à une guerre stérile nous aimerions voir succéder une entente.

Elle serait si facile !

Si les metteurs en œuvre des différents systèmes voulaient condescendre à se bien persuader de ceci : que gravures anciennes et modernes procèdent d'une même idée, convergent vers un même but, sont d'un parallélisme constant ; s'ils voulaient faire cesser une animosité que rien ne justifie, définir, délimiter la sphère d'action de chacune d'elles, comprendre enfin que si aux arts d'interprétation, à la gravure sur bois, à l'eau-forte, à la lithographie on peut attribuer le génie, la pensée, aux procédés appartiennent la vérité, le réalisme et les avantages pratiques, ils se convaincraient vite que l'appoint apporté par les derniers venus dans le domaine toujours ouvert de l'Art n'est pas à dédaigner, mais complète fort heureusement l'héritage artistique des siècles précédents.

Si la gravure sur bois ne voulait plus lutter de rapidité et de bon marché avec les gravures à base photographique, si elle se rendait à l'évidence de l'inanité de ses efforts en ce sens, elle garderait certainement sa position de gravure essentiellement artistique.

Si l'artiste voulait se contenter de l'œuvre d'interprétation, de l'œuvre créatrice, s'il voulait laisser à la photographie le rôle d'exacte reproduction qu'on ne saurait lui disputer, son prestige ne serait-il pas de beaucoup accru? Ne serait-elle pas de beaucoup augmentée cette renommée d'antan dont, nous nous plaisons à le reconnaître, les Bellenger, les Florian, les Pannemaker, les Vallotton, etc., ont gardé le très précieux patrimoine, dont une création récente encore, *l'Image*, soutient les traditions glorieuses.

Oui, sans déchoir, ce nous semble, on pourrait concilier des intérêts qui ne sont pas aussi diamétralement opposés qu'ils en ont l'air et chasser les méchantes idées que l'on garde à l'endroit des procédés photomécaniques. L'entente est tout indiquée.

Mais non, on ne veut pas admettre cette entente, et de cette inexplicable animosité on a accusé les procédés tout en jetant aux quatre vents de la presse technique de solennels : L'illustration se meurt ! L'illustration agonise! On ne veut pas comprendre que cette illustration ne fait que se transformer sur un point et qu'il ne dépend que de l'artiste de limiter le champ d'action des nouvelles gravures, en les cantonnant dans les limites que leur assigne leur rôle de copistes idéales..... mais de simples copistes.

Et l'on va, luttant pour le bon combat, tel *Le Monde*, que nous avons cité tout à l'heure qui, par la plume de M. Oscar Havard dont nous reconnaissons la grande compétence, adjurait « les catholiques », (et pourquoi les catholiques plus que les autres, les procédés sont-ils donc d'allures si impies ?) de sauver « l'art menacé ». On juge trop souvent les choses sur de simples apparences ; un passage de cet article le prouve plus qu'abondamment :

« J'ai en ce moment sous les yeux, dit son auteur, une vue du *Cortège funèbre de M. Jules Simon* qui ferait hurler de fureur un nègre du Congo. C'est une tache d'encre sans excuse. »

D'accord, nous l'admettons, quoique nous ne puissions guère nous remettre sur les nègres du Congo du jugement à porter sur les gravures nouvelles. Ils ne sont pas grands esthètes, que nous sachions, et nous ne nous fierons pas trop à eux pour le critère à établir des gravures artistiques.

La gravure incriminée pouvait être fort mauvaise. Nous l'accordons. Il y a certainement de détestables productions dans les créations nouvelles, dans l'autotypie en particulier. Mais il ne faut pas être si exclusif, ni conclure si aisément du particulier au général. Il y a eu en autotypie quelques essais ratés comme il y a aujourd'hui d'excellentes œuvres. Et elles sont nombreuses, très nombreuses, depuis quelque temps, car ce procédé s'est beaucoup développé. Si nous partions de ce principe qu'on peut juger sur une seule production tout un système, toute une époque, quelles armes faciles ne trouverions-nous pas dans la présentation des récentes gravures que nous octroient quelques écoles modernes d'un décadentisme frisant la décadence [1].

Mais une erreur individuelle n'annihile en rien l'effort de toute une collectivité. Nous n'userons pas de cet argument trop facile et nous prions nos lecteurs de nous pardonner cette trop longue digression qui n'avait d'autre but que d'indiquer pour quels motifs la gravure photomécanique tend à se rapprocher de la gravure manuelle et pourquoi l'on « déguise » aujourd'hui la nature par un savant maquillage.

On reprochait au procédé de s'affranchir trop brutalement de l'intervention manuelle. Il lui fallait réagir, il le fit. Et, pour modifier la fâcheuse impression qui l'accueillit, pour se faire accepter, dans l'attente de l'absolue perfection à laquelle il est en droit de prétendre, vers laquelle il marche chaque jour à grands pas et qui plus tard rendra toute intervention inutile, un artiste fut mandé avec mission de « corriger » la lumière, d'achever ce qu'avait si bien commencé le soleil. De la pointe de son burin, cet artiste transforma le modelé, le fit disparaître en partie, le remplaçant par des hachures, cherchant à imiter les coupes et pointillés de la gravure sur bois. Ainsi s'affirmait la note d'art dont on déplorait l'absence et de cette heureuse combinaison de simili et de gravure, de cette retouche manuelle naissait le procédé mixte dont nous venons de parler, nouveauté qu'ont les premiers lancée les Américains [2], qui, malgré les grands progrès faits

---

[1] « ... Un aquafortiste est un artiste ; celui qui, sur une feuille de cuivre, dessinerait à l'encre grasse pour mettre son œuvre en relief ne serait qu'un artisan, un ouvrier. Voilà la logique des esprits de notre temps.

« On a essayé de ressusciter la gravure sur bois, quelques bonnes âmes ont fondé des revues pour exhiber ce que la nouvelle école pouvait faire ; le résultat est, il faut l'avouer, peu heureux. Les uns veulent être plus primitifs que les primitifs. Ils sont plus simplices que les auteurs du Saint-Christophe de 1423. Un simple canif leur suffit pour creuser le bois, et les ombres chinoises qu'ils produisent ainsi font pâmer d'aise leur petite église. D'autres font le fin du fin, ils veulent dépasser le burin sur acier ; le résultat ? Un dessin d'une platitude exquise, sans aucun effet, et digne d'être comparé à une médiocre gravure chimique. Mais c'est du grand art ! Il me souvient d'avoir été témoin, il y a peu de temps, de l'indignation d'un « convaincu » de la rénovation. Il présentait à un philistin une suite de gravures sur bois fort bien faites. « C'est assez bien, répondait le quidam, mais quel abus du procédé !!! »   (*L'Imprimerie*, novembre 1897.)

[2] M. F. Thévoz, le sympathique directeur de la Société des Arts Graphiques de Genève a publié, en 1896, dans le journal *Les Archives de l'Imprimerie*, quelques notes sur la méthode de retouche des Américains et sur leur manière de faire présumée. Nous les transcrivons en partie pour nos lecteurs, persuadé qu'elles seront par eux bien accueillies :

« ... Nos journaux techniques commencent à parler de cette nouveauté qui étonne par la beauté de ses résultats et se demandent par quels moyens l'on peut arriver à une imitation aussi

chez nous en ce sens, étonnent encore le vieux monde avec les productions qu'ils présentent.

Si bien qu'elle ait été exécutée, qu'elle ait été obtenue directement par l'acide au sortir de l'objectif ou qu'une savante retouche soit venue l'embellir, une autotypie paraîtra toujours fade, terne, sans vigueur, à côté d'une gravure sur bois qui, ne procédant, somme toute, que de noirs et de blancs purs, aura pour elle un brillant, une note vibrante auxquels l'autotypie, avec ses fines demi-teintes, aura grand'peine à prétendre si elle n'est mise en valeur par une excellente impression.

Tout le secret de l'autotypie réside en effet dans la façon dont elle sera imprimée. Une même planche confiée à tel imprimeur ou tel autre peut, cela ne fait l'ombre d'un doute, être ou franchement détestable ou parfaite à tous égards.

Une autogravure, contrairement à ce qu'il semble, n'est point aussi facile à imprimer qu'une gravure sur bois ou qu'un galvano. Il y a des soins à prendre et un ensemble de minuties à observer lorsqu'on veut obtenir autre chose que ce dont la grande masse se contente, les piteux résultats qui entrent pour beaucoup dans les reproches adressés à ce genre de gravures, pourtant si dignes d'intérêt.

Nous allons donc exposer aussi brièvement que possible les règles fondamentales d'impression de l'autotypie, règles sans lesquelles — une observation soutenue nous autorise à le dire — aucuns bons résultats ne se peuvent atteindre.

*
* *

Quoi qu'en pense la majeure partie de nos confrères imprimeurs, les planches en autotypie ne s'accommodent pas pour leur impression des mêmes procédés, des mêmes produits, du même matériel que l'on utilise pour le tirage des bois et des galvanos. Sans doute les principes restent les mêmes, seules quelques questions

parfaite. Les revues américaines sont, il faut l'avouer, absolument muettes sur cette question ; il est probable que les maisons de gravures ne publient pas leurs méthodes et recettes ; en gens pratiques, ils se contentent de faire une réclame considérable et d'en tirer le plus de profit possible...

« ...L'examen attentif d'une série de gravures mixtes et quelques spécimens que nous avons sous les yeux nous font croire qu'ils se servent de l'acide pour arriver à ces effets ; des essais faits dans les ateliers de la Société des Arts Graphiques nous permettent d'indiquer la manière ci-dessous :

« ... La plaque une fois complètement terminée est recouverte d'un enduit transparent et mou résistant à l'acide, cette couche doit être mince et aussi régulière que possible. Le graveur exécute alors ses retouches avec un poinçon et met à nu le métal sous forme de lignes, points, etc., imitant la gravure sur bois ; son travail terminé, le cliché est attaqué à nouveau par l'acide qui ronge le métal dans toutes les parties non recouvertes par l'enduit.

« Cette méthode simple autant que rapide donne des résultats presque aussi bons que ceux qui s'obtiendraient au burin, nous disons intentionnellement *presque* parce que entre ces deux méthodes, nous considérons la coupe du graveur comme beaucoup plus franche et régulière ».

de détails et d'applications diffèrent. Mais, vous l'allez voir, ces dernières ne vont pas sans une immense importance quant aux résultats.

Les quatre points sur lesquels doit se porter l'attention de l'imprimeur d'autotypes sont les suivants : 1° choix de la machine, de son encrage, de sa distribution ; 2° mise en train ; 3° choix de l'encre employée ; 4° du papier.

Nous allons prendre chacun de ces points en particulier. Nous sommes ici sur un terrain qui nous est familier et sur lequel nous pouvons manœuvrer à l'aise ;

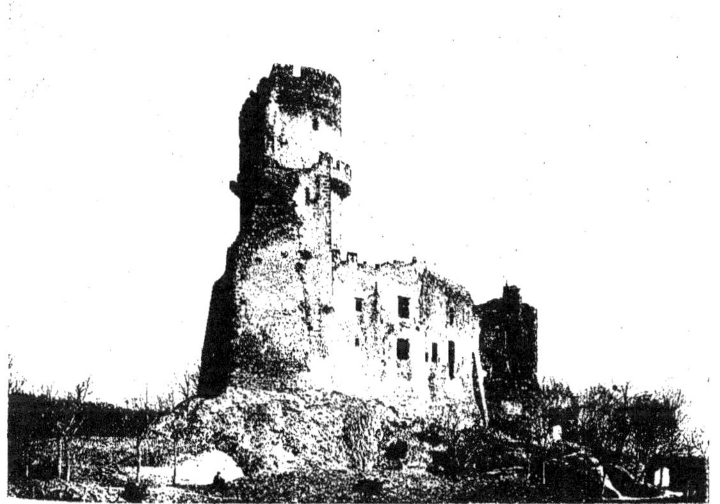

ESSAI D'AUTOTYPIE SANS EMPLOI DE RÉSEAU

Obtenu par M. Alfred Roland, amateur.

nous croyons que ces observations, exemptes d'un parti pris quelconque et présentées en toute connaissance de cause, ne seront pas sans intérêt et sans résultat pour ceux qui voudront les suivre, malgré leur apparente aridité.

Voyons donc tout d'abord *la machine*.

En principe, toutes les machines typographiques conviennent pour l'impression de l'autotypie, mais à cette condition *sine qua non* que la distribution d'encre soit très régulièrement effectuée. L'encrage à plat devra donc être rejeté. Seul, l'encrage cylindrique et, mieux encore, l'encrage *plat et cylindrique* assurera l'absolue régularité d'une parfaite distribution. Le nombre des rouleaux toucheurs n'est pas non plus sans importance ; les machines à quatre toucheurs que l'on construit aujourd'hui procurent l'excellente touche indispensable pour que l'œil du cliché soit parfaitement dépouillé malgré le peu de relief qu'offre la multitude de points qui le composent. Ces machines à quatre toucheurs conviennent parfaitement à la haute illustration et plus spécialement à l'impression des illustrations autotypiques, qu'elles rendent avec une très grande finesse.

L'autotypie exigeant une forte, très forte pression, le cylindre devra offrir beaucoup de solidité, pour supprimer toutes les vibrations qu'occasionnerait un cylindre trop léger ou insuffisamment fixé. Les constructeurs de machines s'inspirent du reste exactement des nécessités du procédé et fournissent maintenant des presses qui réunissent toutes les qualités désirables.

Puisque que venons de parler de l'énorme pression qu'exigent les autotypies, faisons observer que le metteur en pages devra veiller, dans l'habillage des clichés, à ce qu'ils soient détachés raisonnablement du texte, celui-ci pouvant sans cette précaution avoir à souffrir de la grande pression qu'ils réclament.

L'habillage de la machine devra être léger, pour procurer un foulage un peu sec, plutôt dur ; la touche sera légère, nous l'avons dit, et les rouleaux auront beaucoup de mordant, beaucoup d'*amour*.

Et maintenant la *mise en train*.

Ah ! la grosse affaire, et combien controversée !

L'autotypie exige-t-elle beaucoup de mise en train ? Question complexe pour laquelle semble avoir été inventée la plus invraisemblable contradiction. Les uns prétendent qu'il ne faut pour l'autotypie aucune mise en train ; les autres, — et ils sont les plus nombreux, — inclinent à croire qu'elle en demande autant que les autres genres de gravures. A vrai dire, nous nous sommes longtemps rangé à l'avis des premiers. L'autotypie procède de surfaces qui, sans être absolument planes, n'offrent que peu de relief, et il nous semblait que la mise en valeur de ses ombres et de ses lumières étant faite par la succession des morsures, toute autre mise en train devait être abandonnée comme superflue. C'était la théorie que nous préconisions dans nos premiers articles ; nous ajouterons à notre justification que nous étions et restons encore appuyé sur le jugement de nombreux théoriciens. Nous avons cru devoir rabattre des prétentions des débuts ; nous l'avons fait sans mauvaise grâce, ayant établi notre conviction non sur une expérience absolument personnelle, mais sur ce que nous avions pu observer chaque jour auprès de praticiens de tous pays, de toutes méthodes, ayant chacun leur éducation particulière, souvent très artistique. Notons sans aller plus loin qu'il y a de part et d'autre, chez les adversaires ou les partisans de la mise en train de l'autotypie, trop d'absolutisme, beaucoup d'exagération, et posons cette règle, que nous ne donnons cependant pas pour indiscutable : L'autotypie sans grands reliefs, ne veut que *peu* de découpages, mais ses grands noirs, pour être bien

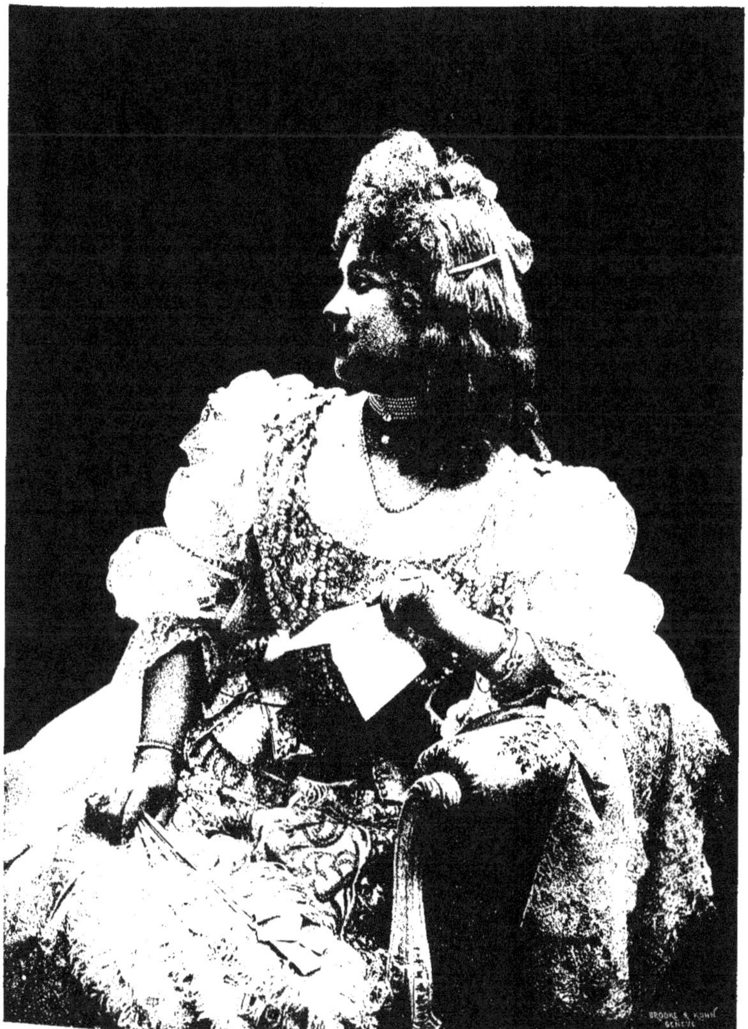

PORTRAIT

AUTOTYPIE SUR ZINC D'APRÈS UN AGRANDISSEMENT AU CHARBON
de M. Fréd. Boissonnas, photographe à Genève.

BROOKE & KUHNE
Genève

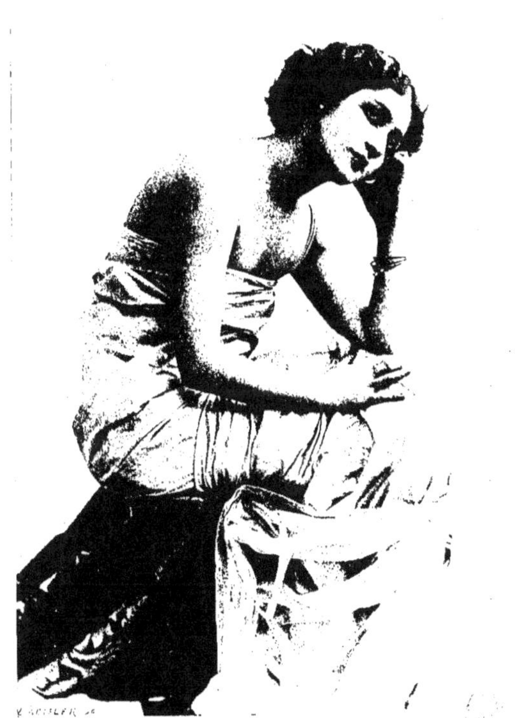

RÊVERIE
Photocollogravure sur cuivre d'après photographie Reutlinger

Papier, Gravure et Impression
LOUIS GEISLER
Aux Châtelles, par Raon-l'Etape
(Vosges)

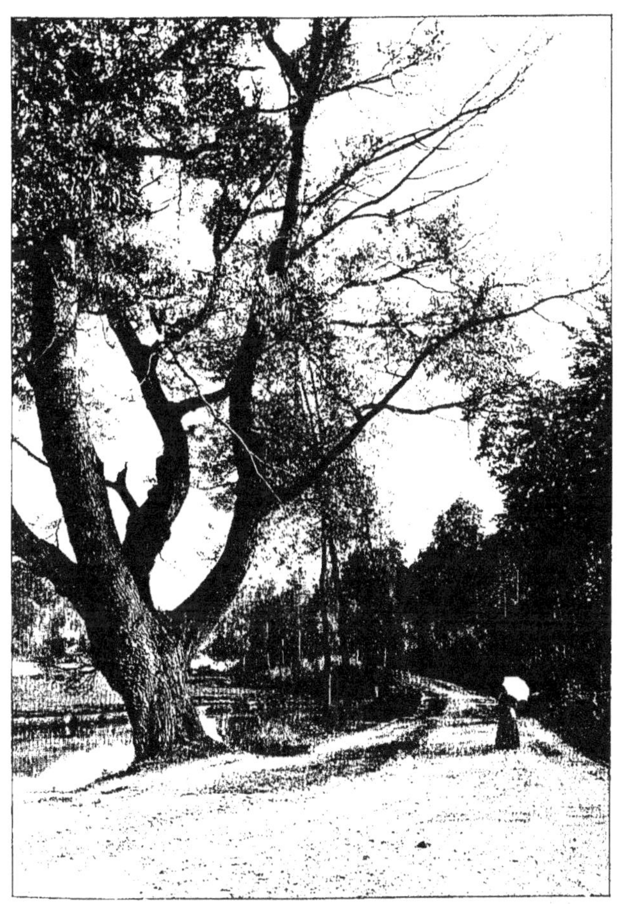

A MIELMONT (Belgique)

AUTOTYPIE CUIVRE D'APRÈS UNE PHOTOGRAPHIE DE M. RIGAUX, A BRUXELLES
(Nouveau procédé breveté.)

JEAN MALVAUX
43, rue de Launoy (Molenbeck)
BRUXELLES

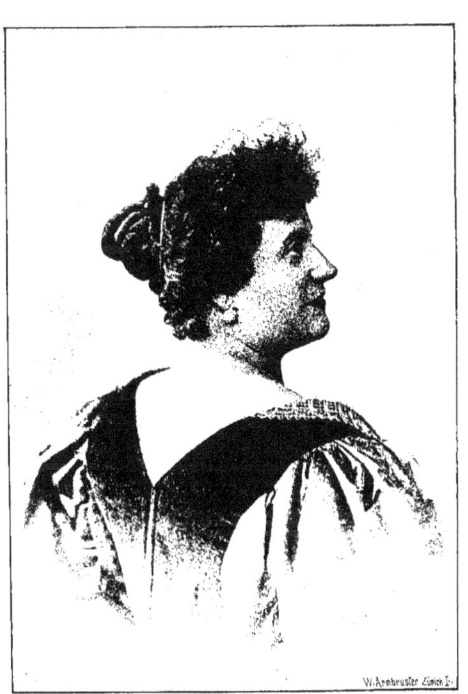

PORTRAIT

Autotypie d'après nature

W. ARMBRUSTER

Zurich, I.

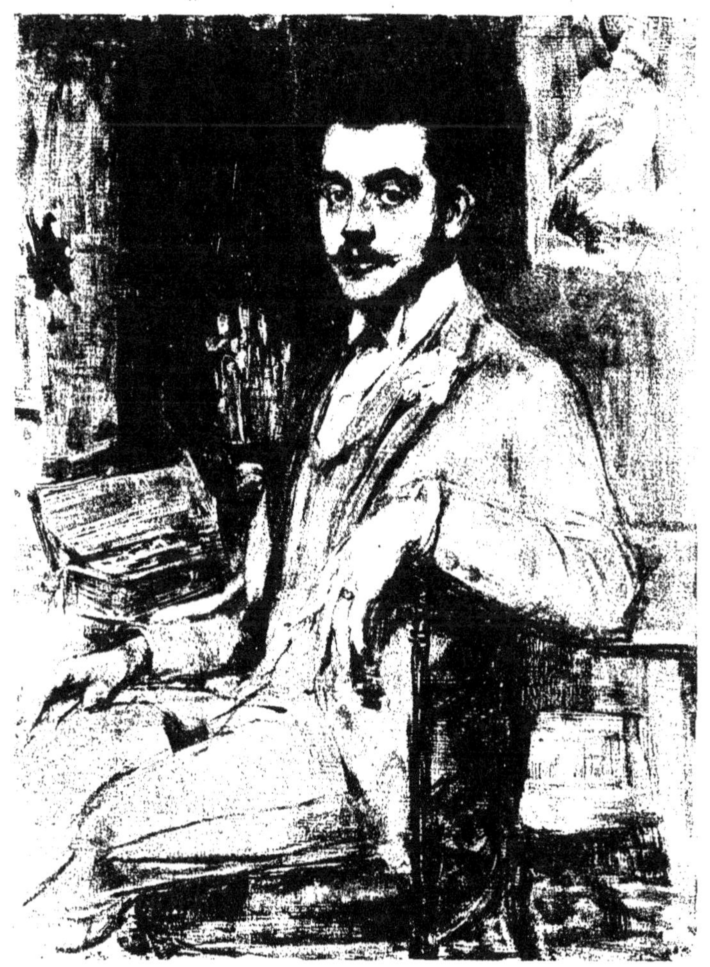

Autotypie cuivre d'après une peinture a l'huile (ébauche)

MEISENBACH RIFFARTH & C°
MUNICH - BERLIN - LEIPZIG

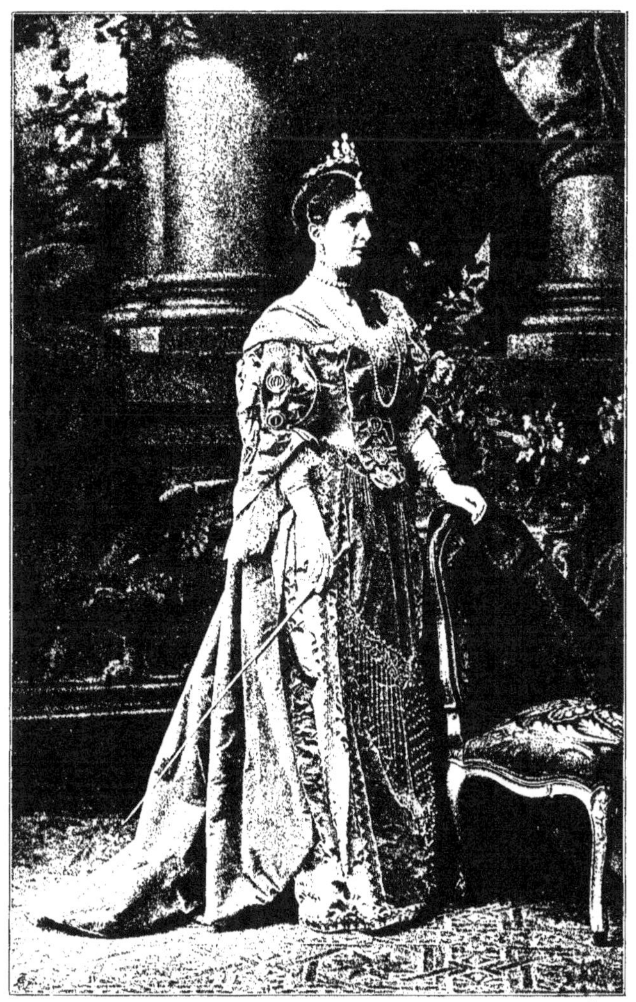

C. ANGERER & GOESCHL
Vienne (Autriche)

homogènes, réclament une plus forte pression que celle exigée par ses demi-teintes ou ses clairs. Donc, *légère* mise en train nécessaire. Mais il faut savoir se borner, se souvenant qu'ici l'on traite des surfaces presque planes. Sur une surface absolument plane, la chose s'explique d'elle-même, toute mise en train serait impossible : d'où, conclusion facile à tirer.

A quoi donc doit se réduire dans la pratique le travail de l'imprimeur d'autotypies? D'abord à établir la complète horizontalité, le parfait niveau du cliché. Les blocs, supports de ces gravures, malgré la qualité du bois employé et les soins apportés à leur confection, se déforment toujours un peu ; le moindre changement de température influe sur leur rectitude, les « voile ». Le premier travail aura pour objet de rendre l'aplomb à l'assise générale de la planche. Celle-ci sera déclouée et séparée de son support, lequel raboté à nouveau, si cela est nécessaire, sera remis d'équerre parfait ; viendront ensuite quelques béquets de papier qui, collés sous le bloc, au bon endroit, compléteront cette parfaite assise. La plaque, qui aurait pu, elle aussi, se voiler sous le retrait du bois sera ensuite redressée au marteau.

Maintenant le cliché est remonté, d'aplomb. Il est alors mis « de hauteur », c'est-à-dire que des hausses amènent sa surface au niveau des caractères, lorsqu'il doit être imprimé en même temps que ceux-ci. Cette opération est celle qui se pratique pour toutes les gravures, bois ou autres ; elle est élémentaire, aussi ne croyons-nous pas devoir insister plus longtemps à son sujet [1].

Ici va commencer ce que l'on appelle en langage technique la « mise en train », terme impropre, ou plutôt expression déplacée à notre avis, parce qu'elle devrait s'appliquer aux préparatifs que nous venons d'exposer, non aux opérations très simples qui vont suivre.

Un premier tour de machine donne une épreuve parfois bonne, mais le plus souvent imparfaite, surtout quand le dessin comporte des grands noirs. Ceux-ci, cela va sans dire et n'est pas à l'encontre de notre thèse, demandent à être accusés. Pour cela, ils réclament une forte pression que donnera amplement un découpage succinct, une hausse sur la partie du cylindre correspondant à ces noirs d'une épaisseur d'une ou deux feuilles de papier. Mais ce travail devra constituer *toute la « mise en train »*, cette expression étant alors prise dans son acception habituelle. Toute autre plus complète sera superflue, partant inutile, voire même dangereuse, puisqu'elle pourra arriver à ce résultat imprévu qu'elle dénaturera, si elle est poussée à l'extrême, l'œuvre à reproduire.

---

[1] Nous devons cependant faire observer qu'il ne faudrait pas prendre trop à la lettre cette expression : « mise de hauteur ». Lorsqu'une autotypie doit être imprimée en même temps qu'un texte, une légende si l'on veut, sa surface doit légèrement dépasser le niveau des caractères, de un point ou deux par exemple ; ceci, toujours en raison de la forte pression réclamée par ce genre de gravure.

En voulez-vous un exemple ? La planche XXXIV de cet ouvrage nous le fournira. C'est *La Reddition de Breda (les Lances)* que Velasquez a ici représentée. Alors que la majeure partie des figures de cette scène sont d'une netteté remarquable, bien accentuées, que la croupe du cheval est luisante et d'un noir magnifique, tout le bas du corps de celui de gauche des deux personnages qui occupent le centre du tableau est flou, effacé, comme vu au travers d'un nuage. Et ce n'est pas là défaut de mise en train. Toute hausse eût été ici inefficace. L'objectif n'a pu rendre que ce qu'il voyait, il lui était impossible de ressusciter le coloris franc et vigoureux du maître espagnol. Admettez, cependant, un instant, qu'à la mise en train un « truquage » quelconque permît cet effet. L'œil eût été plus satisfait peut-être, mais la vérité eût été altérée. Le caractère d'authenticité de l'œuvre telle qu'elle est aujourd'hui n'était plus respecté, et la gravure ne rappelait que d'une façon imparfaite l'œuvre magistrale que garde jalousement le musée du Prado.

C'est donc bien inutilement que l'on multiplie les découpages dans l'autotypie. Une des qualités de ce procédé doit être qu'on réalise par son emploi une économie dans le temps passé aux préparatifs d'impression. Si l'on y doit employer autant de temps qu'à ceux si compliqués et si coûteux d'une gravure sur bois, où sera donc la supériorité ?

Nous avons vu dans ce genre de travail opérer beaucoup d'imprimeurs-typographes ; nous avons toujours pu constater que, sans grands frais de mise en train, aidés seulement d'un bon papier, d'une bonne encre, avec un foulage régulier et suffisant, certains de ceux-ci arrivaient à d'excellents résultats que n'obtenaient pas toujours les savantes mises en train des autres.

Diminuons donc autant que faire se pourra la mise en train ; nous y avons tout intérêt.

Lorsque le procédéiste livre un cliché autotypique à l'imprimeur, il l'accompagne généralement de son épreuve. Naturellement, elle est superbe : il faut flatter la marchandise. Cette épreuve va servir de *modèle* à l'imprimeur qui, dans son tirage, visera à obtenir la perfection qu'elle présente et n'atteindra souvent qu'à un résultat bien inférieur à celui qu'il eut sous les yeux. Dans ce cas, il se produit ceci que l'imprimeur, découragé, s'imagine que cette superbe facture est due à des truquages spéciaux...

Voulez-vous venir avec nous chez un de ces procédéistes pour tenter de surprendre le truc décevant ?

Dans la plupart des ateliers, nous voyons le photograveur ayant achevé sa plaque, avant même que celle-ci soit montée sur son bloc support, la tenir simplement sur la main et l'encrer   avec de la bonne encre, par exemple,   puis, l'ayant recouverte d'une feuille de papier, la placer sous le cylindre d'une petite presse, pas trop plus perfectionnée souvent que nos « rouleaux à épreuves », avec dessus et dessous quelques feuilles d'épais papier. Une forte pression, deux ou trois tours de manivelle et l'épreuve sort, aussi nette, aussi fouillée, plus parfaite peut-être que celle que donnerait un jour de découpages [1].

Avez-vous surpris le secret et, devant cette épreuve facilement renouvelable, ne reconnaissez-vous pas que nous avions raison de préconiser à l'encontre des

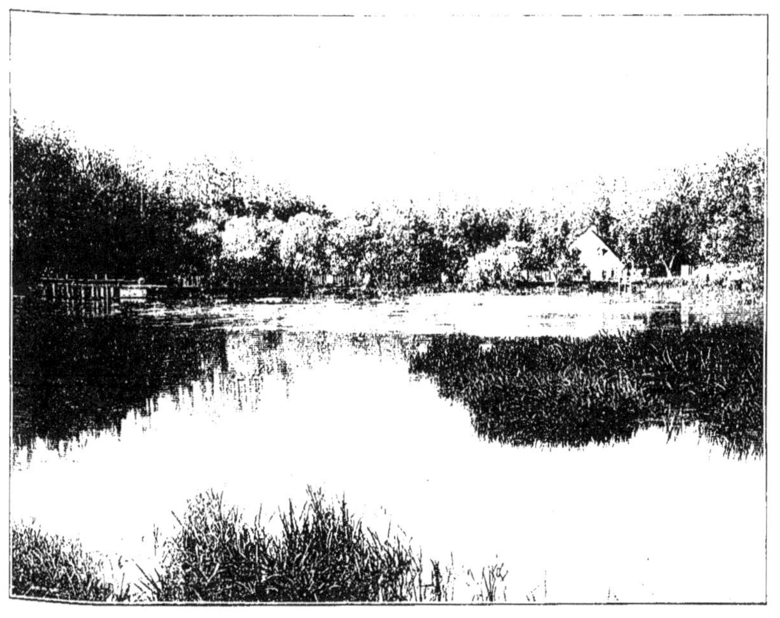

EAUX DORMANTES

Autotypie retouchée au burin, imprimée SANS AUCUNE MISE EN TRAIN.

Cliché de HUSNIK & HÄUSLER, à PRAGUE (Bohême).

fastidieuses mises en train, la bonne encre, le bon papier et la forte pression qui doivent procurer semblable résultat ?

Voulez-vous une preuve plus saisissante qu'un raisonnement ? La gravure ci-dessus, tirée *absolument sans mise en train* d'aucune sorte, est là pour vous la fournir. Aurait-elle pu être améliorée par un léger découpage ? Peut-être, mais

---

[1] On nous objectera, non sans quelque fondement, que le photograveur obtient ce résultat pour une ou deux épreuves et ne pourrait procéder de la sorte pour un tirage de milliers d'exemplaires. D'accord, mais il faut envisager que les moyens qu'il emploie sont des moyens extrêmes.

il suffit que ce soit discutable, que ce résultat satisfasse l'œil le plus méticuleux, pour démontrer combien la recherche brutale du mieux peut être l'ennemie du bien et contenir dans des limites très étroites une opération dont bien des hommes experts en notre art contestent l'utilité, et qui, délicate, doit être effectuée par des délicats et négligée par les lourdauds qui, par elle, alourdiraient l'œuvre[1].

Le papier :

Nous ne craignons pas d'être taxé d'exagération en affirmant que la plus grande part du succès dans l'impression de l'autotypie dépendra de la qualité du papier. Prenez deux papiers différents, de belle apparence tous les deux, employez l'un immédiatement après l'autre, vous constaterez au résultat d'énormes dissemblances. D'où vient cela? Nous l'allons examiner ; mais qu'on se persuade bien tout d'abord que c'est un point capital que le choix du papier et qu'on ne saurait prendre trop de précaution à son égard. Qu'on ne craigne donc pas les essais dans cette voie avant de s'engager dans un choix que l'on regretterait peut-être ensuite.

Pour obtenir ces tirages impeccables où la gravure doit être si finement dépouillée, il faut que ce papier offre une surface lisse et poreuse à la fois,

que tout en s'inspirant de leur principe, il en modifierait un peu la rudesse, s'il avait à opérer sur une certaine quantité. Notre encrage est du reste bien moins rudimentaire que le sien et nous donne une touche excellente qui dépouille parfaitement l'œil du cliché. La presse du similiste ne peut non plus prétendre à la perfection de nos machines ; enfin, la pression, quinque conservée forte, n'est plus aussi brusque, aussi éreintante que celle très primitive dont nous avons parlé. Mais toutes ces circonstances, qui modifient heureusement les conditions et atténuent les difficultés du long tirage, ne détruisent nullement le principe que nous avons posé.

[1] Avant d'en terminer avec une question sur laquelle nous nous sommes un peu étendu, parce qu'elle nous paraissait une des conditions vitales de l'autotypie, nous voulons signaler une nouvelle invention qui ne sera pas sans intérêt pour les partisans obstinés de la mise en train *quand même*. Dût cet exposé être exploité contre notre thèse, il montrera que nous ne sommes point exclusivistes et prouvera notre parfaite impartialité dans cette discussion. Nous présentons notre manière de voir et ne posons pas des règles absolues, toujours critiquables au gré de l'un ou l'autre tempérament.

C'est à M. le Professeur Husnik, de Prague (Bohême), que nous sommes redevables de cette découverte. Frappé du temps passé aux mises en train de l'autotypie, M. Husnik a imaginé de les supprimer. Il y parvient en fabriquant des reliefs en gélatine par un moulage de la plaque, reliefs qu'il renforce après coup par des applications de gélatine aux parties qui doivent frapper les grandes ombres.

Les reliefs de M. le Prof. Husnik reproduisent du négatif toutes les nuances d'ombre et de lumière, même les plus infinitésimales et rendent les détails avec une précision toute mathématique. Les parties les plus ombrées atteignent une épaisseur de un demi-millimètre qui va en décroissant dans les autres modulations jusqu'aux parties les plus éclairées qui sont tout à fait sans relief. Ces mises en train donnent au premier tour de cylindre une épreuve splendide. Nous donnons page 92 et pl. XLVIII de cet ouvrage, des autotypies imprimées avec le système de mise en train de M. le Prof. Husnik.

Faisons remarquer que ces mises en train ne sont confectionnées que pour les clichés fabriqués par cette maison et en même temps qu'eux.

problème quelque peu complexe mais que l'on a résolu déjà assez pratiquement, en attendant mieux encore.

Autrefois, c'était l'usage, on « faisait » le papier avec de la pâte de chiffons pure : heureux temps où l'on ignorait l'art de la sophistication qui a envahi notre époque. L'industrialisme moderne, qui fait flèche de tout bois trouve plus commode et moins cher de « fabriquer » le papier avec la cellulose du bois, le sparte et d'autres ingrédients de même sorte. Les papiers de nos aïeux ont bravé

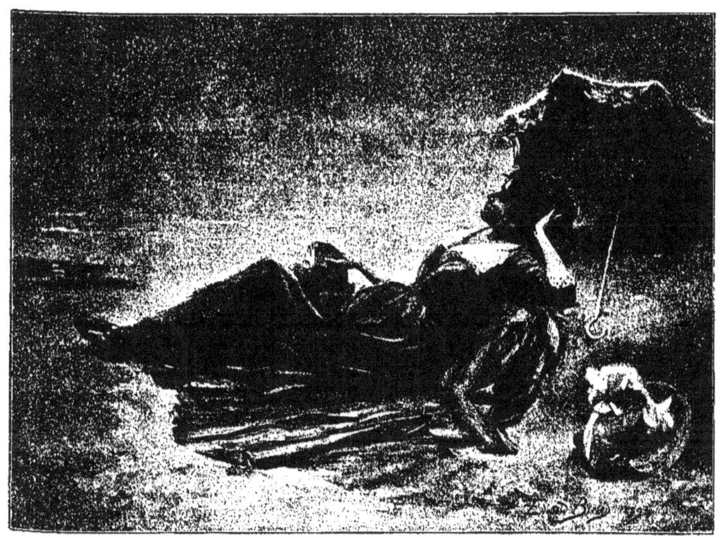

ESSAI D'AUTOTYPIE SANS EMPLOI DE RÉSEAU
d'après une photographie de A. Braun, éditeur d'art, Paris.

Cliché de W. Grosenburg, Gravi et Grösenbach (Bavière).

et braveront encore longtemps les injures des siècles ; combien de temps dureront les nôtres ? Grave question qui a fait se heurter bien des boucliers. La fameuse « pâte de bois » a subi de terribles assauts ; elle a eu de valeureux champions. D'aucuns nous mettent en garde contre l'emploi des papiers contenant semblables matières, d'autres concluent à leur complète inocuité. On ne sait qui croire. Qui a tort ? Qui a raison ? Personne, ni vous, ni nous, ni d'autres, personne ne le dira, et il nous faudra nous en rapporter à la décision du docte *Cosmos* qui, enregistrant ces escarmouches, fait très simplement observer que « cette question de la durée du papier actuel ne pourra être définitivement tranchée que par une série d'expériences systématiques embrassant une longue période de temps ». Le moyen est sûr, en effet. Le temps seul montrera ce que le temps aura pu respecter. M. de la Palisse n'eût pas trouvé mieux.

Mais ce n'est guère sur ce terrain que nous voulions vous amener, car si la composition de sa pâte a beaucoup d'influence sur la durée du papier, elle n'est pas d'une grande importance quant aux résultats immédiats de son impression ; ce n'est du reste que la partie en contact avec le cliché, la surface que nous avons à considérer.

Ce qu'il faut, avons-nous dit, c'est que le papier offre une surface aussi douce que possible. Pour cela, on lui fait ordinairement subir l'opération que l'on appelle le « couchage », c'est-à-dire que celle au moins de ses faces qui doit être imprimée est revêtue d'un apprêt, d'une couche de baryte, mince pellicule de marbre sur laquelle viendra amoureusement se déposer l'encre d'imprimerie.

La couche de baryte avec laquelle légèrement on comble les pores du papier, se donne en un bain où sont amalgamés du sulfate de baryte, du kaolin et une faible dose de gélatine translucide. Au sortir de cette préparation, des brosses étendent soigneusement l'enduit sur le papier qui, séché ensuite et calendré, se trouvera terminé et prêt à recevoir l'impression. Et, croyez-nous, avec lui celle-ci sera splendide.

Il nous souvient de l'apparition de ces papiers « à surface barytée ». Ils nous venaient d'Amérique naturellement et obtinrent un tel succès chez nos imprimeurs que nos papetiers se lancèrent immédiatement dans la fabrication, peu commode, de ces papiers « frictionnés » dont chacun appréciait les heureux résultats.

On revient un peu de l'engouement qu'ils ont suscité, et nous devons à la vérité de dire que c'est justement dans la nécessité où l'on est d'employer ces « beaux papiers » que nous trouvons un grand désavantage pour l'autotypie.

Ils sont en effet si fragiles, si délicats, que leur manipulation devient extrêmement difficile, presque impossible. Un pli, un coup de plioir, le passage du couteau à papier à l'ouverture de la brochure ou du volume, la moindre éraillure d'ongle, voire même la simple éraflure du doigt et voilà les figures sabrées d'un irrémédiable trait qui ôte tout cachet à votre publication, si splendide qu'elle fût tout d'abord. Tournez les feuilles d'un doigt un peu humide et les voilà marquées pour la vie d'un témoin fâcheux. L'aspect miroitant de ces papiers est aussi, quoi qu'on dise, absolument désagréable. La science du fabricant de papier moderne s'est, il est vrai, beaucoup exercée à faire disparaître ces défauts ; mais le problème, dont la solution se fait attendre, est toujours posé ; il faut, sinon supprimer complètement la couche impressionnable, du moins trouver un enduit si imperceptible à l'œil et au doigt qu'il reste comme un secret entre la gravure et le papier. Y parviendra-t-on ? Espérons-le en constatant encore combien sont plus agréables dans leur manipulation les papiers « nature » que ceux revêtus de l'armure de baryte.

Reste enfin la question *de l'encre :*

Toute économie dans son achat ne sera que désavantageuse. Ici, comme en beaucoup d'autres choses, le bon marché est toujours cher. Une encre ordinaire

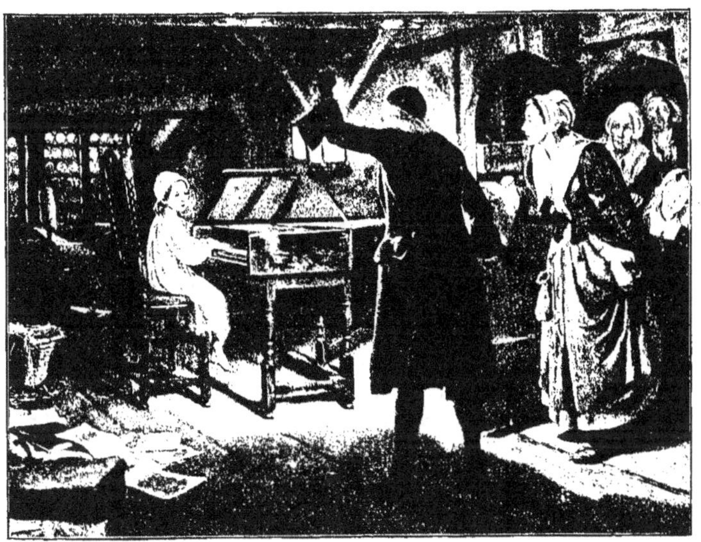

HÆNDEL ENFANT

Autotypie sur cuivre d'après un lavis de Maleri, reproduction du tableau de Margaret Dicksee.

Cliché de Maurice Trilleau, à Copenhague.

se distribuera mal et il en faudra beaucoup plus pour couvrir la surface imprimante ; de plus, elle empâtera la gravure et obligera à de fréquents lavages ; les résultats seront beaucoup moins bons, quoique aussi coûteux, qu'avec une encre de première qualité. Pour une gravure sur bois, même sur du mauvais papier, une encre ordinaire pourra peut-être donner une impression passable ; elle ne donnera jamais rien de bon au tirage d'une autotypie, par la simple raison qu'il y a une grande différence entre les creux d'une gravure sur bois et ceux d'une autotypie. Un cliché autotypique a plus de creux par rapport à la largeur de ses points et à la faible distance qui les sépare, l'encre a donc plus de peine à pénétrer jusqu'au fond des tailles. On se rendra parfaitement compte du serré de ses différents points en songeant que chaque centimètre carré d'une gravure autotypique en contient de 8000 à 15,000 et en voyant leur groupement très compact par endroits — dans l'agrandissement démonstratif ci-contre.

Nous en avons terminé avec l'exposé des règles fondamentales de l'impression de l'autotypie. Elles sont d'importance si capitale et de leur observation dépend tellement le sort de l'autotypie que nous ne croyons pas qu'on ait pu trouver exagérés nos commentaires. Sans elles, aucuns bons résultats ne se peuvent atteindre et, au contraire, tous les désavantages du procédé s'accentuent : crudité des résultats, uniformité des valeurs, manque d'opposition des noirs et des blancs, insuffisance de profondeur des ombres..., enfin tous les reproches que l'on adresse journellement à l'autotypie, quand on base son jugement sur de médiocres ou mauvais résultats.

*
* *

Très répandue après avoir été tant décriée, l'autotypie a aujourd'hui dans le journal et dans le livre ses grandes et petites entrées. Des publications illustrées, longtemps réfractaires au procédé, n'ont pu, sous peine de déchéance devant la redoutable concurrence des magazines étrangers, anglais et américains surtout, se cantonner plus longtemps dans les limites forcément restreintes que leur assignait l'emploi unique de la gravure sur bois, certes très artistique, plus artistique même que le nouveau procédé, mais qui, somme toute, les obligeait à sacrifier l'actualité, les mettant ainsi en flagrante posture d'infériorité. Contraintes d'admettre l'autotypie, elles l'ont fait sans trop de mauvaise grâce, et n'ont d'ailleurs pas eu lieu de se repentir de cette décision que le public a accueilli avec beaucoup de faveur. Le livre, qui s'était longtemps défendu contre cet envahissement qu'on lui présentait à tort comme une déchéance, s'est aussi peu à peu laissé envahir par le procédé. On ne compte plus les éditions qui sont illustrées par la gravure née de la photographie : ouvrages de vulgarisation technique, recueils scientifiques, livres d'éducation ou de récréation. Ainsi l'autotypie, lancée par de gentillettes éditions parisiennes, se présente maintenant hardiment en librairie. On ne l'accueille plus avec surprise comme autrefois et on peut déjà reconnaître que si elle ne fait pas encore le caprice du puriste bibliophile, du moins celui-ci ne lui témoigne plus le mépris insolent qu'il affectait jadis.

Cette prise en « considération distinguée », dirions-nous avec un peu d'humeur railleuse, ne s'est pas faite sans formalités. Il y a eu sérieuse résistance mais, une fois de plus, l'influence de la toilette s'est fait sentir et la gravure a triomphé par la coquetterie.

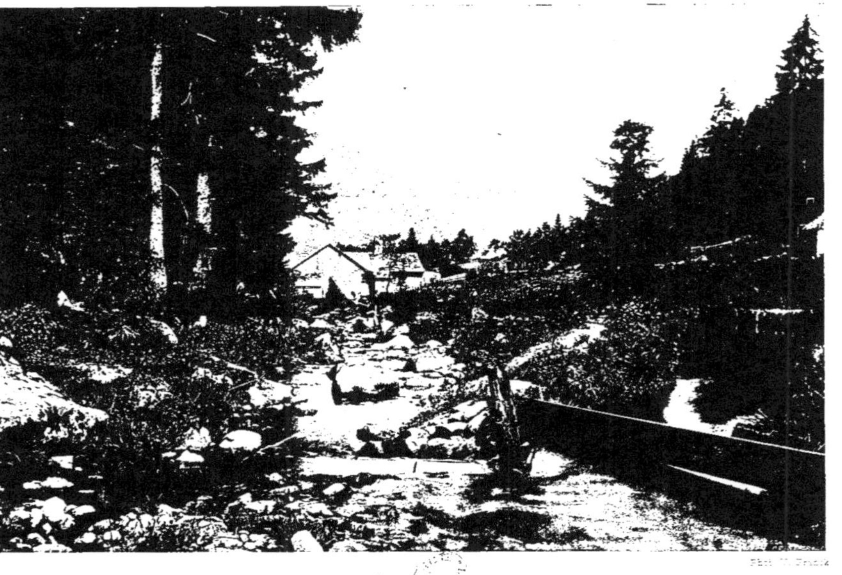

LA VALLÉE DE STRAITURE

Phototypogravure extraite du 6ᵉ fascicule de la série " Les Vosges ", (12 fascicules de 12 gravures, L. Geisler, éditeur)

Papier, Gravure et Impression
LOUIS GEISLER
Aux Châtelles, par Raon-l'Étape
(Vosges)

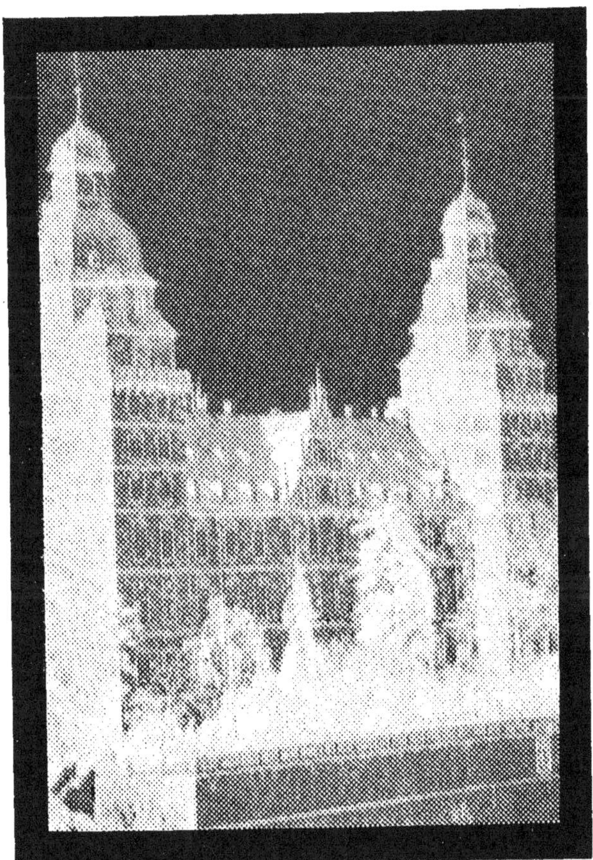

NÉGATIF RÉSEAUTÉ POUR L'AUTOTYPIE

GROSSI SIX FOIS

pour montrer la formation du point dans les grandes lumières,
les demi-teintes et les ombres.

Ses introducteurs ont fait l'illustration plus pimpante, plus capricieuse. Ils l'ont rajeunie en rompant un peu avec la monotonie que présentait le dessin au rectangle classique et régulier devenu de mode surannée. Ils l'ont présentée de façon plus délicate, plus décorative, plus moderne en un mot.

Le « vignettage » s'est chargé de cette transformation.

Voici comme :

Sites, portraits, tableaux divers, les sujets sont groupés de façon pittoresque, imprévue ou originale. On utilise de la photographie ce qu'elle présente de meilleur ou de plus séduisant ; le reste est masqué, dissimulé sous une gouache de cercles, de losanges, d'ovales, de croissants, agrémenté de branches fleuries dessinées au lavis, après quoi le tout est photographié à nouveau et fournit l'élégante illustration cherchée.

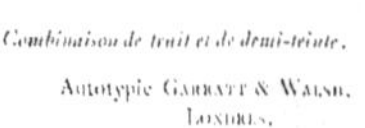

Combinaison de trait et de demi-teinte.

Autotypie Gambart & Walsh.
Londres.

Cette gravure est ensuite découpée, non plus selon les règles de l'absolue ligne droite, mais en vertu d'un modernisme ne s'inspirant que de son caprice qu'il tempérera par son bon goût. Ainsi découpés en lignes sinueuses, ces bords sont *dégradés*, par des artifices de pose photographique, ou par des morsures d'acide, ou encore à la retouche par le burin du graveur.

C'est procédant de cette idée, voulant fuir la banalité du carré d'antan, rajeunir les formes, qu'au risque de tomber dans la préciosité, on a lancé depuis peu la nouvelle illustration, combinaison des deux procédés, que nous venons de décrire, photozincogravure et autotypie, mélange plus ou moins heureux de dessin au trait et de demi-teinte. Les spécimens que nous en donnons ici même prouvent que la faveur qui l'accueille restera justifiée aussi longtemps que le bon goût continuera à régner dans la nouvelle ornementation.

L'illustration est devenue et deviendra plus encore une des conditions d'existence du journal. Le lecteur, de plus en plus, s'attache aux récits vivants, parlants, et le texte, matérialisation de la pensée, ne lui suffit plus ; il veut l'image fixant devant ses yeux les spectacles qu'il se contentait naguère d'évoquer dans son imagination. Hé bien, ce grand enfant de public, toujours curieux et jamais satisfait, on le captivera un moment par l'autotypie qui, par ses facilités d'exécution, rend désormais possible l'illustration quotidienne et, mieux que tous les autres genres de gravures, assure les conditions de rapidité exigées par l'actualité. Ici éclate une catastrophe, là un crime est commis. Quelques heures de travail et le journal publiera le cliché autotype qui reproduira une vue des lieux après l'accident, d'une exactitude scrupuleuse, d'une minutie de détails qui défierait les longs efforts du dessinateur le plus exercé et le plus consciencieux.

D'autres fois, le procédé — grâce à l'instantanéité — enregistre les événements qui ne durent qu'un temps très limité, une fraction de seconde si l'on veut. L'objectif, à qui rien n'échappe de ce que l'œil n'aurait pu nettement apercevoir, rend avec une merveilleuse sincérité le mouvement des êtres. S'il est parfois en contradiction avec l'allure de convention que donna autrefois l'artiste au modèle en action, c'est que son pouvoir se borne à être vrai, à rendre le réel avec ses beautés et ses tares. N'aimez-vous pas « les verrues » des choses, alors ne les photographiez pas, car la photographie prend les choses sur le vif, telles que les lui présente la nature, et ne flatte rien. C'est grâce à elle que la représentation du mouvement est devenue d'une exactitude irréfutable. Rectifiant beaucoup d'opinions basées sur l'imperfection de notre sens visuel, elle a permis de constater que, jusqu'à nos jours, les attitudes données par les artistes à leurs sujets étaient presque toujours effets de simple convention. Elle a fixé, dans ses images, sans contestation possible, l'attitude des êtres animés à un moment quelconque du mouvement auquel ils se livrent. C'est l'indiscutable mérite de la photographie de ne nous donner que du vrai et de ne nous permettre de discuter que sur l'opportunité du choix fait par l'opérateur dont le goût seul reste en cause dans l'œuvre incontestée.

Il peut cependant arriver que notre conception de l'art nous rende la nature suspecte, que ces images du réel nous semblent fausses, parce qu'elles ne représentent qu'une partie de la vie, laissant dans le néant les instants qui ont précédé ou qui suivront celui représenté dans le cliché autotypique.

Prenez une image instantanée quelconque fournie par ce genre de gravures : les attitudes sont figées dans une immobilité qui rend parfois grotesque le mouvement deviné plutôt qu'indiqué, de sorte que tel promeneur lève la jambe de ridicule façon.

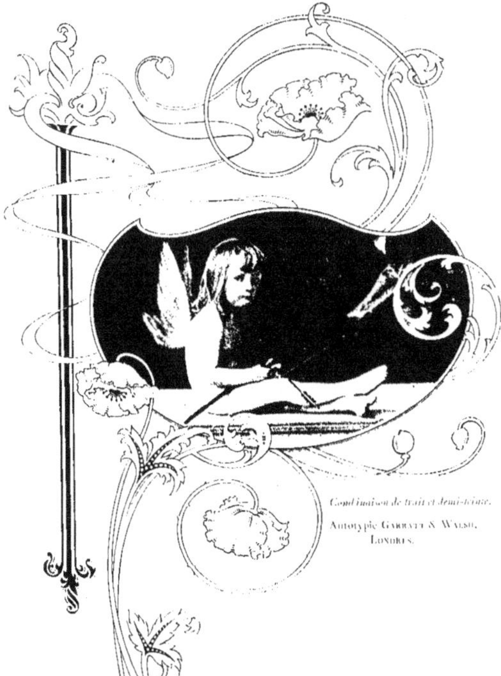

Combinaison de trait et demi-teinte.

Autotypie GARRATT & WALSH,
LONDRES.

Jetez les yeux sur la petite gravure ci-dessous. Vernet ou Géricault, qui ont donné du cheval au galop tant de représentations considérées jusqu'à nos jours comme des modèles du genre, n'auraient jamais osé semblable attitude. La position de la jambe droite de devant du cheval renverse en effet toutes nos conceptions ; elle nous paraît absolument invraisemblable, et cependant, elle est vraie, elle est « l'effigie brute de la réalité », et si cette qualité devient un défaut pour nos esprits idéalistes, à qui la faute? A l'objectif, non ; mais à notre éducation artistique et partant aux artistes nos maîtres, qui n'ont pas rendu exactement la nature... à moins que le coupable ne soit encore l'opérateur qui n'a pas su ou pu saisir la nature au moment de sa plus grande beauté, dans l'accord parfait de ses harmonies.

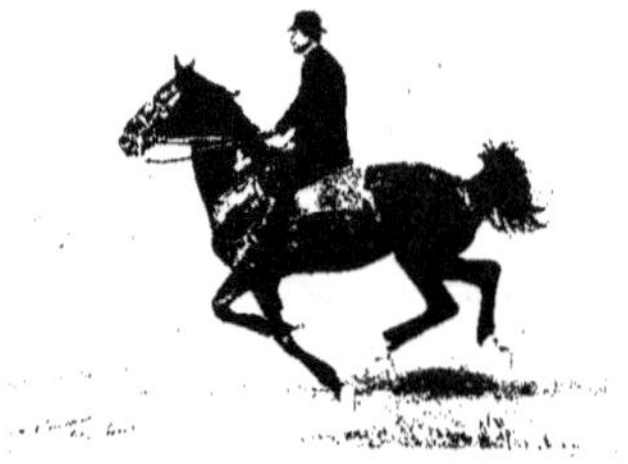

Si on peut avec quelque raison, au moins avec la raison qu'avait Artaxercès de faire fouetter la mer qui avait englouti ses navires reprocher à la photographie un trop grand réalisme, un terre à terre incompatible avec le sentiment artistique, il est quelques circonstances où la rigueur du procédé fait son principal mérite : c'est lorsqu'il s'agit d'une reproduction documentaire quelconque.

INSTANTANÉ PRIS EN UN MILLIÈME DE SECONDE
SUR UN CHEVAL AU GALOP

Négatif de Fred. Boissonnas.   Cliché Brooke & Keus, Genève.

Dans les publications de sciences, le document, directement transporté, fournit mieux que toutes les dissertations possibles, la preuve testimoniale des faits. Les gravures d'interprétation ne suffisent plus ici. Si artistique soit-elle, une gravure sur bois ne sera, dans ce cas, qu'une traduction ; par contre, une autotypie donnera un caractère d'identité à l'œuvre reproduite ; ce ne sera plus l'à peu près dont on ne saurait se contenter en cette occurrence, mais le document, avec son caractère d'absolue authenticité, présenté en un fac-similé parfait.

On a souvent contesté l'exactitude absolue de la photographie. On a cité nombre d'exemples qui ne tendaient à rien moins qu'à faire soupçonner l'objectif de déformations importantes, de valeurs faussées, de perspectives détruites. Si cela était, il est certain que la photographie, partant l'autotypie, puisque c'est elle qui traduit le plus souvent les images fournies par cette dernière, serait aussi impuissante que la gravure d'interprétation à la reproduction du document scientifique. Mais cela n'est pas. Nous défendrons de ces accusations gratuites le procédé par le témoignage de M. Albert Londe, le savant directeur du service photographique de l'hôpital de la Salpétrière, qui, dans une conférence faite à Paris, au Conservatoire des Arts et Métiers, disait ceci en substance :

« Il en est de l'instrument photographique comme de tous les autres: il faut

savoir s'en servir. Mettez entre les mains d'un ignorant ou d'un inexpérimenté
un instrument de musique excellent, il n'en tirera malgré cela que des sons dis-
cordants et désagréables. Irez-vous en conclure que l'instrument ne vaut rien et
que la Musique n'est qu'une chimère? Évidemment non. Alors, pourquoi raisonner

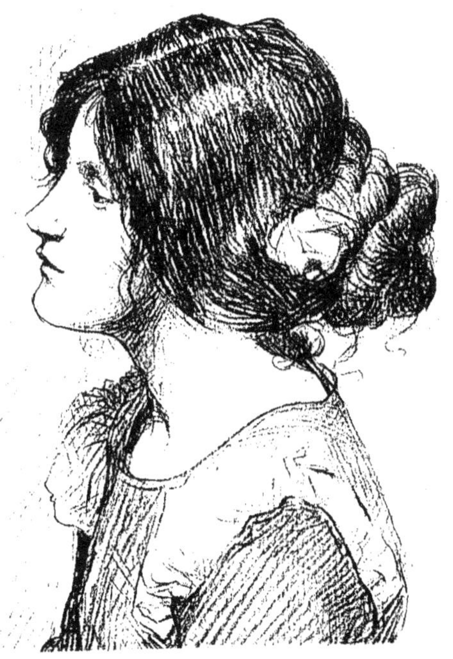

ÉTUDE

Autotypie d'après un dessin à la sanguine de J.-M. Waterhouse.

Cliché de Maurics Trueisen, à Copenhague.

autrement en photographie? Les prétendues déformations dont on a longtemps
incriminé l'appareil photographique, proviennent uniquement de l'inexpérience de
l'opérateur, et il aurait pu les éviter s'il s'était servi de ses instruments d'une
manière logique et rationnelle. La question est du reste tranchée et, pour ne
vous citer que deux exemples probants, il nous suffira de vous rappeler que,
depuis longtemps déjà, l'objectif est chargé de la reproduction des documents

topographiques, géographiques et militaires, reproductions qui demandent l'exactitude la plus rigoureuse, et de l'exécution d'un travail d'une importance capitale en astronomie, le relevé de la Carte du Ciel. »

Une telle décision n'aurait certainement pas été prise par les savants du monde entier si les appareils photographiques étaient susceptibles d'entraîner les erreurs et les déformations dont on les a rendus si longtemps responsables.

La sincérité de la photographie nous paraît donc devoir être mise hors de doute.

L'autotypie qui permet de reproduire le document avec toutes ses nuances d'ombre et de lumière, qui offre encore cet inestimable avantage de pouvoir s'imprimer en même temps que le texte qu'elle doit illustrer dans les deux sens du mot, a déjà rendu au livre scientifique de très nombreux services, et ses applications dans les sciences physiques et naturelles sont devenues courantes.

Mieux que tout autre procédé calcographique, elle excelle à rendre avec minutie les mille détails de ces magnifiques cathédrales de l'art gothique ou les délicates arabesques dont le caprice d'un ciseleur artiste de la Renaissance se sera plu à orner la lame d'une épée. Tous les genres d'objets possibles peuvent être, grâce à elle, reproduits à l'état multiple, dans des conditions d'exactitude et de rapidité auxquelles ne peuvent prétendre les gravures relevant du crayon du dessinateur.

En matière industrielle, l'autotypie est d'un emploi journalier. L'imprimerie l'utilise pour la confection de ses catalogues

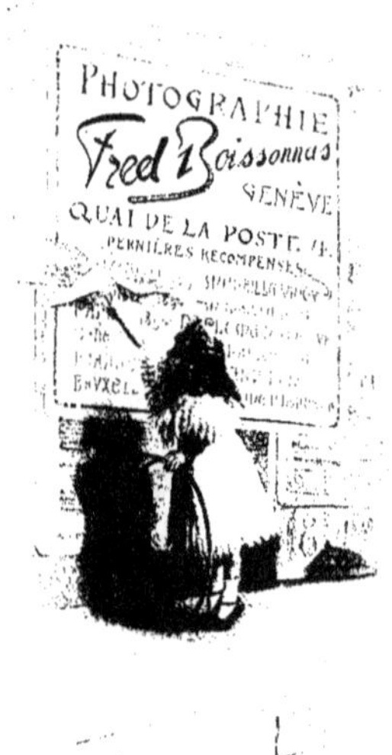

CARTE-RÉCLAME

Négatif Boissonnas   Cliché Brooke & Kerr
Genève.   Genève.

commerciaux ; ses garanties d'exactitude sont alors très précieuses, elles montrent l'objet tel qu'il est, sans supercherie possible et non plus, comme autrefois, embelli c'est-à-dire dénaturé par la fantaisie du graveur. Un burin aurait-il pu présenter avec autant de vérité l'objet d'art reproduit à la page ci-contre ou les dentelles qui figurent en notre planche XXXII? Quelle méthode aurait pu produire le relief qu'elles présentent? Il fallait la sincérité de l'objectif pour obtenir ces résultats.

Notre industrie utilise encore l'autotypie dans les mille imprimés nécessaires à la vie commerciale. Les factures,
têtes de lettres, enveloppes, s'ornent de
vues d'usines, de marques de fabrique.
Les cartes, les menus, les titres d'ouvrages, par des combinaisons de texte et de
photographie, gravées par la photomécanique, sont aujourd'hui facilement illus-
trés. Les albums surgissent aussi de toutes parts, tels ceux connus de tous et
depuis si souvent imités, du *Portfolio*,
du *Panorama*, recueils d'autotypies qui
ont répandu aux quatre coins du monde
à des milliards d'exemplaires et à un bon
marché inouï, les reproductions des chefs-
d'œuvre de la nature et de l'art.

*   *
*

Tels sont les avantages de l'*Autotypie*,
un des plus répandus d'entre les procédés
qui nous occupent, malgré les croisades
stupides entreprises par des adversaires
qui n'hésitaient pas à le déclarer *ravalant*
pour l'art, dans des accès d'iconolâtrie
des anciennes gravures éclatant en fou-
droyantes apostrophes. « Gravure de fabrication ! » avaient-ils dit avec dédain,
et cette épithète de flétrissure, reposant
uniquement sur des facilités d'exécution
qui sont un mérite étant un avantage,
suffisait, à leurs yeux, pour déconsidérer
le procédé et méconnaître ses services.

Faux aveugles qui ne voulaient point
voir, dans leur obstination insensée, les
immenses profits que l'art pouvait retirer des conquêtes modernes, mais dont
les efforts impuissants n'ont pu réussir
à enrayer cette extraordinaire et bien-

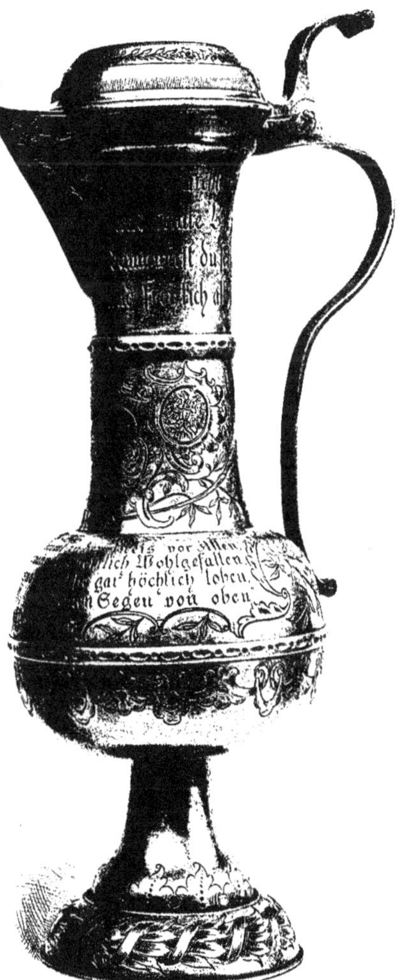

REPRODUCTION D'APRÈS NATURE

Autotypie

Cliché d'Angerer & Göschl, Vienne (Autriche).

faisante invasion des procédés photomécaniques dans le domaine de l'illustration, où ils règnent maintenant en maîtres.

Aussi les paupières des contempteurs se sont abaissées sur l'œuvre immense accomplie, sur l'impeccable et infinie reproduction des merveilles de la nature et des chefs-d'œuvres de l'art humain et, proclamant leur hérésie, adorant ce qu'ils avaient brûlé, les ennemis des gravures tributaires de l'objectif en sont devenus, pour la plupart, les plus fervents admirateurs.

Le peuple, grand enfant qui aime le livre pour les images qu'il contient, les contemple d'un œil avide, ignorant les recherches et les labeurs patients qui ont présidé à leur naissance. Il se réjouit à la vue des illustrations innombrables qui ornent de nos jours, grâce au procédé que nous venons de décrire, même les plus modestes éditions. L'auteur les apprécie également, car l'illustration de son texte, traduction agréable de sa pensée, pour peu qu'il soit dessinateur, lui est permise désormais par ces mêmes procédés que le peintre, l'artiste accueille avec faveur comme les moyens pratiques de reproduction de son œuvre dans toute sa vérité et dans une complète indépendance de ce très artistique, mais parfois bien bizarre et capricieux intermédiaire : le graveur.

Avec les deux procédés que vous venons de voir : photozincogravure et autotypie, se termine la série des procédés *typographiques*, c'est-à-dire des procédés photomécaniques qui peuvent fournir l'image monochrome en même temps que le texte que celle-ci aura mission d'illustrer[1]. Le premier de ces procédés, la photozincogravure, s'applique, nous l'avons dit, à la seule reproduction des dessins au trait ; le second, l'autotypie, convient plus spécialement à l'image à demi-teintes. L'un et l'autre se complètent et rendent de signalés services dans l'illustration courante.

Nous allons maintenant pénétrer dans la série des procédés *non typographiques*, c'est-à-dire des procédés exigeant un tirage « hors texte », lequel s'obtiendra parfois par la lithographie, d'autres fois par des méthodes particulières. Disons de suite que   question d'une impression spéciale mise à part   les procédés de cette seconde catégorie sont pour la plupart plus avantageux, pour cette raison qu'ils fournissent des épreuves d'allures plus artistiques que celles obtenues par les méthodes précédemment décrites.

---

[1] Les autres méthodes d'illustration photographique ne sont que des variantes de celles-ci. Nous les présentons plus loin en un chapitre spécial.

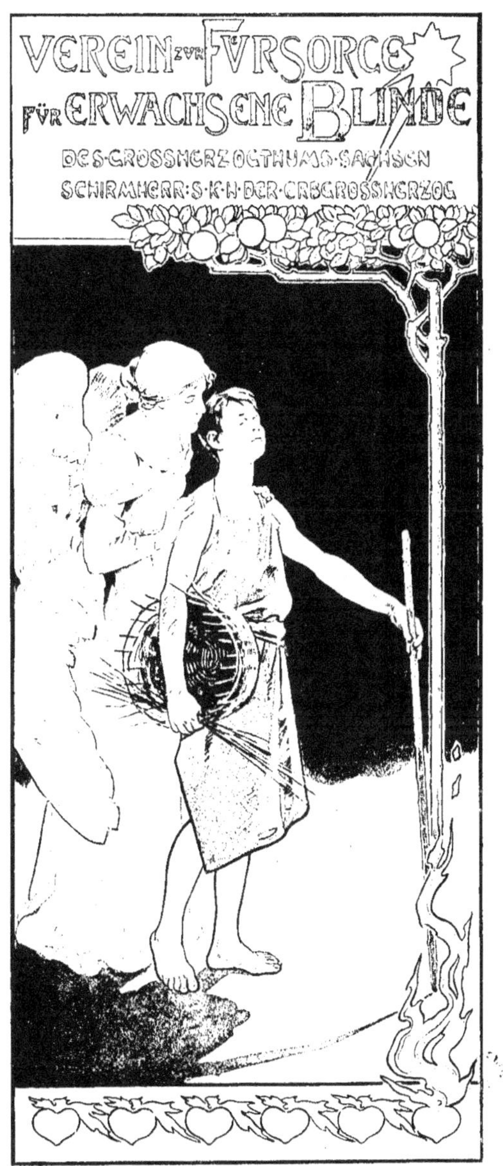

AUTOTYPIE D'APRÈS LAVIS, SANS MISE EN TRAIN

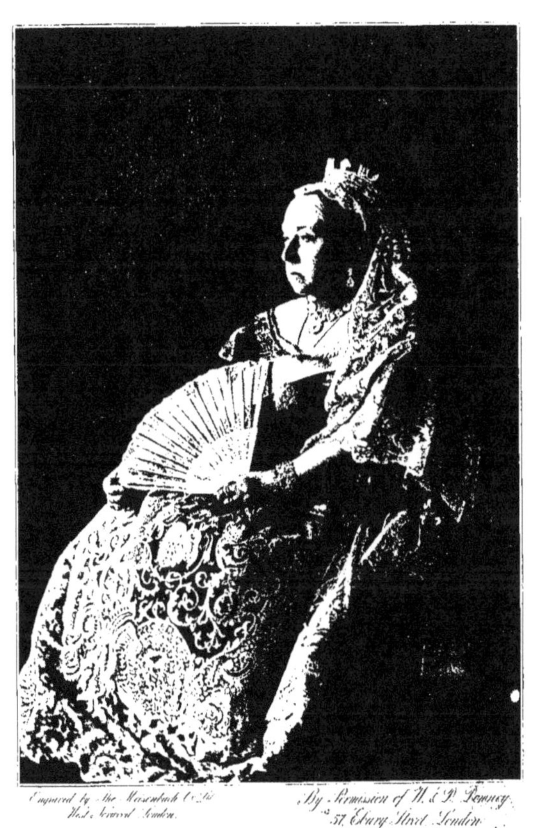

S. M. LA REINE D'ANGLETERRE
Autotypie sur zinc d'après une peinture à l'huile
(Trame de 60 lignes au cm².)

THE MEISENBACH C°, LTD.
LONDRES

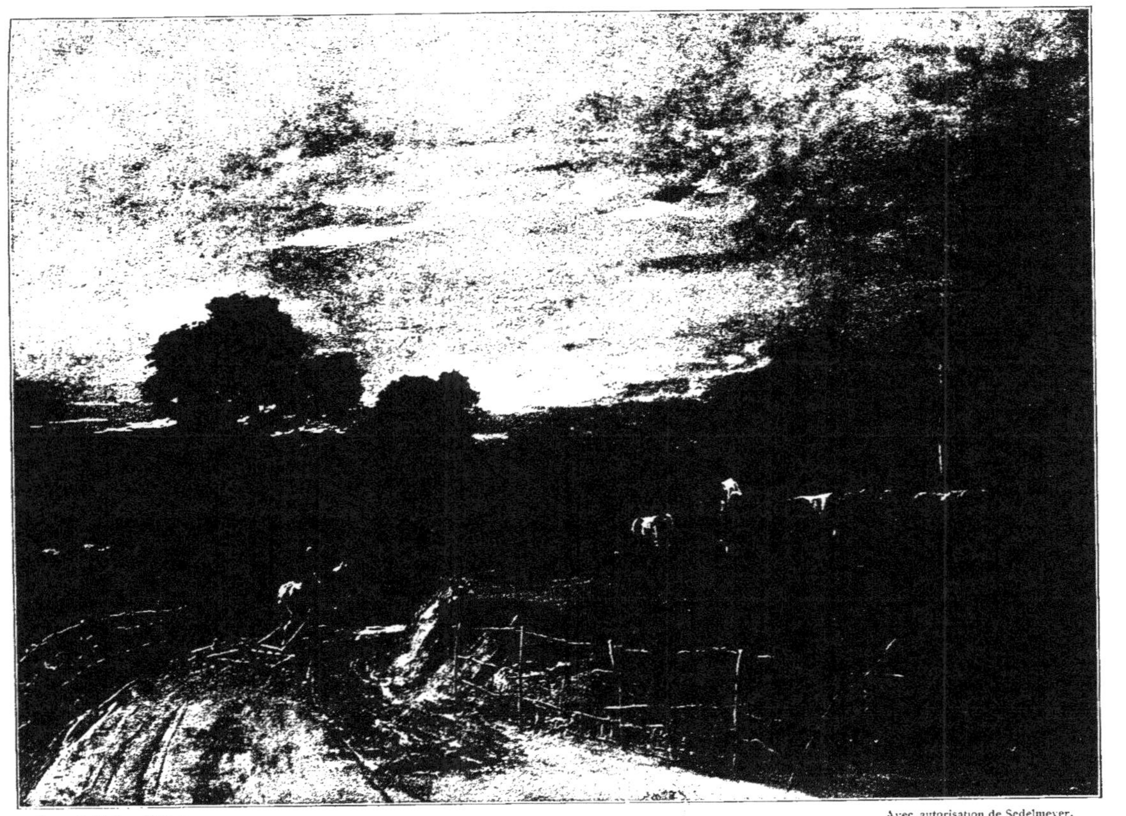

RETOUR.

Autotypie en impression Iris , d'après un tableau de M. Munkácsy.

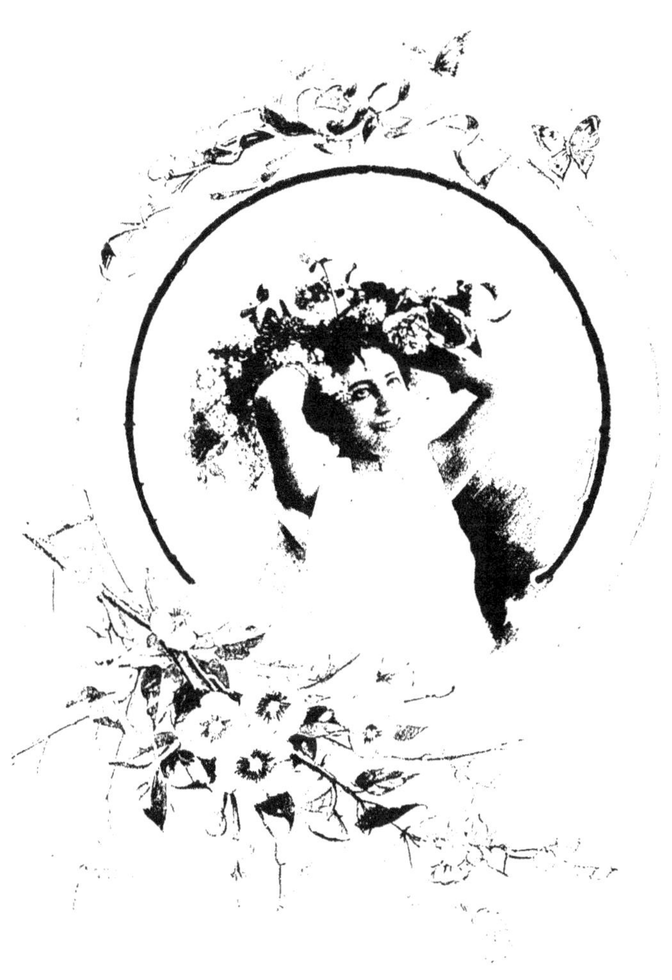

BACCHANTE.

Autotypie sur cuivre combinaison de photographie d'après nature et de dessin au lavis.

Imprimée avec le Brun A de
Berger & Wirth, Leipzig.

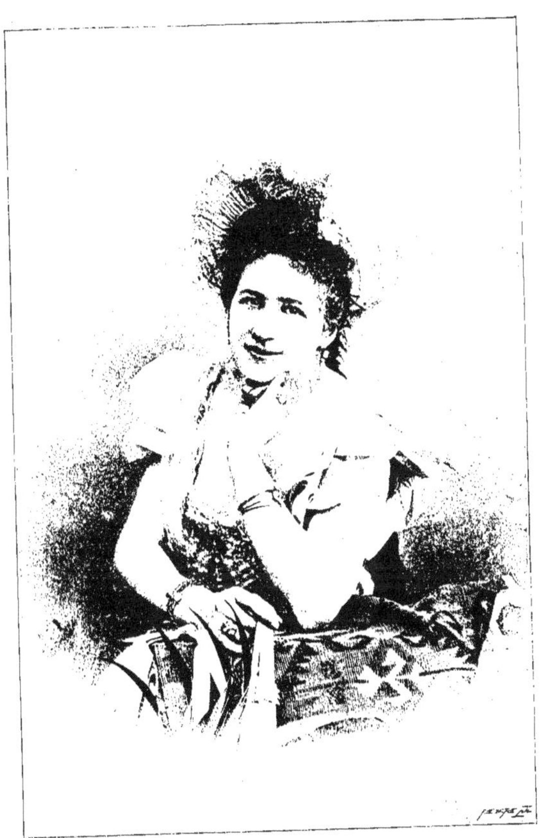

PORTRAIT

AUTOTYPIE SUR ZINC D'APRÈS NATURE

Mise en train faite avec les reliefs gélatine de M. le prof. Husnik,
de Prague.

HUSNIK & HÆUSLER
PRAGUE (BOHÊME)

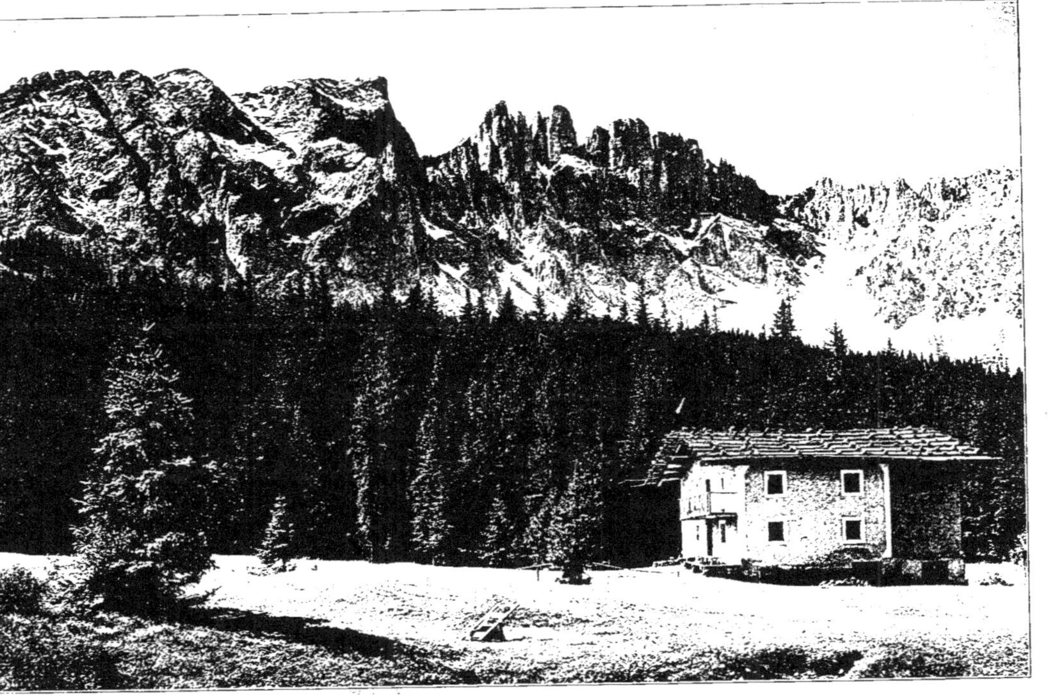

Autotypie d'après nature

Négatif de Alois Beer, Klagenfurt.

C. Angerer & Gœschl
Vienne (Autriche)

Pour une étude technique plus complète de ce procédé (autotypie) nous indiquerons comme pouvant être utilement consulté les ouvrages ci-après :

Adeline (Jules). — *Les Arts de Reproduction vulgarisés.* Paris, Librairies-Imprimeries réunies, May & Motteroz.

Bonnet (M.-G.). — *Manuel d'Héliogravure et de Photogravure en relief.* Paris, Gauthier-Villars & fils.

Cronenberg (William). — *La Pratique de la Photogravure américaine.* Paris, Gauthier-Villars & fils.

De la Baume-Pluvinel. — *La Théorie des Procédés photographiques.* Paris, Gauthier-Villars & fils, G. Masson.

Ferret (L'Abbé J.) — *La Photogravure facile et à bon marché.* Paris, Gauthier-Villars & fils.

Geymet. — *Traité pratique de Photogravure sur Zinc et sur Cuivre.* Paris, Gauthier-Villars & fils.

Husnik (J.). — *Die Reproductions-Photographie, Halbton- als Strichmanier.* Vienne, N. Hartleben.

Monet (A.-L.). — *Procédés de Reproductions graphiques appliquées à l'Imprimerie.* Paris, Administration du *Bulletin de l'Imprimerie*, 1888.

Poitevin (A.). — *Traité des Impressions photographiques.* Paris, Gauthier-Villars & fils.

Radau (M.-R.). — *La Photographie et ses Applications scientifiques.* Paris, Gauthier-Villars.

Trutat (E.) — *Impressions photographiques aux Encres grasses.* Paris, Gauthier-Villars & fils.

Verfasser (Julius). — *La Phototypogravure à demi-teintes* (traduit de l'anglais). Paris, Gauthier-Villars & fils.

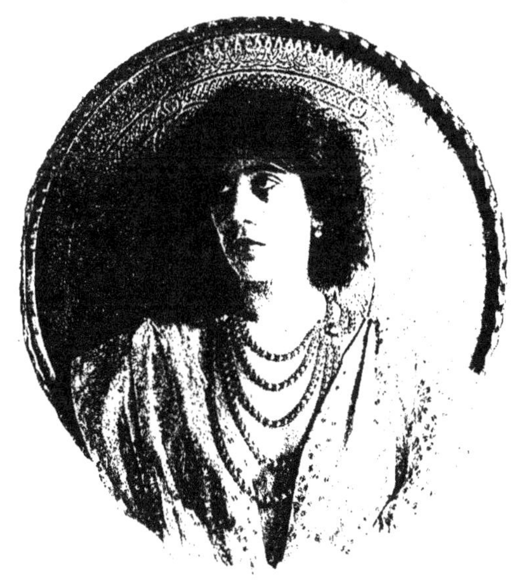

Cliché de M. C. Puyo, à Paris.

CHAPITRE IV

*Photocollographie, Photocollotypie, Phototypie,
Collotypie, Collographie, Gélatinotypie, Héliotypie, Panotypie,
Pantotypie, Planographie,
Albertypie, Leimtypie, Klihotypie, etc.*

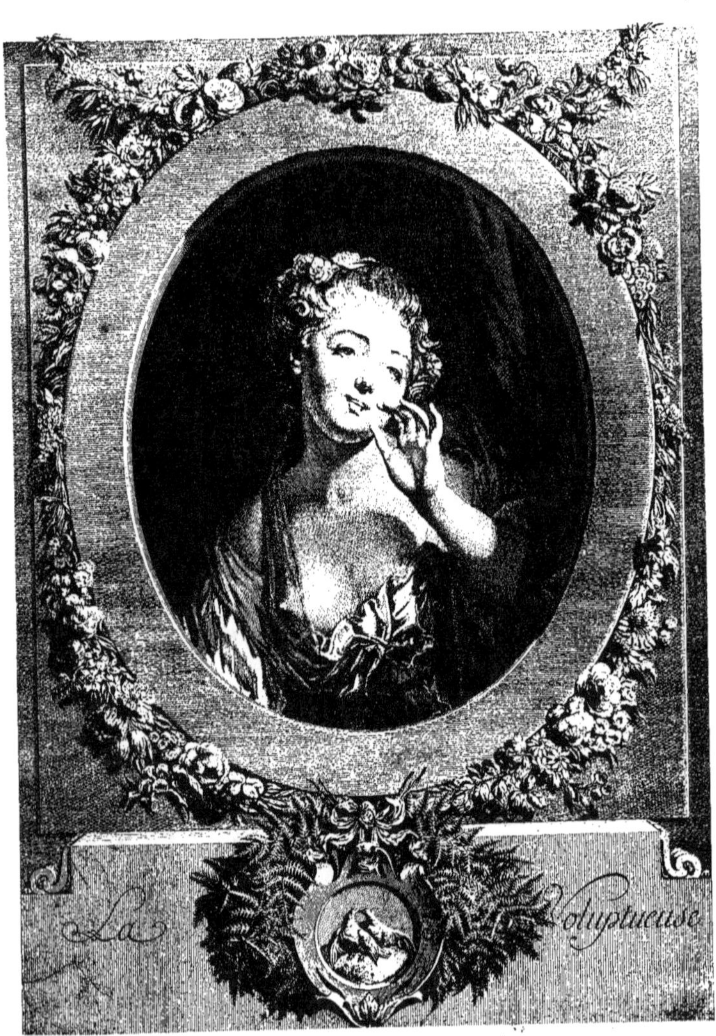

Gravure de Gaillard d'après Greuze

(au quart de sa grandeur)

reproduite et imprimée par **D.A. LONGUET**, successeur de Chêne et Longuet,
sur les nouvelles Presses Phototypiques de **MARINONI**

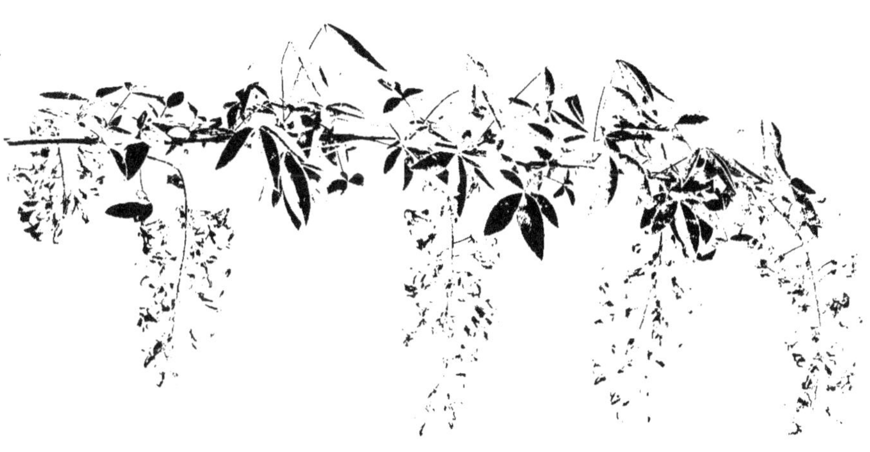

CHAPITRE IV

*Photocollographie, Photocollotypie, Phototypie,
Collotypie, Collographie, Gélatinotypie, Héliotypie, Panotypie,
Pantotypie, Planographie,
Albertypie, Leimtypie, Klihotypie, etc.*

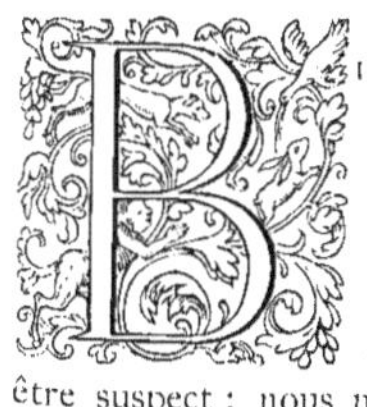

IEN qu'il soit plus volontiers appelé *Phototypie*, par esprit de simplification, sans doute, nous conserverons à ce procédé le nom de *Photocollographie* qu'il a reçu du Congrès international de Photographie, tenu à Bruxelles en 1885, et qu'est venu ratifier encore le Congrès de Paris de 1889. Un acte de baptême signé d'aussi doctes compagnies ne saurait être suspect ; nous nous inclinerons donc devant cette décision et laisserons de côté, dans l'étude sommaire que nous allons faire de cette gravure, les vocables grotesques, tantôt français, tantôt anglais, allemands ou tchèques qui la désignent encore.

Ce mot *Photocollographie*, pour si rébarbatif qu'il paraisse, n'en désigne pas moins très clairement et très complètement l'action et le but du procédé et pas n'est besoin d'être grand clerc pour s'apercevoir que tous les autres ne peuvent lui être substitués.

Si, en effet, nous les examinons, nous trouverons que *Phototypie*, *Héliotypie*, les plus couramment employés et, disons-le, les plus raisonnables, — doivent être réservés pour désigner l'ensemble des procédés « photo-typographiques » ; qu'après eux, les mots *Collotypie*, *Collographie*, beaucoup usités en Angleterre, ne veulent pas dire grand'chose faisant trop bon marché de l'action photographique, base du procédé ; que *Albertypie* est trop spécial ; que *Planographie*, méconnaissant encore l'action de la lumière, pourrait tout aussi bien servir à désigner les impressions lithographiques que celles sur couches gélatinées ; que *Panotypie*, *Pantotypie*, veulent dire : impression de tous sujets quelconques, universalité dangereuse ; qu'enfin *Leimtypie*, mot allemand, et *Klihotypie*, mot tchèque, bien qu'assez répandus, n'étant que des traductions littérales des termes que nous venons de mentionner, relèvent des mêmes critiques.

* * *

L'idée première du procédé est due à Poitevin, ingénieur français qui, dès 1854, reportait sur des feuilles de gélatine les clichés qu'il obtenait de la chambre noire. Dans sa découverte réside la photocollographie tout entière, quels que soient son nom ou sa forme, quelques modifications de formules ou perfectionnements que la méthode ait reçus depuis son point initial. Mais Poitevin opérait avec une pierre comme support et son invention, à proprement dire une sorte de *Photolithographie*, fut ensuite transformée par Tessier du Motay et Maréchal, lesquels abandonnèrent la pierre lithographique pour le cuivre (1867) [1] qu'à son tour rejeta Albert, de Munich, qui donna au procédé son plus grand développement en se servant (1869) de la dalle de verre aujourd'hui partout en faveur.

* * *

La *Photocollographie* peut se définir très simplement ainsi : une épreuve photographique à l'encre grasse.

Certes, cette définition se peut bien adapter à tous les genres de gravures où l'objectif joue son rôle et, à vrai dire, toutes ne sont pas autre chose que « des épreuves photographiques aux encres grasses »; mais la photocollographie mérite plus que les autres, — la *photoglyptie* exceptée, — cette définition, parce que l'image qu'elle donne se rapproche, jusqu'à l'illusion, de la copie photographique ordinaire, de l'image albuminée.

---

[1] Fréquemment encore, il arrive que l'on désigne le procédé photocollographique sous le nom de *Photolithographie*. Nous ne croyons pas nécessaire de démontrer l'absurdité de cette appellation d'une gravure qui a beaucoup d'analogie avec la lithographie, mais dans la confection de laquelle la pierre lithographique n'entre pour aucune part. Et puis, si on l'admettait ici, quel nom faudrait-il donner au véritable procédé de « gravure photographique sur pierre » ?

Les tirages obtenus sur les couches photocollographiques ont une douceur et une délicatesse de demi-teintes, un détail si exact des grandes ombres, qu'on peut bien les préférer aux épreuves obtenues avec les sels d'argent. Comme parfait rendu des valeurs du négatif autant que comme effet artistique, la photocollographie est de beaucoup supérieure à la photographie. Elle offre, en outre, sur celle-ci de sérieux avantages : la facilité de reproduction, la simplification du travail, le bon marché de l'exécution, l'inaltérabilité absolue, la facilité que l'on a d'en varier les teintes à volonté.

Mais que l'on ne croie pas cependant que les admirables résultats du procédé soient toujours faciles à obtenir. Cette branche de l'illustration est malheureusement trop laborieuse, trop compliquée encore ; un jour sûrement viendra, qui ne doit pas être bien éloigné, où elle sera parfaite, mais pour l'instant, son usage n'est pas complétement à l'abri des insuccès et exige des soins tout particuliers. Le choix du négatif, les opérations de mise en relief et d'impression, continuent de nécessiter une grande expérience du praticien, une sûreté de main excessive de l'opérateur et ne vont pas toujours sans à-coups.

Le négatif, surtout, est d'une importance extrême. Croyant être utile à ceux de nos lecteurs qui auraient à faire choix de celui-ci pour une reproduction photocollographique, nous indiquerons à grands traits les qualités que doit posséder le cliché pour fournir de bons tirages.

Toutes sortes de négatifs ne peuvent être employés pour ce genre d'impression, et si d'un cliché photographique passable on peut obtenir parfois quelque résultat, grâce à une correction habile de l'opérateur, il ne faudrait pas en conclure que les choses en iront toujours ainsi, un négatif moins mauvais que médiocre, apportant à l'impression de grandes difficultés, très malaisées à vaincre et influant beaucoup sur le travail final.

En règle générale, le négatif qui donnerait par la photographie de bonnes épreuves, en fournira d'excellentes en photocollotypie.

Un négatif doux, quelque peu léger, bien développé, qui, examiné par transparence, présentera une grande translucidité de ses noirs ou grandes ombres, des demi-teintes à la fois bien accusées et bien fondues, est le cliché idéal réclamé par le procédé et donnera de superbes épreuves.

Les négatifs durs, épais, ceux ayant une certaine faiblesse d'ombres, ceux dont les blancs et les noirs n'offrent pas, en même temps qu'une franche opposition, une parfaite harmonie, sont à éviter, autant que faire se peut ; ils donnent des gravures heurtées, sans délicatesse de demi-teintes.

Nous supposant entre les mains un bon cliché, voyons comment nous obtiendrons une gravure photocollographique.

*
*   *

Le principe de la photocollographie est celui de la couche de gélatine bichromatée insolée au travers d'un négatif et qui plongée dans l'eau se gonfle sans s'altérer aux endroits non insensibilisés par la lumière et cela proportionnellement, selon qu'elles auront été plus ou moins protégées par les parties noires du négatif. Cette gélatine, devenue du fait de son durcissement une planche assez solide pour résister à la pression du cylindre, s'encre absolument comme la planche lithographique dont elle emprunte beaucoup du traitement.

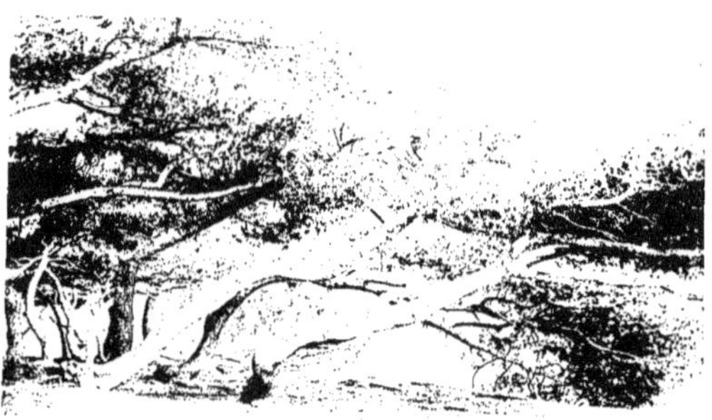

Voici, maintenant, exposée de façon aussi claire et succinte que cela nous sera permis, l'explication du travail nécessaire pour l'obtention complète de l'image par ce procédé :

Une glace bien plane et absolument propre est revêtue d'une première couche de blanc d'œuf ou de bière additionnée de silicate de potasse liquide, couche destinée à faire adhérer la seconde, celle de préparation sensible, mélange de gélatine et de bichromate de potasse.

On place ensuite le cliché photographique du sujet à reproduire sur la glace ainsi préparée,   la *dalle*, pour l'appeler par son nom technique,   et le tout mis dans un châssis est exposé à la lumière, après quoi la plaque est retirée et trempée dans l'eau froide, mise à sécher et de nouveau plongée dans un bain d'eau glycérinée. Cette opération éliminant le bichromate fait, comme cela a été dit, se gonfler la gélatine aux endroits où celle-ci n'a pas été dénaturée par la lumière ; les autres parties restent intactes. La dalle ainsi traitée est donc devenue une véritable planche qu'il suffit d'encrer et de tirer à la presse d'une manière qui procède absolument du tirage lithographique.

L'opération d'encrage s'accomplira aussi en application du phénomène chimique qui est la base de l'invention de Senefelder : la répulsion de l'eau pour les corps gras.

Dans les parties qui ont été insolées, parties noires du dessin, la gélatine, par une curieuse réaction chimique, a perdu toute sa porosité et, partant, refusera énergiquement l'eau à ces endroits. Par contre, les autres régions, celles devant donner les blancs de l'image, absorbent l'eau avec avidité au *mouillage* qui se fait comme pour le tirage lithographique ordinaire : les parties humides de la dalle repousseront alors l'encre grasse qui ne s'attachera qu'à celles où la gélatine sera devenue sèche et cela en raison directe du degré d'imperméabilisation que lui auront fait atteindre les rayons lumineux.

La photocollographie et la lithographie sont unies, on le voit, par une absolue similitude de moyens sinon d'effets. La manière de procéder à l'impression de l'une et de l'autre est, à peu de chose près, semblable, la seule différence appréciable consistant en ce que le tirage photocollographique, au lieu de s'effectuer sur pierre ou sur zinc, se fait directement sur une feuille de gélatine qui a reçu l'image négative et que soutient un subjectile qui le plus souvent sera dans l'industrie une glace, chez l'amateur une plaque de zinc ou de cuivre [1].

* * *

Examinons ce qu'est dans la pratique l'impression photocollographique que nous avons dit devoir peu s'écarter de celle employée pour la lithographie.

La marche du tirage est à peu près la même ; mais moins poreuse que la pierre lithographique que les rouleaux mouilleurs doivent humecter à chaque

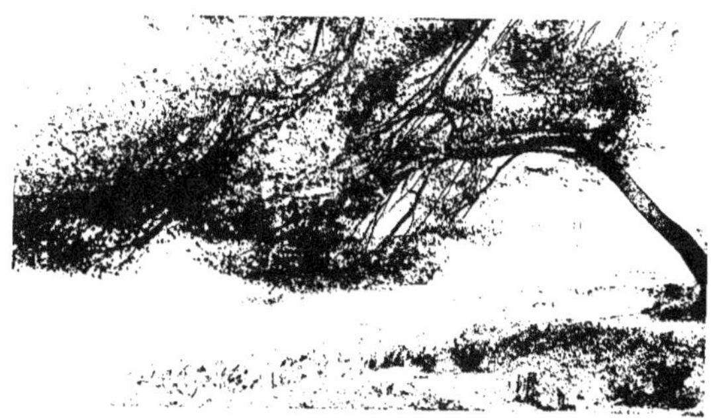

épreuve, la couche de gélatine peut fournir cent ou deux cents exemplaires avant qu'il y ait besoin de recourir au mouillage que l'on fait, de temps en temps seulement, avec un tampon imbibé d'eau glycérinée.

---

[1] La gélatine adhérant au cuivre plus intimement qu'au zinc, le premier de ces deux métaux est souvent préféré comme support métallique.

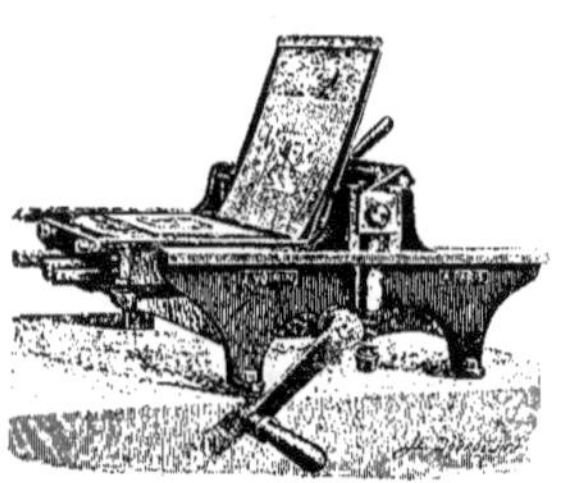

Presse phototypique à main de J. Voirin, à pression
élastique et roulante.

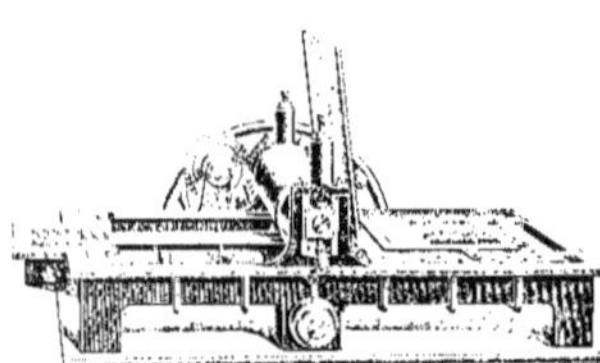

Nouvelle Presse phototypique à bras de Marinoni, à soulèvement
et abaissement automatique du cylindre.

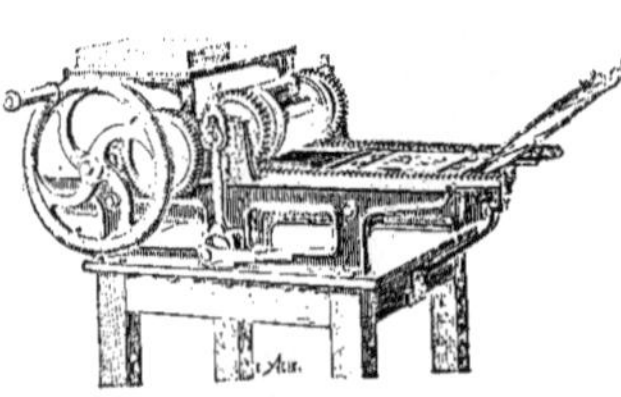

Presse phototypique de Alauzet & Cⁱᵉ
(modèle Le Phénix).

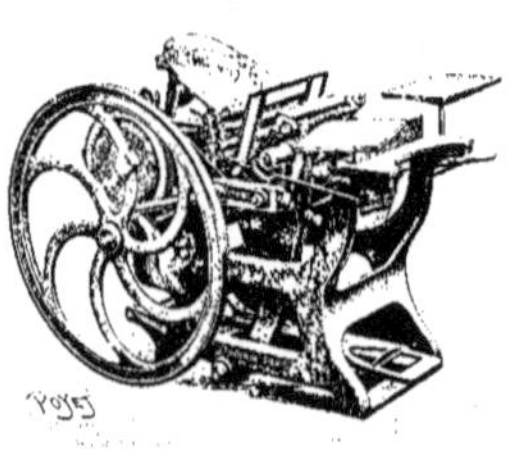

Presse phototypique à pédale de J. Voirin.

Une frisquette — le *cache* en photocollographie — abattue sur la feuille à imprimer
préserve les bords de l'image et permet d'obtenir des marges blanches et nettes.

La photocollographie ne demande pas un
outillage spécial, du moins dans la petite industrie. Elle s'accommode fort bien, exploitée
dans une certaine mesure, des moyens ordinairement utilisés en imprimerie. Et cela est si
vrai que l'on peut, lorsqu'elles sont d'assez
petites dimensions, obtenir de bonnes épreuves
sur une simple presse à copier.

Mais ce système très sommaire ne serait
pas en rapport, cela se conçoit, avec les exigences de rapidité de l'industrie moderne.
Fournir une centaine d'épreuves par jour ne
pourrait suffire et il faut dans la pratique des
moyens plus expéditifs que ceux dont se contentait hier le simple amateur.

Avec quelques légères transformations,
partant du principe de l'outillage du début,
on rendit possible la reproduction de la photocollographie sur les presses employées pour
la lithographie et la typographie.

On imprima donc — et pour être quelque peu démodés, ces moyens ne sont pas
encore complétement abandonnés aujourd'hui :

1º Par pression fixe et rasante, au moyen
de la presse ordinaire lithographique, l'an-
tique moulinet bien connu de nos lecteurs,
presse Brisset, à râteau tournant ou levant.
Moyen dangereux restreignant le nombre des
tirages, dangereux en ce sens que, bien que
la photocollographie ne demande pas une pression aussi forte que la lithographie, le cuir du
râteau, sous l'effort de la pression, de la « tirée »
qui se fait pendant la course du chariot, ar-
rache ou déforme souvent la gélatine malgré
sa grande solidité.

2º Par pression verticale et à percussion,

avec la presse à barreau typographique, la
bonne vieille presse de Gutenberg, presse
à bras Stanhope, à foulage direct, répéti-
tion perfectionnée de la presse à copier,
progrès déjà sur la presse lithographique,
mais système aussi désavantageux étant
donné le fréquent bris de glace qu'il oc-
casionne.

Naturellement, les deux moyens ci-
dessus ont été améliorés et des presses à
bras spéciales à la photocollographie, voire
même des presses à pédale, existent aujour-
d'hui qui, pour ne pas être aussi rapides
que les grandes machines cylindriques,
n'en donnent pas moins de fort beaux
résultats. Au reste, ces presses ne sont
guère autre chose qu'une simplification de
leurs sœurs plus grandes. L'examen des
figures ci-contre remplacera à leur sujet
toutes explications.

3° Par pression roulante, enfin, au
moyen des splendides machines à cylindre
typographiques ou lithographiques que certains dispositifs rendent à peu de frais aptes
au tirage de la photocollographie.

La grande industrie, maintenant, s'est
acquis des moyens plus puissants que ceux
qui suffisaient dans la période de tâtonnement forcé qui suivait l'éclosion de cette
intéressante méthode de reproduction artistique. Des presses nouvelles, plus rapides
parce que plus perfectionnées, ont été construites, qui réunissent toutes les qualités
exigibles et suppriment les désavantages que
présentaient les premiers systèmes, arrache-
ment et déformation de la gélatine, bris de
glace ou encrage irrégulier. Ces créations
ont fait faire un pas immense à la photocollographie, mais constatons-le une fois de
plus, et bien que le résultat obtenu soit déjà

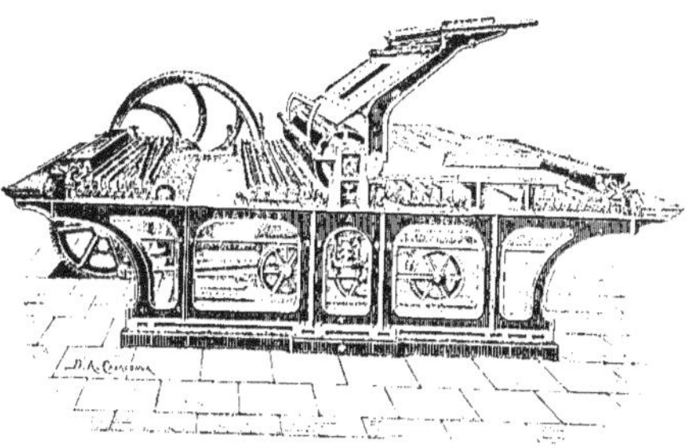

Machine phototypique de Alauzet & Cie, à touche multiple.

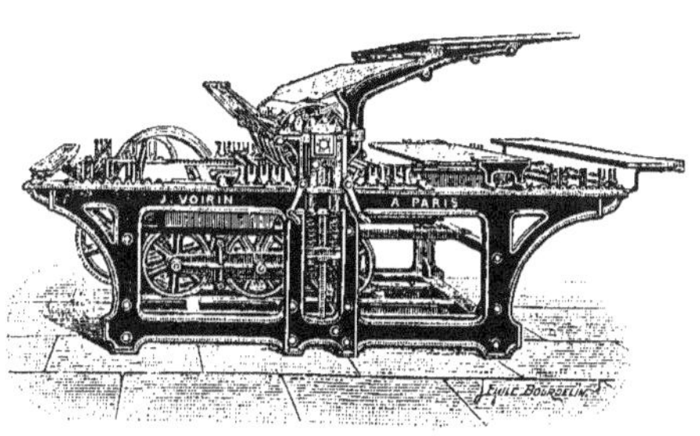

Machine phototypique de J. Voirin, à double touche et arrêt facultatif du cylindre.

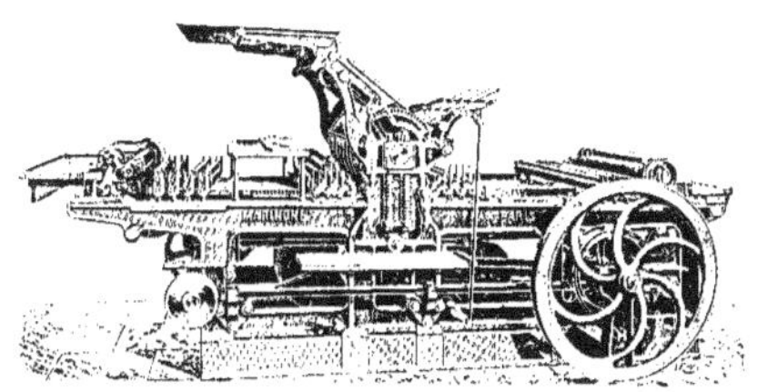

Machine phototypique de Marinoni,
à double touche et soulèvement automatique du cylindre.

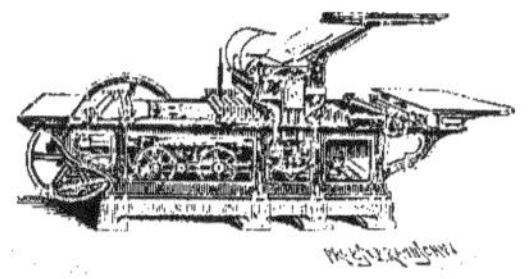

Machine phototypique de Scamoni, Werner & Stein, à double touche.

très beau, celle-ci attend mieux que cela de l'avenir et d'autres transformations viendront qui la doivent rendre plus pratique et plus accessible.

La machine sur laquelle s'impriment aujourd'hui les ouvrages photocollographiques ressemble dans ses grandes lignes à la machine lithographique. Elle lui emprunte toute sa structure n'en différant que par une marche plus silencieuse et par un plus grand développement qui lui permet un double encrage : à l'avant du cylindre avec des rouleaux de cuir, rouleaux chargeurs, et à l'arrière avec des rouleaux de gélatine, chaque jeu ayant sa table spéciale. La machine est également disposée pour faire fonctionner le marbre et l'encrage sans que le cylindre agisse ; on peut même obtenir deux encrages doubles et deux pressions sur la même feuille. Ajoutons enfin pour terminer,

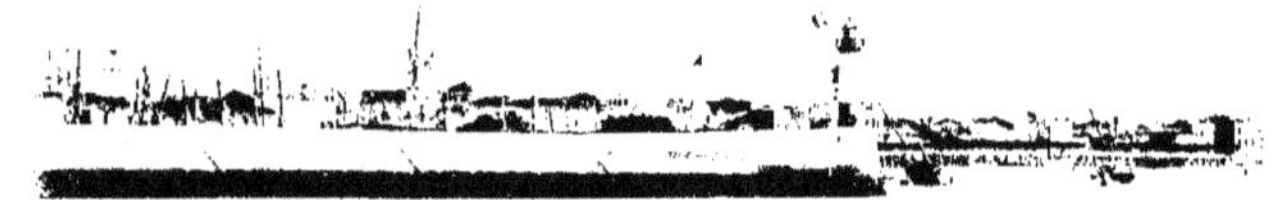

que ces machines sont montées de façon à permettre au besoin des impressions lithographiques ou typographiques.

Renseignement qui n'est pas sans importance : le nombre des épreuves qu'on peut tirer en moyenne par heure sera de cent cinquante à trois cents ; pour des impressions ordinaires, et quand la marche ne sera pas entravée par des difficultés, on pourra arriver à tirer jusqu'à cinq cents exemplaires [1]. Le nombre d'exemplaires que peut fournir une planche photocollographique est assez variable, en somme, et ne peut guère être très sûrement fixé ; 12 à 1500 exemplaires peuvent cependant être considérés comme le chiffre normal de production d'une bonne planche de ce procédé, et nous ferons aussi constater qu'on voit parfois des dalles bien conduites donner jusqu'à 3000 épreuves, sans exclusion de la finesse et de la douceur de l'image. Il faut reconnaître, cependant, que ces cas ne reposent que sur des exceptions qui, d'ailleurs, confirment la règle. La photocollographie ne peut fournir que des tirages à nombre peu élevé et tout gros tirage, pour être passable de la première à la dernière épreuve, réclame plu-

---

[1] Les vignettes photocollographiques qui figurent dans ce texte ont été imprimées à une vitesse de trois cent cinquante exemplaires à l'heure.

Salon de 1897

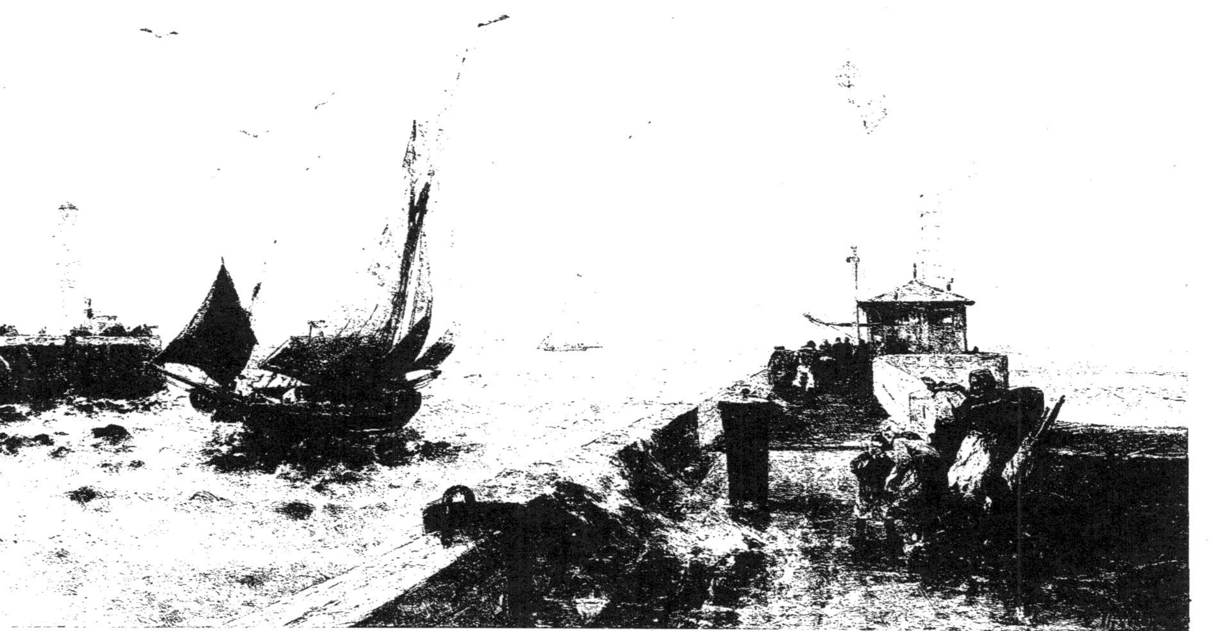

Sortie du Tréport - par Th. Weber

reproduction et impression par **D.A. LONGUET**, successeur de Chène et Longuet, sur les nouvelles Presses Phototypiques de **MARINONI**

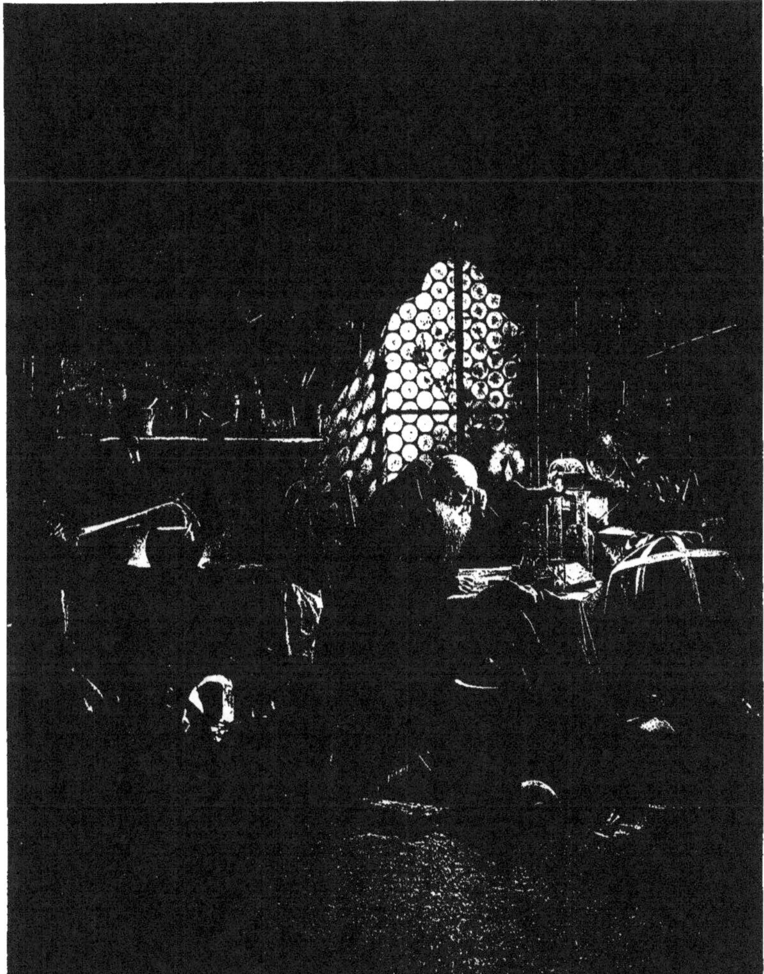

Weh'! steck' ich in dem Kerker noch?
Verfluchtes dumpfes Mauerloch!
Wo selbst das liebe Himmelslicht
Trüb' durch gemalte Scheiben bricht!
Beschränkt von diesem Bücherhauf,
Den Würme nagen, Staub bedeckt,
Den, bis an's hohe Gewölb' hinauf,
Ein angeraucht Papier umsteckt:
Mit Gläsern, Büchsen rings umstellt,
Mit Instrumenten vollgepfropft,
Urväter Hausrath drein gestopft —
Das ist deine Welt! das heisst eine Welt!

Faust, I. Theil, 1. Scene.

MINERVE

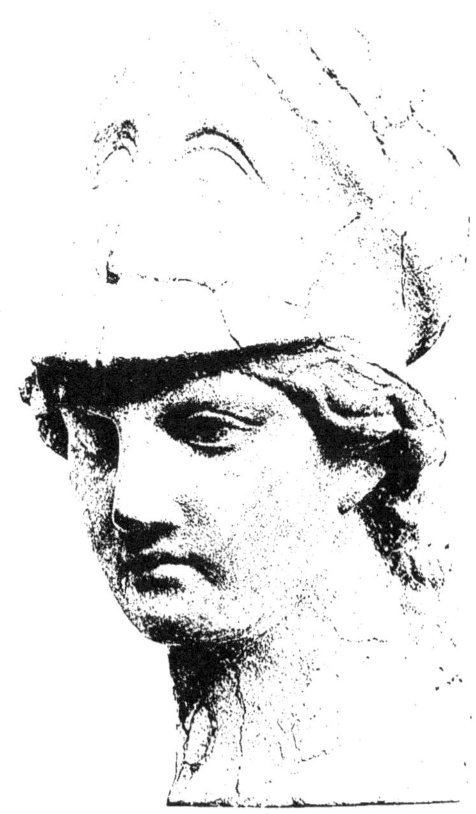

Appartient à M. Amédée Gonin.

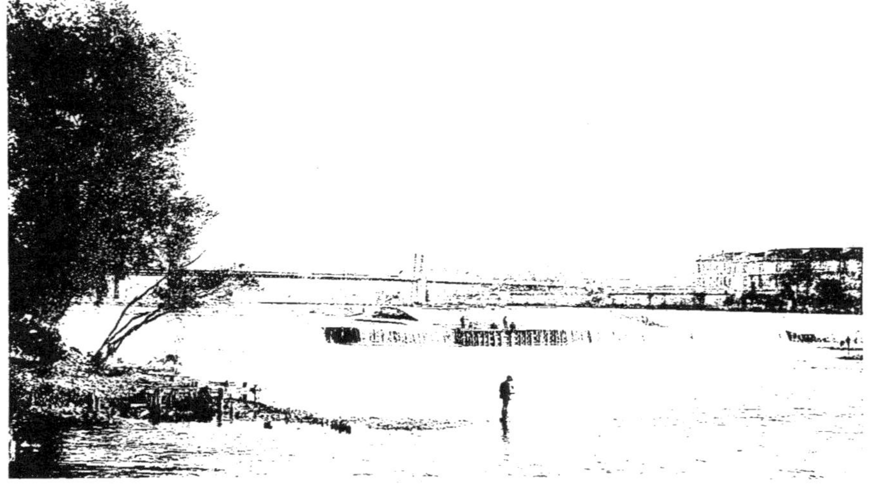

La Garonne a Toulouse

sieurs planches. C'est le défaut du procédé. Le tirage épuise vite une planche photocollographique et il faut des précautions infinies pour que les demi-teintes les plus fines ne souffrent pas trop et donnent des épreuves qui réunissent toutes les qualités que l'on peut exiger de ces reproductions, artistiques par excellence, quoi qu'en aient pu dire, quoi qu'en disent leurs encore trop nombreux adversaires.

Bien qu'elle ne soit pas sans importance, nous passons intentionnellement sur la question des qualités requises pour les encres à employer en photocollographie pour cette raison bien simple qu'après s'être servi longtemps de l'encre lithographique ordinaire on trouve aujourd'hui dans le commerce des encres spéciales à la photocollographie, toutes prêtes à être employées, en quelque nuance qu'on les désire ; il n'y a donc plus qu'à s'adresser chez le « bon faiseur ». Longtemps une spécialité de l'Allemagne, cette fabrication se fait aujourd'hui couramment chez nous et nos produits en ce genre sont dans des conditions de toute première qualité qui les font les égales des marques les plus réputées.

Avant d'abandonner cette question de l'encrage, nous tenons cependant à signaler une méthode bien souvent usitée et de très heureux effet. La disposition des nouvelles presses mécaniques photocollographiques permet, par leurs deux jeux d'encrage, d'employer simultanément deux encres de couleur ou de fluidité différente ; les rouleaux encreurs de l'avant pourront, par exemple, déposer une encre noire qui fera saillir les grandes masses, les ombres du dessin, tandis que le deuxième jeu, les rouleaux de matière gélatineuse encrant avec une couleur plus douce, un brun si l'on veut, dégageront les demi-teintes plus légères. Ce mode d'opérer donne du modelé à l'image sans lui rien enlever de ses notes vigoureuses. Les photocollographies ainsi obtenues donnent des estampes véritablement artistiques.

*　*　*

C'est un des avantages de la photocollographie qu'elle peut être imprimée sur n'importe quel papier, que celui-ci soit collé ou non collé, couché ou non couché, lisse ou à gros grains, mais ceci n'étant posé qu' « en principe » seulement, il ne faudrait pas en déduire que les tirages de ce procédé offriront toujours et dans tous les cas d'aussi beaux résultats quels que soient le genre et la qualité du papier qui aura été employé. Comme en toutes choses, il y a ici une sélection à faire :

Les papiers photocollographiques seront choisis parmi ceux de première fabrication, de belle pâte, à surface bien égale, c'est-à-dire qu'ils seront exempts de toute tare, petits nœuds, pailles ou grumeaux,　« poivres » ainsi que l'on dit en langage d'imprimerie　qui rayeraient et perdraient complétement la plaque gélatineuse.

Si le tirage est à petit nombre, le papier sans colle est excellent et donnera les meilleurs résultats ; sa pâte est d'ailleurs toujours de qualité supérieure. Il offre cependant ce désavantage qu'absorbant très rapidement l'humidité, il oblige à des arrêts fréquents de la machine, ceci pour mouiller la planche, qui, sans cette précaution, si le tirage était trop prolongé, ne donnerait plus que des épreuves ternes et monotones.

Pour un tirage de quelque importance, un papier fortement encollé et bien

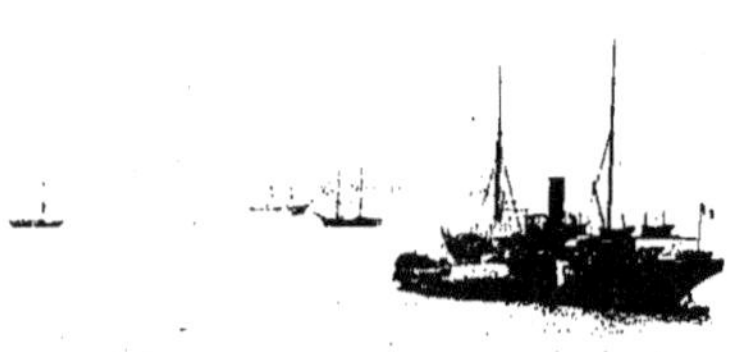

laminé est tout indiqué. Très amoureux de l'encre, il fixera l'image dans ses plus minces détails et, permettant un tirage rapide, procurera toujours un grand nombre d'épreuves.

Les papiers dits « couchés », papiers à surface barytée, fournissent des épreuves très délicates ; on obtient avec eux le maximum de finesse.

Les papiers à grains, Hollande, vergé, Wathmann ou autres marques particulières, qui perdraient toute leur valeur à être satinés, sont du fait de leur rugosité difficiles à employer. Ils fatiguent beaucoup les planches. Exigeant beaucoup de précaution, ils ne sont guère employés en travaux commerciaux courants, mais en certains cas de tirages de luxe ces papiers procurent des effets très artistiques qui les recommandent à l'attention de l'imprimeur photocollographe.

Par un tirage sur papier couché légèrement rosé et en employant une encre tirant assez au rouge pour se rapprocher de la nuance photographique, on arrive à produire en photocollographie des épreuves donnant l'illusion absolue de celles au chlorure d'argent, surtout si, après leur impression, on vernit ou, mieux encore, on gélatine ces épreuves, qu'on en fasse tomber les marges et qu'on les colle sur carton à la manière des photographies ordinaires. De nombreuses maisons d'éditions photographiques usent aujourd'hui de cet artifice pour l'impression de

UNE PARTIE
DE
RALLYE-PAPER

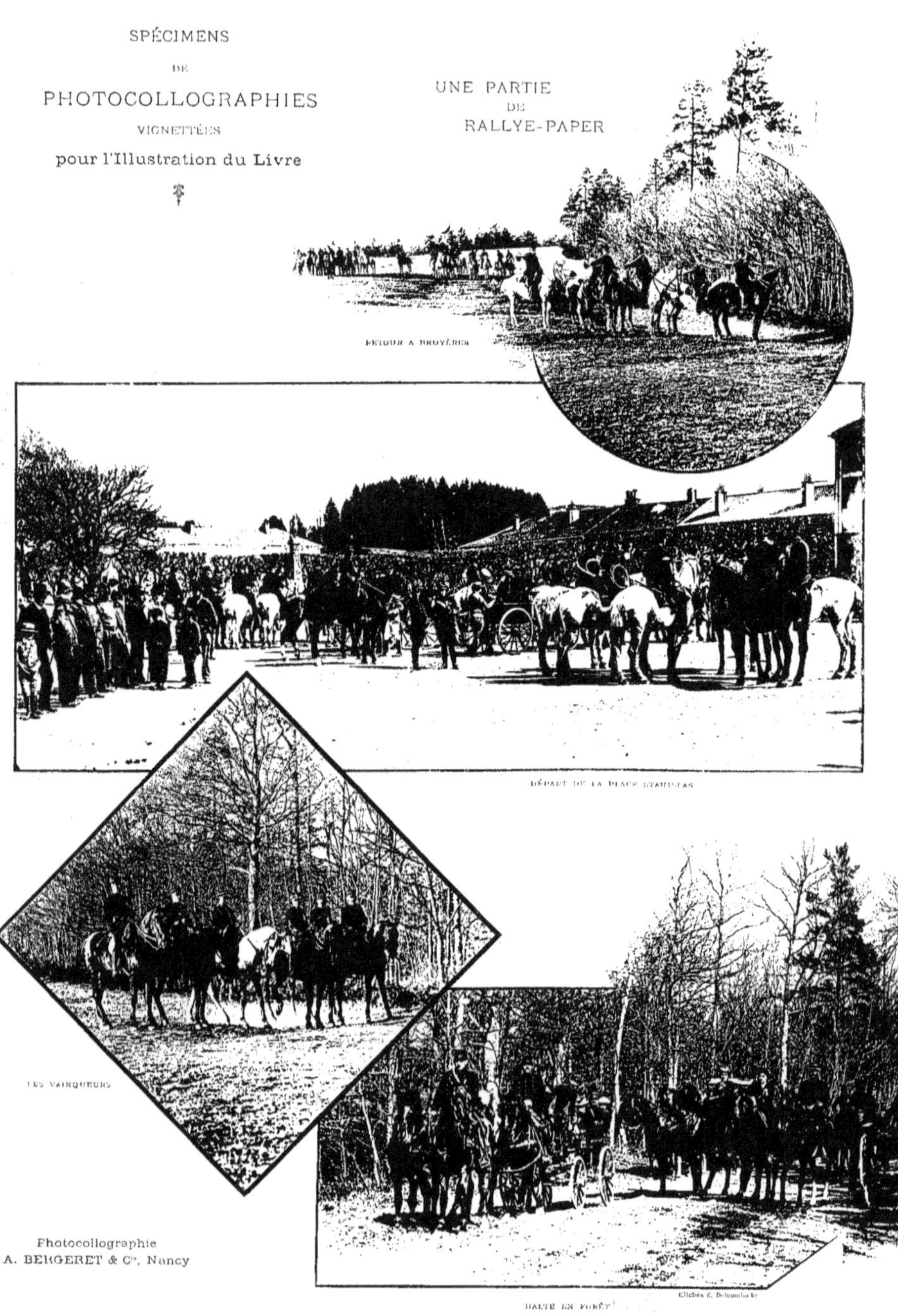

PHOTOCOLLOGRAPHIES

pour Cartes postales illustrées

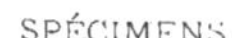

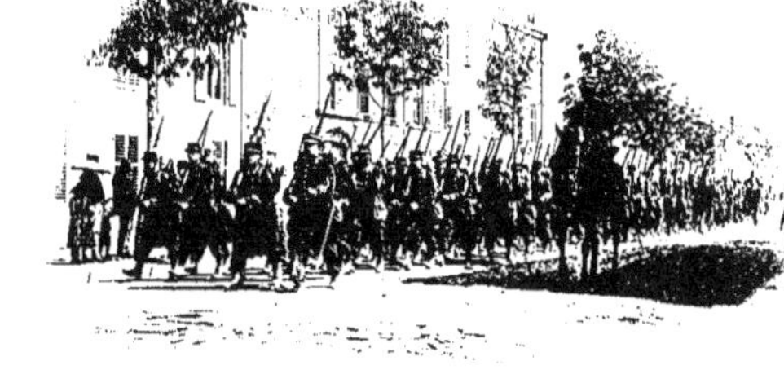

LE RETOUR DE PROMENADE

" Extrait de la série
de 150 cartes postales militaires "
Collection A. Bergeret et Cⁱᵉ

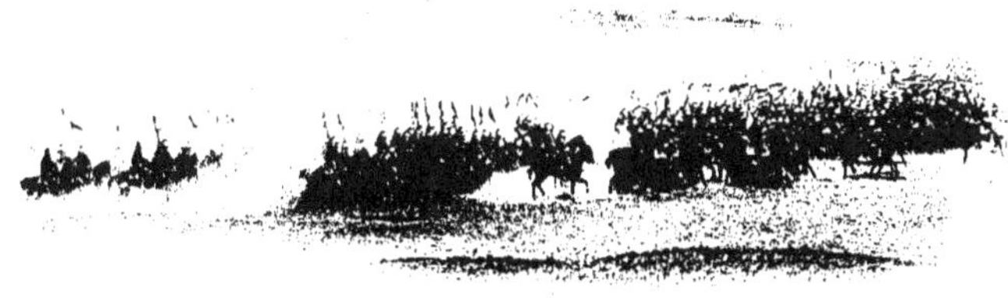

LA REVUE

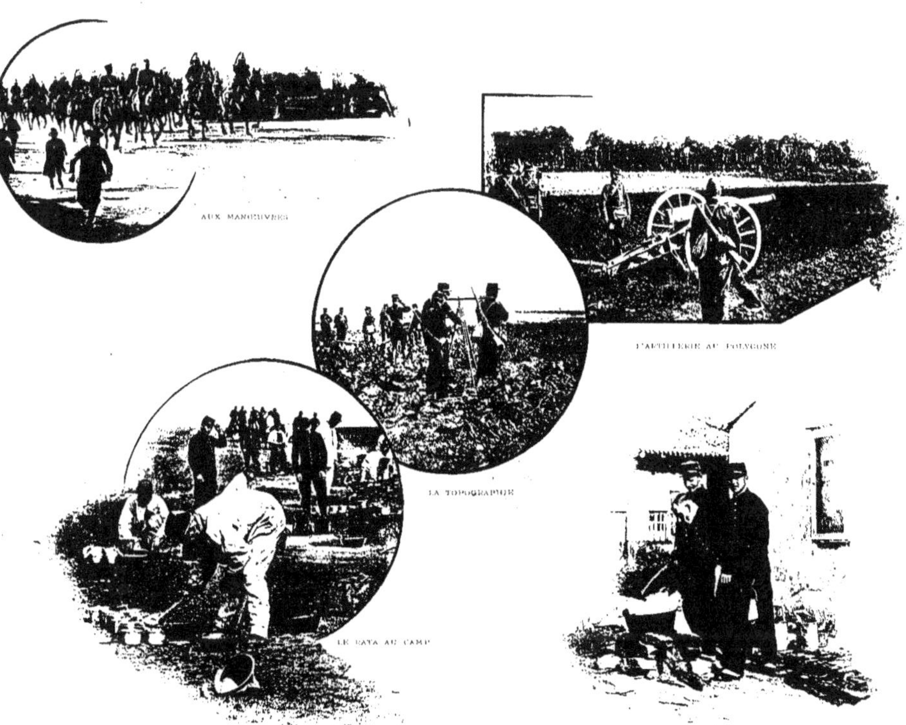

AUX MANŒUVRES

L'ARTILLERIE AU POLYGONE

LA TOPOGRAPHIE

LE RATA AU CAMP

LE CAFÉ AU CANTONNEMENT

CLICHÉS DE JUMELLE BELLIENI

leurs vues, paysages, reproductions de tableaux, portraits, etc., pour cette raison très
appréciable qu'avec une grande économie,
le procédé leur assure la complète inaltérabilité de leur stock. D'ailleurs, aux yeux de
la grande majorité du public qu'intéresse
bien plus le bon marché contestable de
ces productions celles-ci passeront toujours
pour d'authentiques photographies.

Il ne faudrait pas cependant abuser de
cette facilité,   une supercherie à bien dire

et sauf les cas où s'impose l'imitation
absolue de l'épreuve photographique, revenir
aux papiers mats, blancs, sur lesquels l'image
a l'allure d'un dessin, d'une gravure, effet
préférable parce qu'il ménage davantage
le sentiment artistique que l'objectif a toujours trop de tendances à sacrifier.

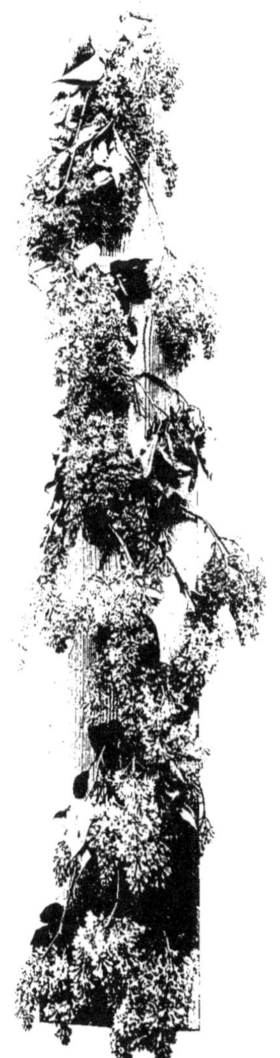

* * *

Ayant démontré la technique du procédé aussi complétement que nous le permet
le cadre d'un ouvrage qui n'a pas l'ambition
d'être un guide du procédéiste étant simple travail de vulgarisation, il nous reste à
l'examiner dans ses applications présentes
et chercher à entrevoir l'avenir dont il est
susceptible.

La photocollographie est devenu « le
procédé d'illustration par excellence », parce
que joignant un bon marché réel à une
extrême facilité d'obtention, elle se prête
avec la plus grande docilité à l'exécution de toutes œuvres d'art pour lesquelles
on recherche avec l'exactitude des détails, la
finesse du trait, la douceur et le modelé de
l'ensemble. Au point de vue documentaire,
elle est sans rivale; aucune autre gravure ne
peut, sous ce rapport, lui être comparée,
et qu'il s'agisse de la reproduction du plus

indéchiffrable autographe ou du simili-portrait photographique, l'exactitude est toujours absolue, la vérité minutieusement respectée jusque dans les plus infimes détails de l'image.

« Tout lui est abordable ! Tout fait partie de son domaine !... » C'est là l'exclamation que pousse à ce sujet un enthousiaste de la photocollographie, M. Ris-Paquot, praticien doublé d'un réel savant, dont quelques réflexions confirmeront nos dires :

« Qui aurait osé dire, il y a quelques années, en présence des timides tentatives qui furent faites par des hommes de progrès, que la photocollographie serait devenue le procédé par excellence mis au service de l'illustration du livre ?... Le fait s'est cependant réalisé...

A peine sortie de l'enfance, la photocollographie a marché à pas de géant dans le domaine industriel ouvert devant elle. Aujourd'hui, bien que son exploitation soit encore centralisée entre les mains de quelques praticiens habiles, tous les jours s'augmente le nombre des imprimeurs la faisant entrer dans leurs ateliers. Elle est passée dans nos mœurs, et c'est par millions d'exemplaires que ses illustrations se dispersent maintenant aux quatre coins de l'univers.

La librairie moderne l'a fait sienne ; elle s'en est emparée et enrichit ses volumes de ses merveilleuses épreuves:

Le savant, le médecin, l'écrivain d'art et de curiosité la multiplient dans leurs écrits, car elle emprunte à la photographie l'exactitude de son dessin, la pureté de ses lignes, le fouillis de ses détails, l'éclat de ses lumières, l'harmonie de ses demi-teintes, la richesse et la profondeur de ses ombres et elle se recommande par la rapidité de son tirage.

Calendriers, cartes-postales, enveloppes, têtes de lettres, cartes-adresse, cartes de visite, menus, souvenirs de première communion, images mortuaires, etc., tout en un mot se couvre des productions de la photocollographie, que l'on conservera d'autant plus volontiers qu'elles sont d'une exactitude vraiment photographique.

D'où pouvait donc venir la lenteur et le peu d'empressement, nous allions dire l'antipathie, que l'on a mis à introduire cette nouvelle application de l'art dans les établissements d'imprimerie, si ce n'est du mystère dans lequel on a tenu longtemps ce procédé, dans la réputation imméritée qu'on lui a faite d'être trop coûteuse [1], dans le manque d'ouvrages élémentaires sur la matière, enfin dans l'illustration même de ces ouvrages par des procédés tout différents que ceux

---

[1] La modique somme à laquelle revient un cliché photocollographique plaide cependant en sa faveur. Ce prix est tellement dérisoire et minime, vu la petite quantité de produits employés, que nous aurions mauvaise grâce à en parler. Qu'il nous suffise de dire qu'une photocollographie, égalant en finesse les meilleures gravures, coûte dix et vingt fois moins cher que le plus mauvais dessin sur pierre, sur bois ou sur cuivre.

dont on vantait les mérites, mais dont on n'a eu garde de se servir, trouvant plus lucratif ou plus simple de les orner de vignettes prises dans les albums photographiques, plutôt que d'employer l'art dont on se proposait la vulgarisation. Qu'importe au praticien la vue d'une balance, d'une cuvette, d'un entonnoir, etc. Ce sont là banalités écœurantes, n'appuyant en rien une science savamment décrite par les auteurs, il faut l'avouer, mais qui ne peut être comprise par le débutant que par la vue d'exemples fournis par le procédé lui-même.

Ce sont ces causes de défaveur jetées sur la photocollographie qui faisaient reculer les plus entreprenants.

Où le dessinateur, même le plus habile, reste impuissant, la photocollographie, secourue par son précieux auxiliaire la photographie, devient une mine inépuisable que rien ne saurait enrayer. Point de détails perdus, rien de sacrifié, tout à sa juste valeur, pris sur le vif et rendu par cet art d'une façon surprenante. Où l'artiste passait des jours et des semaines entières pour relever un dessin, c'est en quelques secondes que la photographie opère ; en quelques minutes que ce résultat est décalqué sur la dalle servant de pierre ou de cliché à l'imprimeur.

La photocollographie, vivante application de l'art à l'industrie, est donc le dernier mot de la perfection et marque pour l'imprimerie, la dernière étape franchie par le progrès vers la fin du xixe siècle... »

Le dernier mot de la perfection? Cela est d'un enthousiasme un peu trop emballé et nous arrêtons là cette citation, regrettant ne plus être en parfaite communion d'idée avec son sympathique auteur.

Non, la photocollographie n'est pas encore parfaite au vrai sens du mot : cela parce qu'elle oblige à un tirage spécial, hors texte, et que cette situation l'éloigne un peu du livre.

Mais, rassurez-vous, le remède point à l'horizon ; la photocollographie se transformera, se transforme déjà et ses images vont devenir typographiques et s'imprimer en même temps que le texte qu'elles auront charge d'illustrer.

S'aidant des recherches antérieures, ayant pour l'aider dans sa tâche l'arsenal prodigieux de ses propres observations, un chercheur, un savant, le professeur Léon Vidal, de Paris, a dirigé ses efforts dans cette voie et semble avoir réussi à résoudre le problème de l'impression phototypique combinée avec le texte. Tout dévoué au progrès de l'art photographique, le professeur qui fait de l'art pour l'art et cultive la science pour la science, a bien voulu nous ouvrir toutes grandes les portes de son laboratoire. Nous en avons rapporté de précieuses indications et les communiquons avec plaisir à nos lecteurs qui vont pouvoir juger de l'importance de la trouvaille.

Avant d'entrer dans le détail de celle-ci, qu'on nous permette de rapporter ici les paroles prononcées par M. Léon Vidal, dans une conférence faite en 1879, à l'*Union centrale des Beaux-Arts appliqués à l'industrie*.

« ... Que manque-t-il à ce procédé pour qu'il soit parfait ? C'est de devenir typographique, de lithographique qu'il est maintenant. Cette transition se prépare ; elle aura lieu, soyez-en convaincus, car il n'y a pas loin de la possibilité de tirer des images sur une surface plane à la possibilité de transformer cette surface plane en une surface accidentée, comme l'exige la typographie, ou, mieux encore, de tirer en même temps, et le texte formé par des reliefs, et les vignettes conservant leur planimétrie.

» Veuillez ne point oublier que l'encrage se produit ici grâce à une affinité chimique, l'eau ou l'humidité chassant le corps gras, qui ne prend que sur les parties sèches; on conçoit dès lors que, si l'on a un moyen de maintenir toujours humides les parties qui correspondent aux blancs, les rouleaux encreurs, tout en encrant les caractères en relief, donneront aux parties sèches du cliché phototypique l'encre nécessaire, sans salir les parties humides de la couche de gélatine. Grâce donc à cette impression par affinité chimique, on n'est pas loin de pouvoir imprimer simultanément la vignette portée sur une surface plane toujours humide dans les parties blanches et les caractères typographiques en relief ; c'est probablement une des voies qui conduiront à la solution du problème, c'est aussi l'une des plus importantes et des plus utiles applications de la photographie, dont le champ d'action sera bien autrement vaste un jour qu'il ne l'est aujourd'hui. »

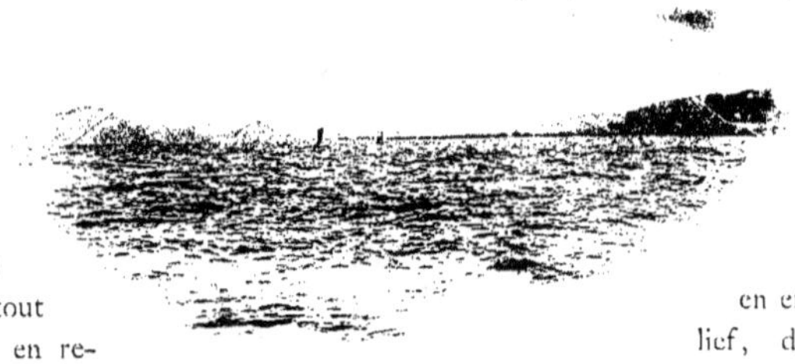

N'était-ce pas là une véritable prophétie et n'est-il point curieux que sa réalisation soit justement le fait de celui qui l'exprimait !

Comment M. Léon Vidal parvient-il maintenant à obtenir les clichés photocollographiques que l'on pourra désormais substituer aux bois typographiques, aux zincs ou aux galvanos dont on use aujourd'hui, et cela non seulement dans la composition des labeurs ordinaires, mais même dans les clichés cintrés que l'on emploie dans certaines machines rotatives typographiques, et aussi dans les

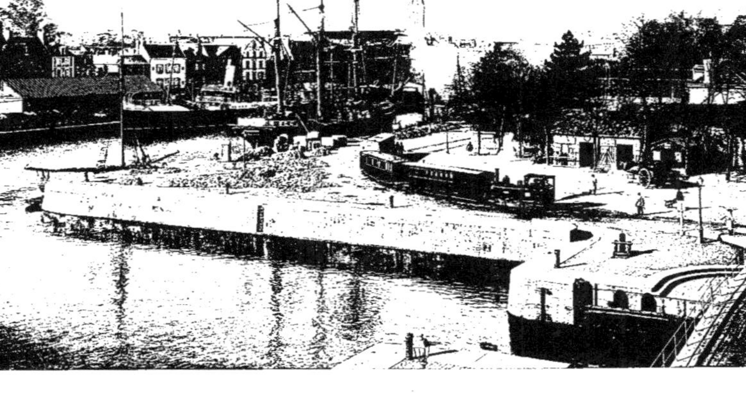

LE PORT DE CAEN

PHOTOTYPE H. ADAM
Société Caennaise de Photographie

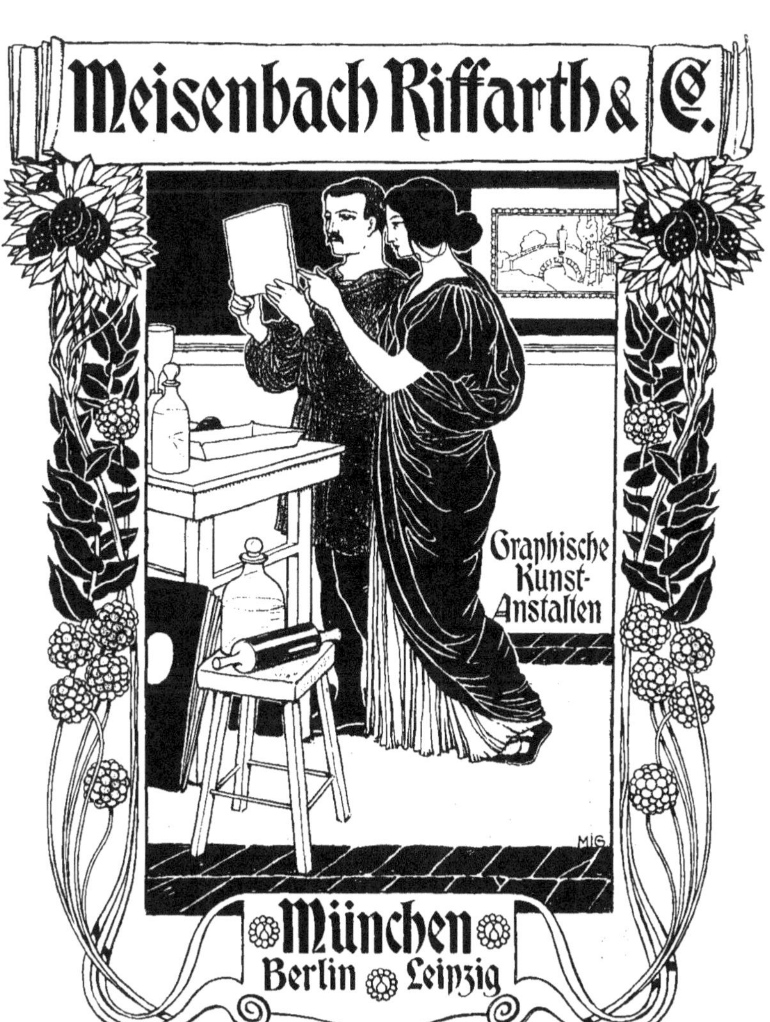

Typochromie en quatre couleurs.

Papier: Bär-Kunstdruck 2076
de
Ferdinand Flinsch
Frankfort s/M., Munich, Stuttgart.

Imprimerie de la cour royale
et de l'université
Dr. C. Wolf & fils
Munich.

impressions de tissus? Le professeur va lui-même nous l'apprendre. Trop dévoué au progrès de la photographie pour ne pas désirer que ce moyen d'en vulgariser les applications dans toutes les imprimeries typographiques soit répandu le plus tôt et le plus rapidement possible, M. Léon Vidal veut bien nous exposer ici les grandes lignes de la méthode qui lui est propre. Les indications qu'il en donne permettent de suivre l'opération et de s'en faire une idée assez exacte mais n'ont pas la prétention d'être suffisantes pour mettre en œuvre la découverte, d'une manière impeccable, sans tâtonnements ni sans peines. On conçoit bien qu'il ne puisse guère en être autrement : la bonne volonté de l'auteur des lignes qui vont suivre, a dû se limiter au caractère de cet ouvrage, tout d'intérêt général et d'un but qui ne lui rend guère accessible les détails de fabrication. D'ailleurs, estimant que, si bonne qu'elle soit, la leçon du manuel ne vaudrait jamais celle de l'expérimentation, l'inventeur se met à la disposition des industriels qui voudraient essayer le procédé décrit. Aussi savamment aidés, ils pourront alors prétendre aux plus parfaits résultats.

« L'illustration des ouvrages peut se faire par la photocollographie, non seulement comme on l'a fait jusqu'à ce jour par des images tirées hors texte, mais encore par des planches phototypiques intercalées dans le texte, comme on le fait avec les bois, cuivres et zincs typographiques. C'est là, selon nous, une des plus sérieuses applications de la photocollographie. Elle sort ainsi du domaine du restreint pour devenir d'un emploi courant ; elle remplace le dessinateur dans la plupart des cas et ses images, tirées en même temps que le texte, dans une seule et même opération, reviennent à des prix infiniment moins élevés que ceux des images tirées hors texte.

« L'impression de ces sortes de clichés est certainement un peu plus délicate que celle des *bois* ordinaires ; elle ne peut s'effectuer tout aussi rapidement, mais on a comme compensation des images dont le dessin et la gravure coûteraient fort cher sans qu'on pût rivaliser jamais avec l'œuvre de la lumière. Dans une foule de circonstances, il est préférable d'appeler la photographie à son aide, puisqu'elle est une preuve d'authenticité, et la part des dessinateurs demeure encore bien grande tout de même, parce que l'on ne peut pas toujours avoir un cliché photographique d'un objet à reproduire. Souvent même un dessin vaudra mieux, il sera plus net, plus explicatif, mais il ne faut pas s'étonner si ces deux modes d'exécution des planches s'unissent dans un même ouvrage, si l'on voit tour à tour, dans le texte, une vignette photographique et un dessin sur bois concourir à l'illustration. L'un et l'autre ont leur place et leur utilité.

« Nous décrirons notre méthode sans entrer dans le détail ; on en comprendra, malgré cela, bien vite le fonctionnement.

« Des papiers gélatinés et sensibilisés sont impressionnés à travers les clichés négatifs, puis transportés et développés sur une glace, comme on le fait dans le procédé au charbon. Cette glace est ensuite placée au milieu d'un cadre, formant ainsi une sorte de cuvette dans laquelle on verse, chaud, un mélange de gélatine, de glycérine, d'alun de chrome, de gomme arabique. Quand la dessication de cette couche est complète et qu'elle forme bloc, on y soude par-dessus, à la glu marine ou au bitume, soit un bois coupé à la dimension, soit une plaque de métal. On a ainsi le cliché constitué par un support bois ou métal portant le bloc de gélatine à la surface duquel est l'image insoluble formée par la lumière. Il n'y a plus qu'à affranchir les bords et à remettre à tremper, l'image en dessous, dans un liquide formé par de la glycérine étendue d'eau et additionnée d'une très petite quantité de carbonate d'ammoniaque. Toute la couche de gélatine sur laquelle est l'image absorbe de l'humidité, tandis qu'il n'en peut pénétrer dans les diverses parties de l'image formée par de la gélatine insoluble fortement imperméabilisée par la lumière, et cette image reste toujours un peu en relief sur la couche additionnelle de gélatine, qui, tout en la supportant, est douée de la propriété d'absorber l'humidité. La couche de gélatine qui sert de support à l'image est donc munie des éléments qui peuvent accroître son pouvoir hygroscopique, et l'on conçoit que, de cette façon, l'on puisse arriver à un tirage mécanique rapide sur une plaque qu'il ne faudra mouiller que fort rarement.

« La plaque est de la dimension voulue pour être introduite dans la composition, et son support est à la hauteur des caractères. On peut donc tirer le tout ensemble, en observant cependant ceci, que le modelé exigeant plus de netteté, les rouleaux dont on use doivent être à surface très régulière et suffisamment lisse. L'encre ne doit pas non plus être trop pâteuse, trop abondante. Cela se comprend aisément, puisqu'il s'agit d'un résultat plus complet, de teintes continues au lieu des hachures ou des points qui forment les bois typographiques. Avec des impressions grenues, le grain étant obtenu à l'aide d'une trame quelconque, on serait tenu à moins de précautions.

« L'impression s'effectue donc comme celle typographique : il faudra, cependant, de temps à autre passer rapidement une éponge mouillée sur les clichés, quand on s'apercevra que l'encre tend à s'attacher au fond, fait qui ne se produit qu'après le tirage d'un très grand nombre d'épreuves.

« Remarquons encore que lorsqu'il s'agira de reproduire une image finement modelée, le tirage ne pourra se faire aussi rapidement que procède d'ordinaire la typographie, mais, n'importe, il fournira de tels résultats que l'on pourra bien subir un certain ralentissement dans la production.

« Jusqu'ici l'on manquait d'un moyen sûr et simple de réaliser l'impression phototypique combinée avec le texte. C'était, au nombre des problèmes photographiques à résoudre, celui auquel nous avons vu attacher la plus grande importance ; aussi bien, est-ce à cause de cela que nous avons dirigé nos recherches dans cette voie, et nous nous estimons fort heureux d'avoir approché du succès.

« Nous pouvons affirmer que, désormais, la question des tirages phototypiques est à la portée de toutes les industries d'impression, sans aucune exception, puisque se trouvent supprimées toutes les délicatesses du travail et toutes les causes d'insuccès qui s'opposaient, jusqu'à l'heure actuelle, à leur diffusion dans le plus grand nombre d'ateliers. »

* *

À côté de cette tentative d'obtention du cliché « photocollotypographique », nous placerons les recherches, également très intéressantes, faites par M. le prof. W. Cronenberg, de Munich, pour transformer l'image fournie par la photocollographie en un cliché autotypique, l'impression typographique offrant des avantages de régularité, de rapidité, de quantité même, malheureusement interdits au mode de reproduction utilisé actuellement par le procédé photocollographique.

Nous avons, au chapitre spécial à l'autotypie, dit quelques mots de ces essais. Nous complétons ici cet exposé d'un procédé que, en nous basant sur les résultats acquis, — résultats déjà très satisfaisants bien que, naturellement susceptibles d'être encore améliorés, — nous croyons appelé à jouer un grand rôle dans l'avenir de l'illustration photomécanique.

Issu de l'accouplement de deux procédés également remarquables, le nouveau venu possède les qualités de l'un et de l'autre sans en conserver les défauts : de l'autotypie, il utilise les facilités de reproduction ; de la photocollographie, il retient le grain agréable, plus artistique à coup sûr que le quadrillé du réseau.

La fabrication du réseau paraît être arrivée à l'ultime perfection possible ; il semble bien difficile, pour ne pas dire plus, qu'on puisse parvenir à plus de ténuité. Même les essais faits avec des réseaux à quatre lignes ne semblent pas devoir constituer un grand progrès sur ceux existant aujourd'hui. D'ailleurs, les recherches faites dans cette voie aboutiraient-elles complétement, chose encore peu sûre, le réseau n'en resterait pas moins ce quadrillé, très délicat, certes ! mais toujours un peu désagréable par sa régularité trop absolue, trop mathématique, monotone, fatiguant de par cela même que l'on considère comme ses qualités.

Voyez une œuvre d'art reproduite par l'autotypie, un dessin au crayon, par exemple : la reproduction n'est pas l'interprétation absolument fidèle de l'œuvre première, parce que son caractère a été dénaturé par la décomposition de ses lignes en une série de points trop rigoureusement semblables. Ce défaut est encore plus saillant lorsque l'original a dû subir une réduction : la réduction, resserrant le trait le défigure déjà elle-même ; ce sera encore bien pis si l'on vient encore hâcher ce trait, le couper de distance en distance ainsi que le fait le réseau.

L'emploi d'un grain irrégulier évite ces altérations.

Or, le nouveau procédé, transformation en autotypie de l'image photocollographique, permet de se passer du réseau ligné et d'utiliser le grain naturel de la couche gélatineuse. On peut même produire ce grain à sa convenance, gros, moyen ou très fin, selon le caractère de l'œuvre à reproduire. De plus, le grain irrégulier rend facile la retouche, si difficultueuse, même à la main la plus exercée, lorsqu'il s'agit de la pratiquer à travers les points réguliers de l'autotypie. Enfin, autre raison militant en faveur de l'emploi du grain sur le réseau, tout papier contient lui-même plus ou moins de grain et ce grain se manifeste dans la reproduction : c'est donc, en quelque sorte, obéir à une loi naturelle que de faire servir le grain aussi à l'impression de l'image qui y sera appliquée.

D'ailleurs, le plus simple sentiment esthétique justifie cette préférence.

L'intelligente opération par laquelle M. Cronenberg obtient ses gravures photocollo-autotypiques peut se résumer dans ces quelques mots : la mise en relief par des morsures d'acide d'une image photocollographique imprimée directement sur une plaque de cuivre.

Le procédé s'applique également avec avantage à l'impression des images polychromes ; utilisé dans le procédé des trois couleurs, il simplifie considérablement le travail nécessaire sans rien laisser perdre des avantages de la méthode. Dans ce genre d'image, plus encore que dans l'épreuve monochrome, la suppression du réseau est à désirer, l'effet produit par l'emploi du grain étant bien autrement artistique.

Il serait prématuré de donner ici la description de la méthode pratiquée pour l'obtention des négatifs employés à la constitution de ces trichromies sans réseau ; nous y reviendrons avec plus de facilité et aussi de profit, lorsque ayant épuisé la série des gravures plus spécialement destinées à l'impression monochrome, nous aurons exposé les principes généraux des gravures en couleurs tributaires de la photographie.

Les trois planches que nous donnons ici ont été exécutées sous la direction de M. W. Cronenberg, à l'École pratique d'Arts photomécaniques qu'il a installée au château Gronenbach, en Bavière. Elles donnent, bien que simples essais, une idée assez complète de ce que peut le procédé dans les trois genres : gravure au trait, gravure en demi-teintes, et épreuve polychrome. Elles montrent aussi le brillant parti qu'il y a à retirer d'une découverte encore à ses débuts, assurément perfectible, mais d'un grand avenir.

*
* *

Les deux tentatives que nous venons de signaler marquent un acheminement sérieux, un pas très décisif dans une voie qui doit assurer à la photocollographie la prépondérance absolue à laquelle elle peut, sans forfanterie, prétendre.

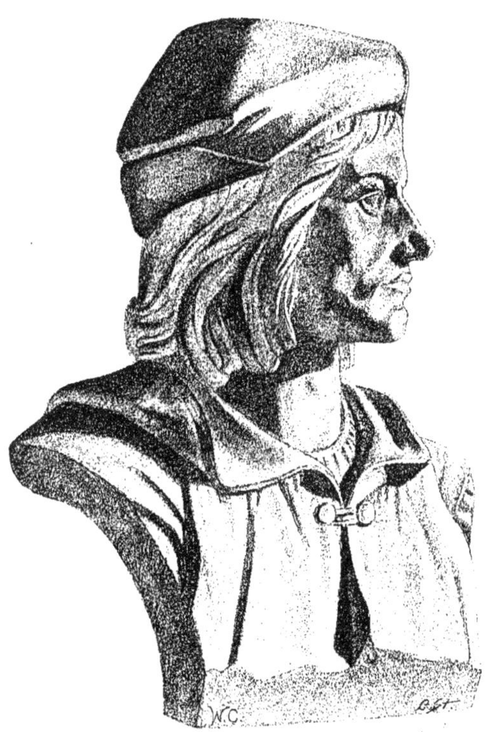

Lichtdruck-Autotypie Cronenberg's D. R. P. 98203.
Nach einer Bleistiftzeichnung von G. Stramer.
Gedruckt in der Anstalt auf Phönix-Presse.
Kunstdruckpapier von Pönscen & Heyer, München-Köln.

Procédé de W. CRONENBERG (D.R.P., 98.203).
Munich-Gronenbach

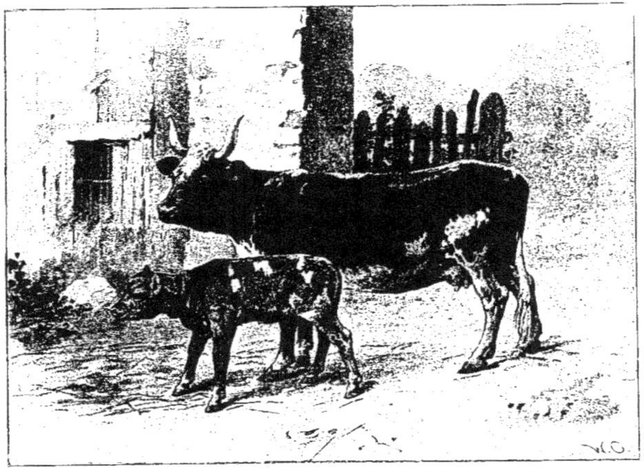

Papier « Chromo »
de
Gust. u. Heinr. BENECKE.
Löbau i. S.

Épreuve « Trois couleurs »
(sans réseau)
obtenue par transformation en Autotypies de planches photocollographiques.
(ESSAI)

Actuellement, le procédé est critiquable, et bien qu'il paraisse difficile qu'une découverte si jeune soit déjà à l'abri de tout reproche, nous reconnaissons bien volontiers ce que cette critique a de justifié lorsqu'elle s'attaque au manque de régularité du procédé. Oui, la photocollographie est un procédé incertain. Elle donne de belles épreuves, d'admirables épreuves, mais sans pouvoir nous garantir la même coloration, la même intensité, la même venue dans l'une et l'autre de ses images, manquant totalement de la régularité absolument indispensable en imprimerie.

Elle y parviendra en devenant typographique, ce à quoi visent les recherches.

Lorsque du domaine des pures expériences, les transformations entrevues seront passées dans celui de la réalité, alors, plus que jamais, le procédé triomphera. Déjà, et alors même qu'il était encore loin du perfectionnement atteint aujourd'hui, il a su faire reculer un autre procédé sur lequel on fondait de grandes espérances : la photolithographie, dont il a complètement paralysé l'essor. Bien mieux, il a supprimé totalement une de ses aînées : l'admirable découverte de Poitevin et de Woodbury, la photoglyptie, rayonnante il y a dix ans à peine, aujourd'hui disparue, balayée, anéantie si complétement qu'on en a perdu jusqu'au souvenir presque.

Que sera-ce donc lorsque la photocollographie sera devenue la photocollotypographie. Ce jour-là, le procédé sera le souverain absolu de cet empire : l'illustration. Le despote ne connaîtra aucun obstacle et les gravures d'interprétation devront encore, une fois de plus, s'incliner devant le plus formidable adversaire que la photographie ait jamais pu leur opposer.

Comme sources où l'on pourra puiser de plus abondants détails sur les diverses méthodes d'obtention de clichés photocollographiques, nous indiquerons :

ADELINE (Jules).   Les Arts de Reproduction vulgarisés. Paris, Librairies-Imprimeries réunies.
BONNET (G.).   Manuel de Phototypie. Paris, Gauthier-Villars & fils, 1889.
DE LA BAUME-PLUVINEL. — La Théorie des Procédés photographiques. Paris, Gauthier-Villars & fils, G. Masson.
FÉRY (Charles) & D' A. BERAIS. — Traité de Photographie industrielle. Paris, Gauthier-Villars & fils, 1896.
GEYMET. — Traité pratique de Phototypie. Paris, Gauthier-Villars & fils, 1888.
LONDE (Albert).   La Photographie dans les Arts, les Sciences et l'Industrie. Paris, Gauthier-Villars & fils, 1888.
MONET (A.-L.).   Procédés de Reproductions graphiques appliquées à l'Imprimerie. Paris, Administration du Bulletin de l'Imprimerie, 1888.
MONTAGNÉ (Louis). — Traité pratique de Phototypie (Photocollographie) et de Photolithographie. Lyon, L'Intermédiaire des Imprimeurs (années 1896 et 1897).
PIERRE PETIT FILS (A.).   La Photographie industrielle. Paris, Gauthier-Villars, 1883.

Poitevin (A.). — *Traité des Impressions photographiques*, suivi d'appendices par M. Léon Vidal. Paris, Gauthier-Villars, 1883.

Ris-Paquot. — *Traité pratique élémentaire de Phototypie à l'usage de MM. les Imprimeurs, Photographes et Amateurs*. Abbeville, chez l'auteur, 2, rue Saint-Jacques.

Roux (V.). — *Formulaire pratique de Phototypie*. Paris, Gauthier-Villars, 1887.

Trutat (E.). — *Impressions photographiques aux Encres grasses, Traité pratique de Photocollographie*. Paris, Gauthier-Villars & fils, 1892.

Vidal (Léon). — *La Photographie appliquée aux Arts industriels de Reproduction*. Paris, Gauthier-Villars, 1880.

Vidal (Léon). — *Traité pratique de Photolithographie, Photocollographie, etc.* Paris, Gauthier-Villars & fils, 1893.

Vidal (Léon). — *Traité pratique de Phototypie*. Paris, Gauthier-Villars, 1879.

Voirin (J.). — *Manuel pratique de Phototypie*. Paris, Charles Mendel, 1892.

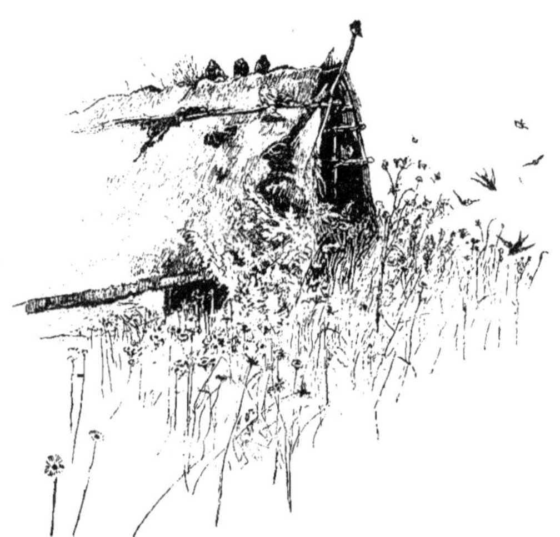

CHAPITRE V

Photolithographie, Lithophotographie.

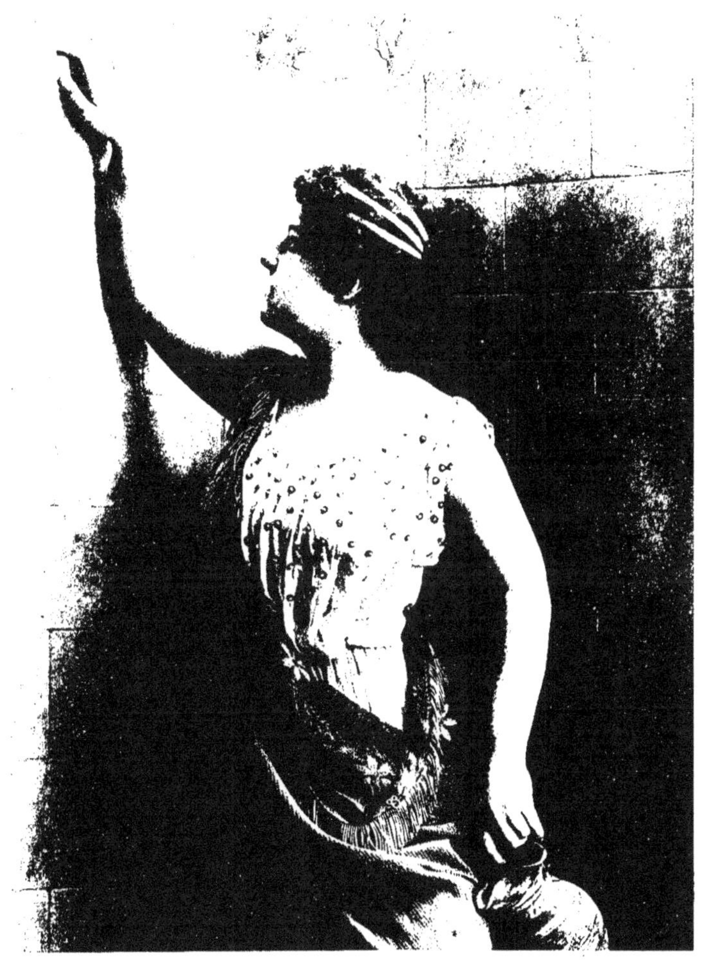

D'APRÈS NATURE

Négatif de M. Fréd. Boissonnas, à Genève

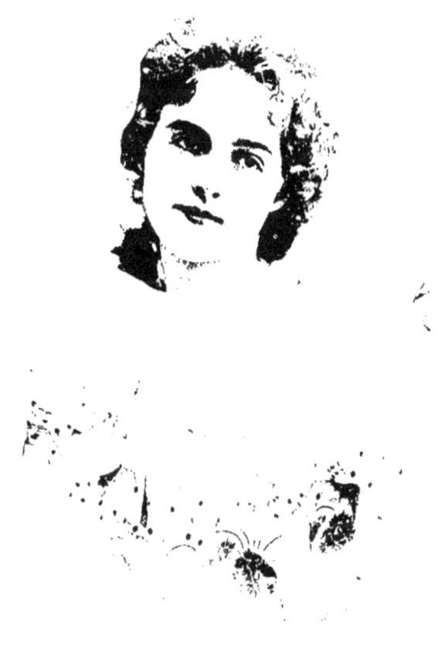

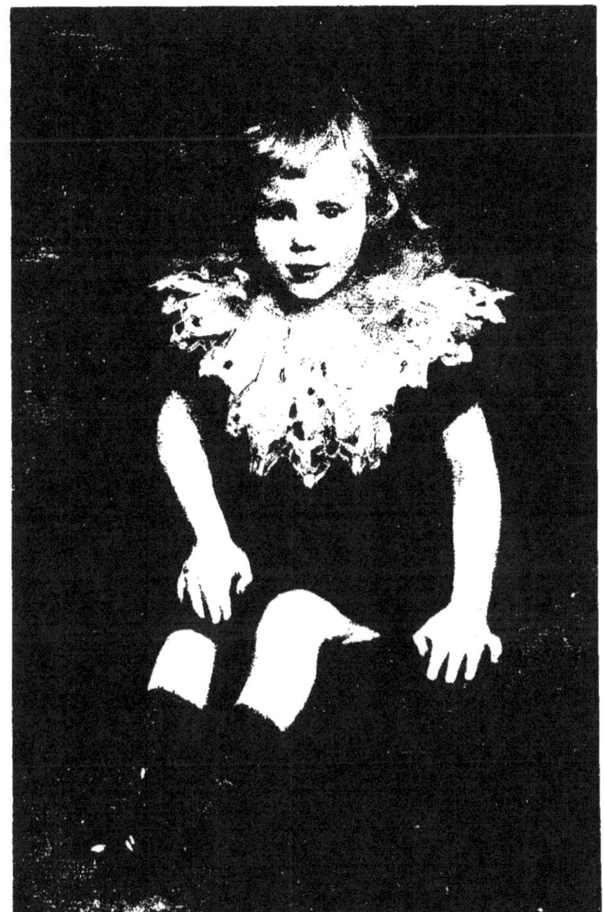

PORTRAIT D'ENFANT

Imprimé avec le *Vert Russe* phototypique de LEFRANC et Cᵉ par Berthaud

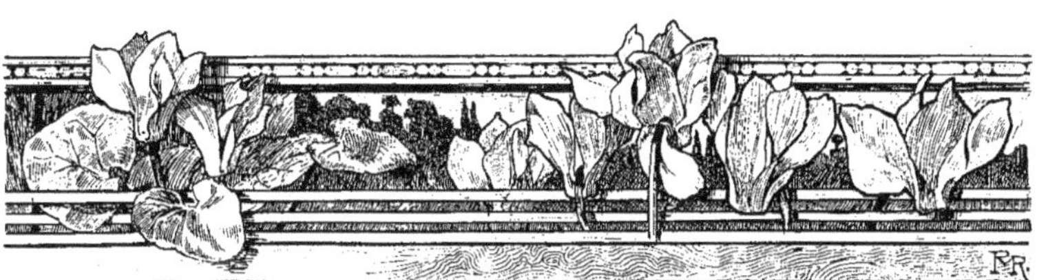

CHAPITRE V

Photolithographie, Lithophotographie.

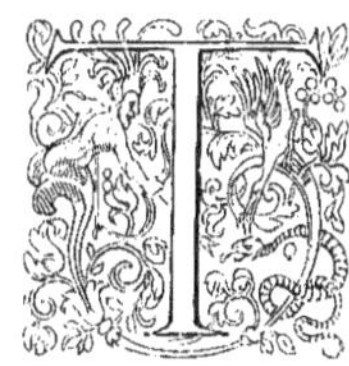

Très simplement cette fois, sans étiquette pompeuse et incompréhensible, se présente, sous ce nom qui le désigne admirablement : *Photolithographie*, un procédé qui unit heureusement la photographie et la lithographie, en complétant l'une par l'autre et retirant de leur union des avantages précieux qui agrandissent le champ ouvert à leur activité.

Le report d'une image photographique est aussi facile à obtenir sur pierre que sur métal. La pierre, conservant précieusement toutes les finesses du décalque, rend avec plus d'exactitude encore et de brillant que le métal, dans toute la perfection désirable et avec une extrême douceur de tonalité, tout ce qui peut être représenté par le crayon, la plume, l'estompe ou le burin. Nos lecteurs savent assez quel parti artistique on retire de la pierre pour que nous puissions nous dispenser d'exalter plus longtemps les mérites de la lithographie. Cet art ancien, au passé glorieux, n'aurait que faire des couronnes que nous pourrions lui tresser.

C'est parce qu'ils étaient bien pénétrés aussi de l'excellence de ce mode de reproduction que ceux qui cherchèrent les premiers à étendre l'action de la photographie, songèrent à la combiner avec celle de la lithographie. La lumière, selon eux, pouvait remplacer la main de l'artiste, et même fournir, en certains cas, des résultats supérieurs : ces chercheurs portèrent donc leurs vues de ce côté. Ils ne furent pas totalement déçus dans leurs espérances, nous le dirons. Auparavant, et bien que ce soit là chose déjà connue, il nous paraît indispensable de retracer ici les historiques de ce genre d'illustration.

* *

En 1814, Nicéphore Niepce fait cette découverte, point de départ de la photolithographie, que le bitume de Judée déposé sur une surface quelconque est sensible à l'action de la lumière. Cette idée est presque aussitôt reprise par Macpherson, de Rome, qui, lui, se sert de la pierre comme support de la couche et fait breveter un premier procédé de photolithographie. Ce n'est pas encore parfait, et bien que le procédé donne déjà des résultats, bien que Lemercier, notamment, en fasse une assez heureuse application, on sent qu'il y a encore mieux à faire : et les recherches se continuent.

Alors se succèdent coup sur coup, intéressantes à plus d'un titre et marquant de jalons précieux la route poursuivie, les découvertes de Barreswil, de Lerebours, de Davanne, de Talbot, de l'ingénieur français Poitevin qui, en 1854, fixant les propriétés et l'emploi de la gélatine bichromatée, s'affirme comme le

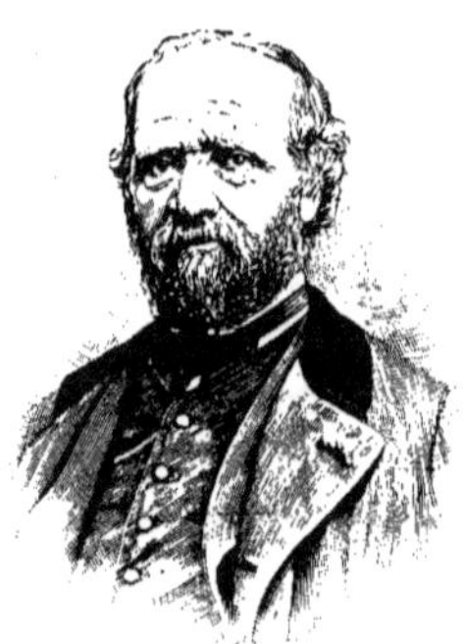

ALPHONSE POITEVIN

véritable inventeur de l'impression photolithographique.

L'invention, dans son principe, est complètement établie, réalisée : elle est bien l'œuvre de l'éminent praticien et personne ne peut la lui disputer[1]. Tout ce

---

[1] Cette découverte valut à son auteur le prix de 8000 fr., fondé, par le duc Albert de Luynes, pour être décerné à l'auteur du meilleur procédé « pour l'impression inaltérable des épreuves photographiques, directement et par les presses mécaniques ». Davanne, chargé du rapport, qui constata que le lauréat avait rempli les intentions du fondateur du prix, déclara que « par son procédé d'impression à l'encre grasse, qui est la lithographie, M. Poitevin produit facilement, sans retouches, de manière à laisser toute garantie d'authenticité, une épreuve photographique quelconque à tel nombre d'exemplaires qu'il peut être nécessaire pour mettre à la portée de chacun les documents utiles aux arts et aux sciences ». Un vote unanime approuva cette conclusion.

Bien que ses nombreux travaux aient surtout profité à d'autres qu'à Poitevin, trop absorbé, comme il le reconnaît lui-même, pour aller au delà des indications théoriques relatives à ses découvertes, elles lui valurent encore pas mal de récompenses, tant honorifiques que pécuniaires, parmi lesquelles nous citerons la croix de la Légion d'honneur, un grand prix exceptionnel, le seul décerné, à l'Exposition universelle de 1878, avec cette allocation qui, par exemple, ne lui fut jamais délivrée, croyons-nous, d'une somme de 15,000 fr., enfin le grand prix de 12,000 fr. fondé par le marquis d'Argenteuil.

Quelques fragments du rapport encore rédigé à cette occasion par Davanne, qui reconnais-

qu'on fera ensuite n'apportera que de simples perfectionnements, de minimes améliorations : La photolithographie est trouvée.

Poitevin, qui a beaucoup écrit et n'a rien caché des nombreuses découvertes qu'il a faites dans le domaine des impressions photomécaniques, indiquait, dans une brochure publiée vers 1862, sa manière d'effectuer l'impression photolithographique :

Il opère par méthode directe, c'est-à-dire qu'il insole directement, sous un cliché photographique, une pierre revêtue d'une couche d'un mélange à parties égales d'albumine et de bichromate de potasse. Après insolation, il mouille légèrement la pierre et il l'encre au rouleau avec de l'encre lithographique. Celle-ci, tous les lithographes le savent, repoussée par l'humidité, ne s'attache qu'aux parties de la pierre où le mucilage est, du fait de l'insolation, devenu insoluble, laissant en réserve les blancs du dessin. Pour terminer, la pierre est traitée à l'acide étendu d'eau, puis gommée et séchée, exactement comme on procède quand il s'agit d'un dessin lithographique fait à la main, le travail d'impression restant ensuite le même que dans les ouvrages lithographiques.

Telle est, ramenée à sa plus simple expression, la photolithographie. Il va de

sait avec justice les mérites du labeur de son concurrent, trouveront ici leur place : ils sont assez caractéristiques et détaillent assez complétement les travaux du savant qui a tant fait en faveur de l'illustration photomécanique pour être recueillis dans ces pages :

... Pour apprécier les titres de M. Poitevin à cette récompense élevée du prix du marquis d'Argenteuil, il faut se rendre compte de ce mouvement d'expansion par lequel la Photographie se rattache désormais aux grandes industries graphiques, leur apporte des méthodes nouvelles, devient, non pas la rivale, mais l'auxiliaire des arts de l'impression sous toutes les formes, et pénètre ainsi dans presque toutes les branches des connaissances humaines ; il faut comprendre comment les études de ce savant ont été le point de départ et le point d'appui de ces progrès généraux.

Nous avons vu, au début, la Photographie faire naître les espérances les plus légitimes : en effet, obtenir la représentation d'un objet par le reflet lumineux qui le rend visible, c'est saisir la vérité ; c'est, pour la science, une immense conquête ; aussi à ce moment, nous trouvons liés aux recherches photographiques les noms de savants illustres, et peut-être les progrès eussent-ils été plus considérables si ce concours ne s'était pas ralenti.

Mais bientôt une application presque inespérée, due à ces recherches et à la découverte de moyens rapides, parut s'emparer de la Photographie et la restreindre à une spécialité artistique lucrative et relativement facile : photographie devint synonyme de portraits ; alors le premier mouvement scientifique s'atténue ; il semble que les savants s'écartent de ce nouveau-né qui, dès ses premiers pas, s'engage dans une voie pratique où ils n'ont pas à le suivre.

M. Poitevin cependant, qui, dès 1842, avait tenté des essais pour arriver à des procédés de gravure photographique, n'abandonna pas ses études, et il les a continuées sans relâche pendant plus de trente années, comprenant qu'au delà d'une application spéciale il y avait de grands services à rendre.

La science et les arts avaient compté en effet sur une méthode de vulgarisation qui leur a fait défaut quand il s'est agi de la mettre en œuvre. Dès les premiers essais faits pour substituer à la satisfaction intime d'avoir quelques épreuves, une production large pouvant servir à l'instruction de tous, on s'aperçut vite que les tirages d'épreuves photographiques étaient lents et capricieux ; car la force qui leur donne naissance, la lumière, est elle-même inégale et capricieuse ; ils étaient coûteux, car les produits employés, or et argent, sont les produits les plus précieux ; enfin, défaut plus capital encore, l'épreuve obtenue, souvent à grand'peine et à grands frais, n'avait aucune solidité.

Donc la Photographie ne devait réaliser les espérances si légitimement conçues que du jour où de nouvelles méthodes permettraient de s'affranchir des caprices de la lumière, de faire des épreuves positives solides et économiques, et elle ne pouvait prendre toute son importance que si, cessant de se restreindre en elle-même, elle parvenait à se relier à ces grandes industries graphiques qui, par la Typographie, la Gravure, la Lithographie, répandent partout les éléments de l'étude et de l'instruction.

Aujourd'hui le problème est résolu ; l'est-il dans des conditions telles que la Photographie vienne

soi qu'elle a subi, depuis ces premières expériences, bien des modifications de détail et que les méthodes industrielles actuelles ne s'en inspirent plus que d'assez loin. Mais il n'est pas inutile de constater que le principe est resté le même.

La méthode de Poitevin obligeait à une insolation directe. Cela n'allait pas parfois sans grands inconvénients, surtout lorsqu'il s'agissait de pierres de grandes dimensions, malaisément maniables. On cherchait une méthode qui, par voie indirecte, permît le décalque sur la pierre de l'image photographique. Placet, Asser, Osborne et sir James l'imaginèrent presque simultanément, en prouvant la possibilité d'obtenir une épreuve phothographique sur un papier bichromaté que l'on encrait et que l'on décalquait, par les voies ordinaires, sur une pierre lithographique ou sur la plaque de zinc qu'on substituait à cette dernière, et qui, plus aisément maniable, conserve ses qualités. Le travail d'impression suivait alors son cours comme en lithographie.

*　*　*

Nombreux sont les moyens d'obtenir des épreuves photolithographiques ; et cependant — et nous ne nous expliquons pas bien cette défaveur — depuis

remplacer les anciens moyens d'exécution en donnant des résultats identiques ? Non. Les résultats diffèrent comme les méthodes qui leur donnent naissance : mais la Photographie, par de nouveaux procédés de Gravure, de Typographie, de Lithographie, s'est alliée et non substituée à ces méthodes d'impression. Elle a gardé divers modes d'exécution où elle reste elle-même, tout en donnant des épreuves inaltérables : elle s'est donc affranchie des limites qui lui semblaient posées, et ce progrès considérable, elle le doit en majeure partie aux études de M. Poitevin.

Ici prend place la longue énumération des méthodes que Poitevin base sur les propriétés que prennent sous l'influence de la lumière certaines matières organiques comme l'albumine, la gélatine, ou les substances analogues, lorsqu'elles sont additionnées d'un bichromate soluble : photographie dite *au charbon*, ou mieux aux *matières colorantes inertes*, photozincogravure ou gillotage, photolithographie, photocollographie, hélioplastie ou photoglyptie, etc.. etc. Le rapport se termine ainsi :

... De tous ceux qui cherchèrent à utiliser l'insolubilité de la gélatine bichromatée après son insolation, ce fut M. Poitevin qui fit de ces réactions l'étude la plus complète, et chacune d'elles est devenue le point de départ d'applications importantes.

... L'influence de ces travaux sur le progrès photographique a paru tellement importante que, à l'Exposition de 1878, M. Poitevin, non exposant, a été réclamé par les jurés de France, d'Autriche et de Russie, qui l'ont proclamé collaborateur des trois nations et lui ont fait décerner un grand prix exceptionnel, le seul inscrit comme tel au Catalogue. Nous avions l'espoir qu'appuyés sur le règlement qui prévoyait comme récompenses des allocations pécuniaires, souvent utiles et désirées, les jurés obtiendraient que ce grand prix exceptionnel fût traduit autrement que par la médaille d'or des autres grands prix. Cet espoir est allé rejoindre tant d'autres espérances évanouies de M. Poitevin.

Nous ne savons que trop, en effet, que celui qui se livre à son génie d'inventeur oublie souvent les nécessités de l'existence, et s'il récolte la gloire, presque toujours les fruits plus positifs de sa découverte sont recueillis par ceux qui ont su les cultiver.

Cette amertume n'a pas manqué à Poitevin : il a vu glisser de ses mains les profits d'inventions trop tôt venues, dont les applications, mûres aujourd'hui, sont fructueusement exploitées, alors que ses brevets sont depuis longtemps expirés.

Aussi n'est-ce pas à une invention ni à un inventeur que vous décernez aujourd'hui le grand prix du marquis d'Argenteuil, c'est au savant créateur d'un ensemble de méthodes qui se sont épanouies en une foule d'applications diverses, qui, par la Lithographie, la Gravure, la Typographie, la Photographie inaltérable, facilitent, pour le profit de tous, la vulgarisation des sciences et des arts.

C'est la récompense bien méritée des utiles travaux qui assurent à ce savant une large part de gloire...

une dizaine d'années la photolithographie, tombée en désuétude, disparaît de nos ateliers, du moins en ce qui concerne l'impression des épreuves monochromes.

A quoi faut-il attribuer cette subite disgrâce? Sans doute pour une grande part, à la marche ascendante des procédés à tirage absolument typographique, préférés pour leur impression ultra-rapide   peut-être encore à la difficulté que rencontre la photolithographie à reproduire d'autres dessins que ceux au trait pur et simple ; car si l'on a, à la vérité, obtenu dans ce genre quelques résultats, c'est dans des cas isolés qui ne permettent pas de songer à disputer l'image modelée à la photocollographie ou à d'autres procédés plus favorables aux demi-teintes, à moins qu'il ne s'agisse du tirage d'épreuves obtenues par ces procédés et transportées ensuite sur la pierre lithographique.

En revanche, pour les impressions en couleurs, la photolithographie est du plus grand secours. Nous reviendrons, au chapitre spécial à la Photochromie, sur son rôle en cette matière ; déclarons d'ores et déjà cependant que dans ce domaine, la photographie, alliée à la lithographie, donne des merveilles que ne soupçonnait même pas le chromolithographe d'autrefois. La photolithographie fait le développement actuel, inconnu jusqu'à ce jour, de la chromolithographie et l'on peut sans crainte assurer qu'elle la conduit peu à peu à la perfection artistique la plus absolue.

Malgré la sorte d'éclipse que subit le procédé photholithographique monochrome, nous croyons que ceux de nos lecteurs qui ne possèdent qu'un simple atelier de lithographie, auront plaisir à connaître un procédé susceptible de leur rendre de grands services, d'abord en facilitant, en supprimant même totalement si l'on veut, l'intervention du dessinateur, leur permettant l'absolue reproduction de tous les dessins au trait, soit de tout ce qui peut être interprété par la ligne, le pointillé ou la teinte plate, dessin à la plume ou au crayon, reproduction de vieilles estampes, bref toute image sans demi-teintes, et ce qui n'est pas sans charme, sans avoir à se contraindre aux dimensions de cette image, c'est-à-dire avec cette facilité de la pouvoir agrandir ou diminuer à son gré et selon ses besoins. C'est, on le voit, l'application à la lithographie des propriétés du procédé de photozincogravure ou gillotage dont la description commence cet ouvrage.

De tout ce qui précède, déduisons donc une définition du procédé de photolithographie :

La photolithographie est un art qui a pour but d'imprimer, s'aidant de la lumière, une image que l'on obtient soit directement sur une pierre lithographique, soit indirectement sur un support transitoire d'où on la transporte sur la pierre. On obtient donc, par l'une ou l'autre de ces opérations, une planche toute dessinée par la photographie, planche dont on tirera autant d'épreuves que l'on voudra en opérant comme pour une lithographie ordinaire.

Les planches ci-après, fournies par des établissements qui n'ont que rarement à opérer dans ce genre d'impressions, montreront mieux que toute dissertation, le profit que l'on peut retirer d'un procédé aussi peu compliqué.

Nous venons de dire que l'on pouvait opérer soit *par insolation directe* de la pierre, soit *par transfert ou décalque*.

La première méthode est des deux la plus ancienne et la moins employée ; elle donne de bons résultats, mais les pierres lithographiques sont si difficilement maniables qu'elle a été peu à peu abandonnée. On la pratique encore quelque peu cependant, et dans des conditions presque identiques à celles qui régissaient les opérations de Poitevin. Voici la méthode usitée aujourd'hui dans cette industrie :

Une pierre lithographique est enduite d'un mucilage qui est, tantôt une couche de gélatine et de bichromate de potasse ou d'ammoniaque dilués dans l'eau, tantôt une mixture d'albumine et d'ammoniaque. Elle est ensuite mise à sécher à l'obscurité, après quoi elle reçoit le négatif photographique du sujet à reproduire, puis mise en châssis et exposée à la lumière pendant quinze à vingt minutes environ. Cela fait, elle est transportée dans le cabinet noir, et plongée successivement dans l'eau froide et dans l'eau tiède. L'image apparaît immédiatement et l'opérateur n'a plus qu'à préparer lithographiquement sa pierre, soit l'aciduler et la gommer. Elle est ensuite remise à l'imprimeur qui l'utilisera comme si elle était le produit d'une lithographie ordinaire.

Nous n'insisterons pas davantage sur cette première méthode du procédé. Elle est, en tout cas, d'une exécution assez simple pour qu'on puisse avoir intérêt à la pratiquer parfois.

La seconde méthode photolithographique procède indirectement, soit par voie de décalque.

Les formules ici sont légion. Nous en citerions cinquante que nous n'en épuiserions pas la liste ; nous épargnerons donc à nos lecteurs une aussi fastidieuse énumération, car indiquer des tours de mains, des façons de procéder, n'est ni dans nos intentions ni dans notre compétence.

Voici le procédé qui nous a paru le plus général ; les autres n'en sont guère que des variantes :

Une feuille des papiers albuminés ou gélatinés que l'on trouve dans le commerce est sensibilisée avec du bichromate de potasse, séchée et exposée à la lumière sous le négatif à reproduire. Retirée et transportée au cabinet noir, elle est encrée avec du noir à report lithographique, puis plongée dans une cuvette d'eau douce. Les blancs qui sont formés d'albumine ou de gélatine non insolée se dissolvent alors et l'image apparaît un peu grisâtre mais bien complète dans toutes ses parties. L'épreuve ainsi obtenue est alors livrée au lithographe qui, par pression, la décalque sur sa pierre, absolument comme il décalque les épreuves sur papier de chine qui servent aux reports de gravure lithographique.

Ce deuxième procédé de photolithographie par report est encore d'une exécution facile, mais il offre ce désavantage sur le précédent que l'on ne peut, avec
lui, garantir l'exactitude rigoureuse des dimensions de l'image et de la reproduction,
le papier s'allongeant en passant de l'état sec à l'état humide, se déformant encore
sous la pression nécessaire au décalque. De plus, si soigneusement que le report
ait été fait, encore qu'il soit admirablement réussi, cette pression étalant toujours
un peu l'encre, donne quelque lourdeur au trait et risque de boucher les tailles
très fines et les hachures les plus serrées. Les résultats restent cependant subordonnés à l'habileté de l'opérateur et il va sans dire qu'un report très bien exécuté
doit donner de belles épreuves. Il n'en va pas autrement en lithographie où un
report est tantôt excellent, défiant l'épreuve originale, et tantôt détestable, suivant
l'ouvrier. Ici comme là, tout dépend de l'habileté de l'opérateur, mais le travail
nécessite des soins extrêmes et dépend aussi d'un concours de circonstances heu-
reuses que l'on ne rencontre pas toujours facilement.

* * *

Il est un troisième moyen d'obtenir mécaniquement des épreuves photographiques, en employant pour leur tirage la presse lithographique. C'est un
procédé mixte, tenant à la fois de la photolithographie
et de la photozincogravure, utilisant de la première le
mode d'impression, de la seconde [1], la majeure partie
de ses opérations.

Au début de cet ouvrage, nous avons étudié
dans tous ses détails la photozincogravure. Nous
avons vu qu'une plaque de zinc, après avoir été
enduite d'une couche de bitume de Judée,
était insolée sous un négatif. Par cette
opération, la lumière traversant les traits
du dessin traduits en blanc au négatif,
venait frapper le bitume, qu'elle modifiait
en le rendant, partout où elle pouvait
l'atteindre, insoluble dans les divers dissolvants, essence de lavande ou de pétrole,
benzine ou autres, dans lesquels on plon-
geait la plaque, tandis que le métal était

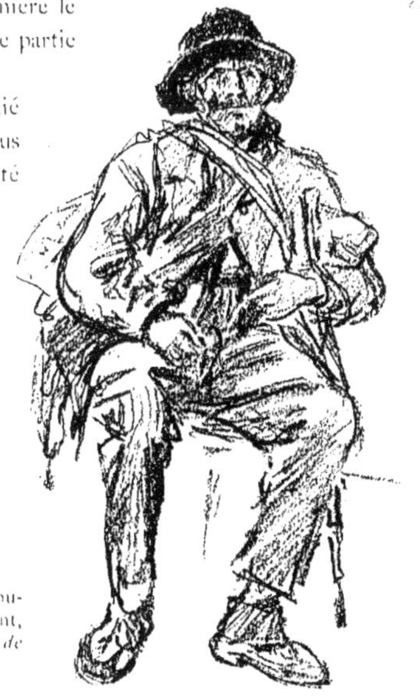

Reproduction photo-zincographique
d'un croquis de Steinlen.

[1] Ce qui a motivé le nom de *Photolithographie* souvent donné à tort à cette méthode. On dit couramment,
même dans des traités : *Photolithographie sur plaques de
zinc !* Qu'est-ce que cela veut dire ?

mis à découvert, le bitume en étant totalement éliminé partout où ce dernier avait été soustrait par l'opacité du cliché à l'influence des rayons solaires. Les traits formant le dessin restaient donc tracés en bitume sur la plaque de zinc, le pigment étant dissout dans toutes les parties blanches.

On attaquait ensuite la plaque à l'acide, lequel rongeait le zinc, respectant le dessin bitumineux qui ressortait bientôt en relief propre au tirage typographique.

Or, les opérations nécessaires pour obtenir sur zinc une image pouvant s'imprimer lithographiquement restent les mêmes que celles ici décrites et relatives à la photozincogravure en relief, sauf, bien entendu, à les arrêter au moment de la mise en relief, devenue superflue au cas qui nous occupe. Quand donc on arrivera à cet instant du travail, la plaque dessinée par le bitume de Judée sera encrée[1], gommée et acidulée, et sèche, pourra être remise à l'imprimeur lithographe qui la traitera comme toutes les planches lithographiques.

C'est, des trois moyens décrits, ce dernier qui est aujourd'hui le plus fréquemment employé. Encore faut-il constater, en le regrettant, qu'il ne l'est que dans une très infime mesure, la photolithographie étant tombée en absolu discrédit depuis quelques années, du moins en ce qui concerne l'épreuve monochrome, abandon qu'il faut attribuer, avons-nous dit, d'abord à la grande concurrence des autres procédés, qui offrent plus de certitude que celui-ci, et qui s'effectuent dans des conditions de rapidité fort appréciées à notre époque.

Puis, et surtout peut-être, la grande cause de la défaveur jetée sur le procédé en question, pourrait-elle bien résider en ceci : qu'il n'est guère applicable qu'au dessin au trait, le modelé lui étant interdit, encore qu'on ait fait quelques essais, non dénués d'intérêt, mais simples expériences, sans conséquence pratique d'applications industrielles. Dans le domaine du modelé, de la reproduction du dessin à demi-teintes continues, la photocollographie a détrôné complètement la photolithographie? Est-ce un bien? Est-ce un mal? Un bien, sans doute, en ce sens que la photocollographie permet la multiplication de splendides épreuves ; un mal peut-être encore, pour cette raison qu'elle entrave une découverte susceptible aussi de merveilles à sa façon.

« Entraver » n'est peut-être pas le mot très exact de la situation, car jusqu'à ce jour, chaque fois que la lithographie a voulu s'essayer à la reproduction de l'image photographique d'après nature, c'est dans l'aide de la photocollographie qu'elle a trouvé son plus ferme soutien.

Cela nous amène à examiner ce qu'elle peut obtenir et comment elle y parvient, en face d'un problème auquel il a été beaucoup travaillé et dont la solution

---

[1] L'encre ne se dépose que sur les traits au vernis.

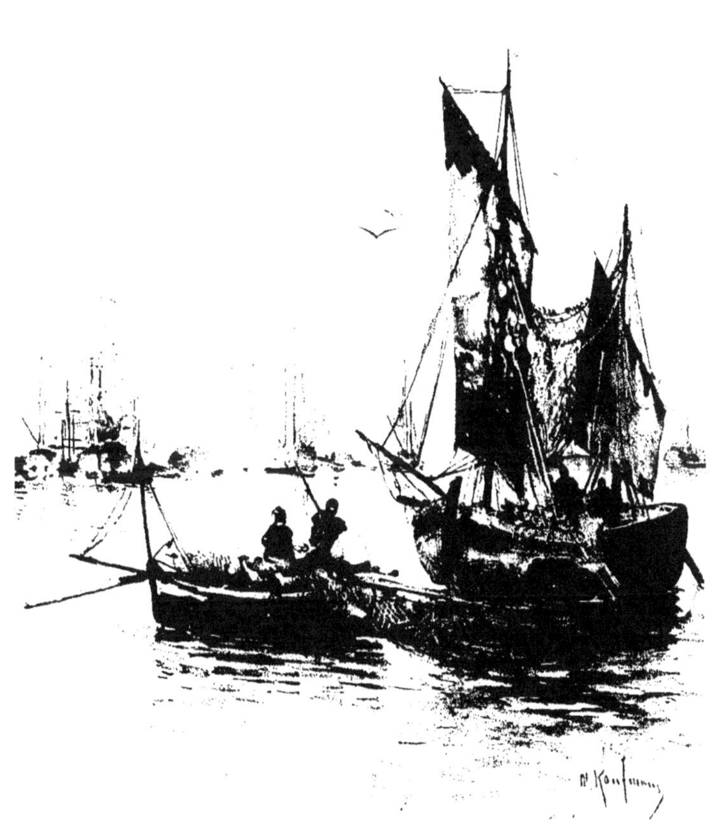

complète donnerait au procédé photolithographique une situation bien autrement importante que celle — trop modeste — qu'il occupe présentement.

Les procédés photomécaniques sont très intimement liés les uns aux autres; leur action est complexe et toujours par quelque endroit, ces frères siamois du gélatino-bromure se soudent, s'unissent, se fondent pour aboutir à des résultats, quand, séparés, ils seraient impuissants.

C'est, plus que pour tout autre encore, le cas de la photolithographie : seule, elle reste stérile ou à peu près et ne peut reproduire les épreuves à modelés continus; s'appuyant sur d'autres procédés à champ d'action plus vaste que le sien, elle peut aborder ce genre, et ce qu'elle produit alors est, quelquefois, à considérer.

Il est évident que du jour où fut obtenue l'épreuve à l'encre grasse de l'image modelée, il devint possible d'en exécuter le tirage lithographiquement, ceci par l'opération très simple du décalque de cette épreuve sur la pierre lithographique. Cela se fait, mais pas sans mal ni avec l'absolue certitude de bien

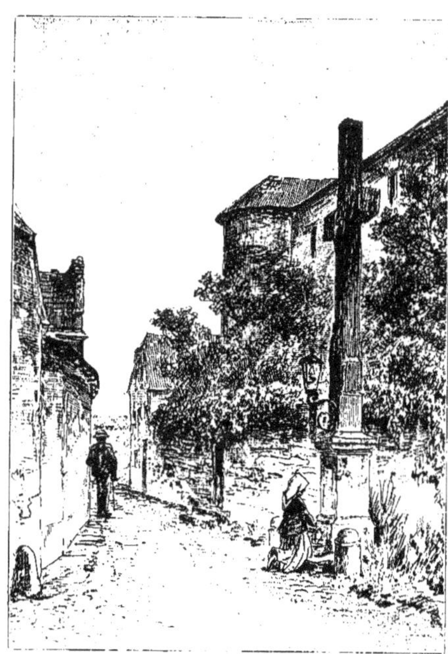

PHOTOZINCOGRAVURE

d'après un dessin sur papier teinté avec un ton aérien.

Cliché de Angerer & Göschl, Vienne (Autriche).

faire, car ici les difficultés sont grandes ; une image si vaporeuse est d'une fragilité extrême, et dans les manipulations du report une négligence peut la perdre. Néanmoins, il ne faudrait pas s'exagérer outre mesure les difficultés de la méthode. Le décalque de l'image modelée est délicat et réclame des précautions, mais qui dit : lithographe, sous-entend : artiste. En l'espèce, l'habileté de nos praticiens sauve la situation.

L'image à demi-teintes destinée à être reproduite lithographiquement proviendra le plus souvent de l'autotypie ou de la photocollographie. L'autotypie fournira même deux combinaisons différentes, selon que de ce procédé on n'emploiera que le négatif réseauté au travers duquel on insolera la planche, ou bien qu'on se servira d'une épreuve tirée à l'encre de report sur le cliché autotypique entièrement terminé, épreuve qu'on décalquera sur la pierre.

Voyons les résultats dans ces deux cas. Si on ne fait qu'employer à l'insolation de la pierre le négatif réseauté de l'autotypie, celui-ci n'étant que le premier état de la planche, et comme bien on sait que, quatre-vingt-dix-neuf fois sur cent, une planche autotypique ne peut être montrée dans son premier état, qu'il lui faut toujours de savantes retouches, rebouchages ou morsures qui seront impraticables en l'espèce, les résultats seront médiocres ; tout sera au même plan et d'un ensemble terne et sans vigueur. Nous avons sous les yeux des essais faits dans cette voie dans un établissement qui n'est pas des moindres, par des praticiens rompus, autant qu'on peut l'être, aux exigences du procédé ; de superbes négatifs, bien qu'on eût pris des précautions inouïes, on n'a pu produire que des images grisaillantes, affadies, sans relief, sans rien « qui parle à l'œil »; c'est bien à elles qu'on pourrait faire le reproche, trop lestement lancé autrefois à l'autotypie, d'être « de superbes estampes qu'on aurait couvertes de cendres ». Si, maintenant, on choisissait la deuxième combinaison offerte par l'autotypie, c'est-à-dire que d'un cliché autotypique entièrement terminé et pour lequel il serait fait toute la mise en train nécessaire, on tirait à l'encre de report une très bonne épreuve à décalquer sur pierre, il va de soi qu'on pourrait encore avoir quelques résultats, à condition que le report soit admirablement réussi, ce qui est toujours difficile, le réseau très délicat qui divise le dessin s'écrasant facilement.

Quelques résultats qu'on en obtienne, cette méthode est sans grands avantages, car, enfin, si on possède déjà le cliché autotypique, prêt à être imprimé typographiquement puisqu'il fournit déjà une épreuve, pourquoi ne pas l'imprimer par la méthode pour laquelle il a été fabriqué? Les résultats en seraient autrement beaux et autrement rapides. Il n'y a qu'un cas très absolu où cette combinaison pourrait être prise en considération, c'est lorsqu'un texte devant être imprimé en lithographie réclamerait l'adjonction d'une gravure à demi-teintes. Dans cette situation, cela se conçoit, on poursuivrait un but plus commercial qu'artistique ; on ne pourrait espérer autre chose.

Les résultats sont plus probants quand ils sont basés sur l'aide de la photocollographie. Une épreuve bien nette ayant été obtenue par ce dernier procédé, on peut, en la décalquant sur une pierre de qualité irréprochable, la reproduire de façon assez satisfaisante. Certes, on n'obtiendra pas de cette méthode des épreuves comparables à celles directement obtenues sur la couche gélatineuse, car les ciels, les teintes légères et tendres souffriront de l'opération du décalque, et certaines parties s'empâtant, l'image ne sera plus aussi dégagée. Mais les résultats seront quand même appréciables, surtout s'il s'agit de dessins d'allure un peu sèche : ceux-ci, parfois, seront mieux reproduits en photolithographie qu'avec la presse phototypique.

La photolithographie n'est pas arrivée à son point culminant. Elle a encore fort à faire pour pouvoir avec succès aborder la demi-teinte ; nul doute, cependant, qu'elle y parvienne.

Mais, en attendant, et toutes les fois qu'on le pourra, quand le dessin permettra le report sur pierre des phototypies, on aura intérêt à le faire, parce que l'accouplement des deux méthodes rendra les résultats plus sûrs ; le tirage sur pierre est illimité ou à peu près et, une première épreuve étant obtenue, on sera certain que celles qui suivront seront de la même venue, ce qui n'est pas le cas en photocollographie où les tirages sont si irréguliers que, d'une feuille à l'autre, ils varient d'intensité ; seul défaut, mais combien grave, de ce si beau procédé. De plus, le report permet toute retouche, adjonction ou suppression, que l'on serait désireux d'apporter à la planche. Ce n'est pas le moindre avantage de ces reports lithographiques d'images à demi-teintes.

*
*   *

Mais dans le champ du dessin au trait, champ plus vaste qu'il ne paraît au premier abord, il y a encore beaucoup à glaner pour l'imprimeur lithographe. Et n'est-ce pas chose très intéressante que pouvoir reproduire en quelques minutes, en un fac-similé parfait, sur pierre ou sur zinc [1], sans autre support, à l'aide des simples moyens de la lithographie, des manuscrits, des volumes, des dessins au trait ou de vieilles estampes ?

« Les dessins au crayon gras, dit Jules Adeline, sont quelquefois admirablement reproduits par ce procédé et les lithographies disparues aujourd'hui ou les réductions de planches introuvables pourraient, de cette façon, donner des épreuves

---

[1] On a longtemps cherché, et dès les débuts de la lithographie, à remplacer la pierre lithographique qui offre les désavantages d'être peu maniable, encombrante, fragile et d'un coût relativement élevé.

Entre autres métaux n'offrant pas ces inconvénients et réunissant les qualités nécessaires à l'impression lithographique on a tour à tour essayé le nickel, le laiton, le platine, le fer et le zinc. Ce dernier a prévalu. Il n'est pas cependant sans reproches ; on l'accuse, non sans raison, de donner — aussi bien en lithographie qu'en typographie — une impression froide, dure, cassante, manquant de finesse et de vif, ignorante du modelé, du velouté, de la douceur qui est la caractéristique de la lithographie. Malgré cela, il est d'un emploi si aisé qu'il remplace presque partout aujourd'hui la pierre lithographique.

On a aussi essayé de faire des plaques factices lithographiques : une sorte d'émail dont on recouvrait des plaques métalliques.

Enfin les Américains, depuis quelques années, ont mis en faveur l'aluminium, et les résultats obtenus aujourd'hui sur ce métal ne le cèdent en rien aux meilleures épreuves de la pierre lithographique.

fort séduisantes. Dans les ateliers Lemercier — un nom célèbre dans l'histoire de la lithographie — on a fait en ce genre de véritables merveilles, et le *Philosophe*, de Gavarni, ou reproduction dite photolithographique, en réalité phototypique [1], d'une épreuve extraite des archives de cette imprimerie, était une des plus belles planches de l'intéressant album du *Figaro-Photographe*. »

C'est assez dire les applications dont est susceptible la photolithographie, découverte bien française, qu'à son apparition nous glorifiâmes sans vouloir, comme a l'ordinaire, en tirer parti, mais que les Américains, et après eux les Allemands et les Autrichiens, plus pratiques que nous, eurent bien vite appréciée et mise en œuvre. Notre insouciance nationale venait, une fois de plus, confirmer ce fait que si l'idée nouvelle jaillit souvent de notre sol, nous nous laissons naïvement enlever le bénéfice de notre découverte dont généralement nous ne reconnaissons la valeur que lorsqu'elle nous revient d'un séjour en terre étrangère.

Nous avons constaté la décadence de la lithographie dans le domaine de l'illustration, décadence due à des causes multiples, avons-nous dit, mais qui ont pour base principale la concurrence, désastreuse pour elle, de la typographie et celle non moins grave des procédés photomécaniques. Examinons maintenant s'il n'eût pas été plus rationnel pour la lithographie d'accepter le concours que lui voulait prêter l'objectif, annihilant ainsi une partie des causes de son dépérissement, de la dépréciation qu'elle a subie et faisant tourner à leur gloire commune les avantages des deux systèmes.

Les anciens procédés et les nouveaux n'évoluent pas dans les mêmes espaces ; ils sont séparés par bien des barrières, mais du moins rapprochés par l'identité de leurs aspirations et de leurs tendances vers l'art.

Pourquoi faut-il que la lithographie, si consciencieuse, si artistique, ait mis si longtemps a comprendre cette chose, s'efforçant, alors même qu'elle sentait ses intérêts compromis, de secouer ce joug de la photographie, qu'elle raillait au début, que ses disciples affectent encore de dédaigner, niant la gravité d'une situation dont elle a pourtant eu tant à souffrir déjà ?

Ignorants, aveugles volontaires, qui se retranchant derrière un brevet d'art pur que nul n'oserait leur contester, ne pouvaient ou ne voulaient comprendre qu'il est inutile de se roidir contre le progrès dont tôt ou tard le flot toujours montant engloutit la routine.

La lithographie — et plus particulièrement pourrions-nous dire la lithographie française, — tient a sa portée un moyen facile de reconquérir, sans perdre

---

[1] Rappelons, à propos de cette citation, que la phototypie, ou photocollographie, repose tout entière sur le principe lithographique. Procédant du trait simple, l'image dont il est ici question eût été aussi bien rendue si on eût employé le véritable procédé sous le nom duquel on présentait l'épreuve.

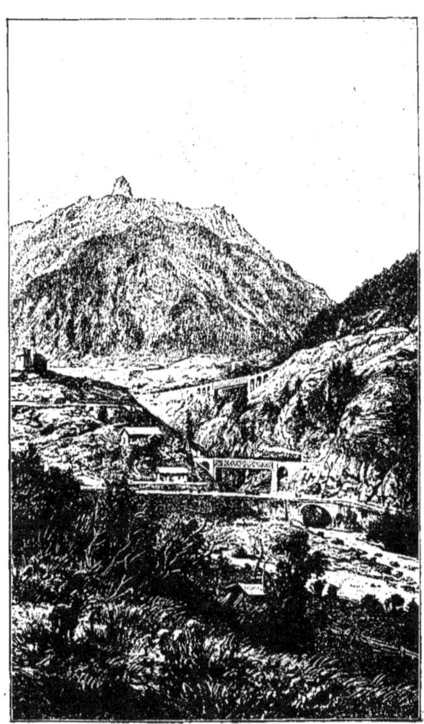

DÉCOMPOSITION D'UN DESSIN EXÉCUTÉ SUR PAPIER LIGNÉ

(PAPIER PROCÉDÉ)

pour servir indistinctement à la reproduction par la photozincogravure (relief) ou par la photolithographie.

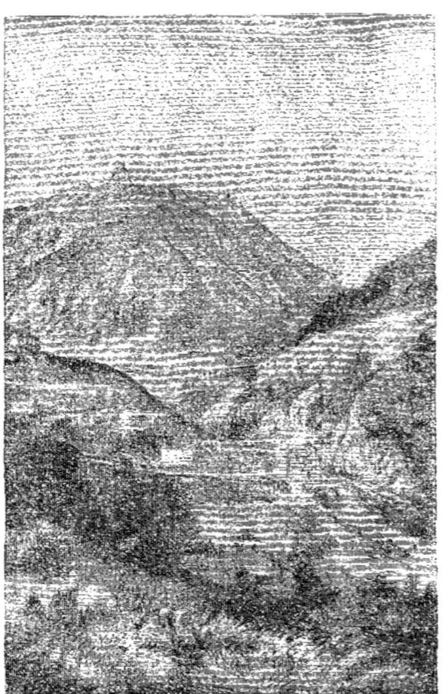

Fig. I.

Partie du dessin exécutée à *la plume* sur le papier ligné.

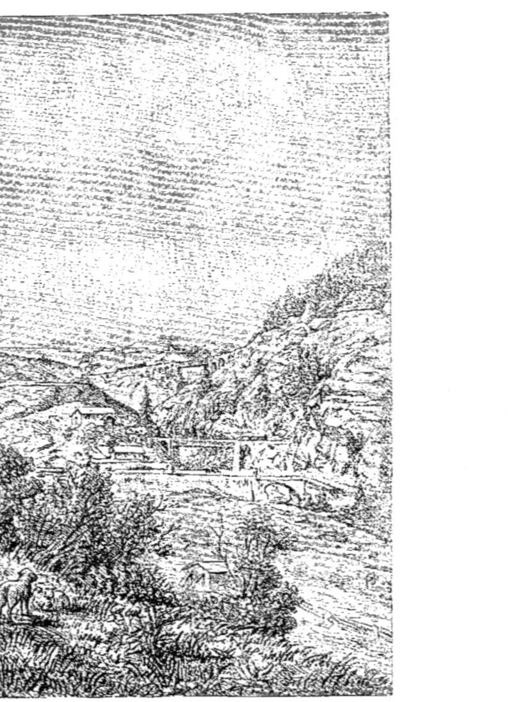

Fig. II.

Partie du dessin exécutée *au crayon*.

Partie du dessin exécutée à *la plume* sur le papier ligné.

Partie du dessin exécutée *au crayon*.

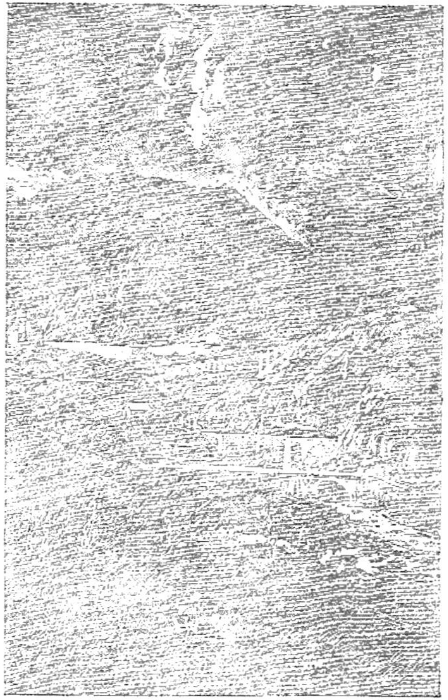

Fig. III.

Demi-grattage donnant les gris légers.

Fig. IV.

Grattage complet donnant les blancs purs

(Voir Chap. II : *Gillotage, Gillotypie, Paniconographie*, etc., pages 33 et suiv.)

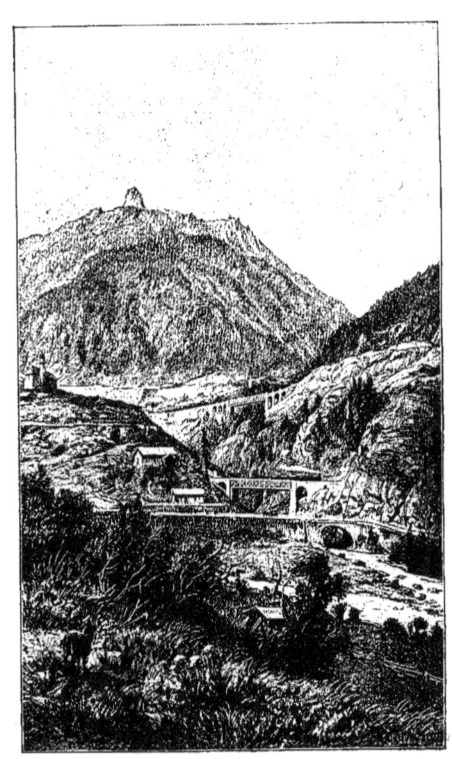

Fig. V.

Le dessin, après les quatre opérations précédentes.

pour cela son titre de belle illustration, sinon toute sa supériorité d'antan, du moins un rang plus en rapport avec son admirable passé.

La photographie vient à elle, pimpante et coquette, lui offrant, faciles à obtenir, et à des conditions de prix très modiques, des épreuves parfaites.

Exactitude des rendus, ressemblance non plus problématique mais absolument garantie, suppression du graveur dans son rôle de copiste, tels sont les avantages du nouveau procédé sur l'ancienne gravure.

Est-ce à dire que nous désirions la disparition du graveur ?

Qu'on ne nous attribue pas cette pensée, incompatible avec notre milieu social où il n'est pas trop de l'union de toutes les forces vives pour aboutir à l'exacte interprétation artistique qui doit être le but de l'imprimerie, et injuste pour un auxiliaire aussi utile que cet artiste dont personne n'osera diminuer les mérites.

Et puis, quelle erreur ce serait ! Pas plus que l'électricité n'a supprimé la vapeur ou que la bicyclette n'a fait dédaigner le cheval, que la machine à composer ne fera disparaître le typographe, la photographie ne saurait supprimer le graveur. Seulement, il serait d'un aveuglement extrême de se refuser à constater ce fait, chaque jour établi, que les progrès des sciences et de l'industrie obligent peu à peu l'ouvrier à s'acheminer vers un rôle moins matériel, dans une voie plus en rapport avec sa nature intelligente.

Outre qu'il n'y a pas péril en la demeure, que rarement un progrès transforme radicalement une industrie avant que l'ouvrier prévoyant ait eu le temps d'orienter ses connaissances vers l'industrie nouvelle, née de la transformation de la précédente, cette situation n'est pas à déplorer et l'on n'a rien à craindre d'elle au point de vue ordinaire des choses. La machine ou le procédé produira avec économie de main-d'œuvre et de temps, c'est vrai ; mais, l'intervention humaine étant toujours indispensable pour conduire, régler et parachever l'œuvre ébauchée par la force matérielle, l'artisan se muera en artiste et ce sera là presque tout le changement apporté.

Le graveur disparaîtra peut-être en tant que copiste ; l'artiste créateur d'œuvres subsistera toujours, et ses efforts, concentrés sur un point unique : la conception, dégagés de cette fastidieuse besogne : la copie, rendront à la lithographie le lustre un peu pâli de ses jeunes années. Cette industrie, lorsqu'on saura enfin le comprendre, trouvera dans la méthode du report photographique, non plus une ennemie, même une concurrente, mais un auxiliaire précieux.

Il y aurait aussi place pour une autre considération : En admettant qu'on ne veuille pas tout laisser faire à la photographie, qu'on ne lui permette pas de reproduire d'emblée le dessin tel qu'il a été exécuté, on peut lui demander de se charger de la grosse besogne que l'artiste lithographe terminera ensuite. On aura ainsi le *summum* d'exactitude possible ; ce n'est pas tant à dédaigner.

Le décalque sur la pierre ou le zinc, étant exécuté faiblement, fournira au

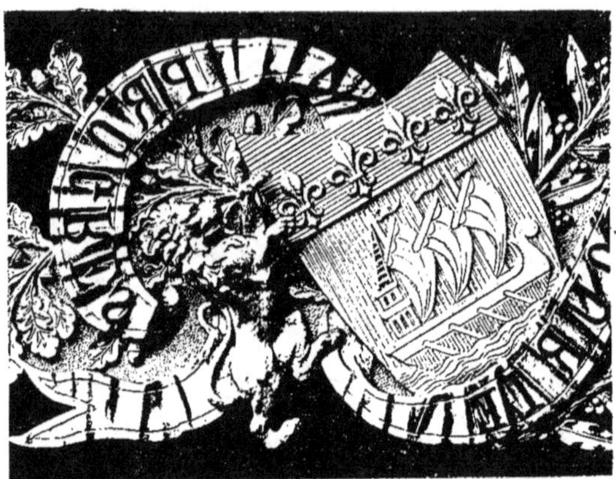

Dessin photographié et décalqué *pour être terminé* par le dessinateur lithographe.

dessinateur lithographe les grandes lignes, les contours, l'ensemble du travail, dont

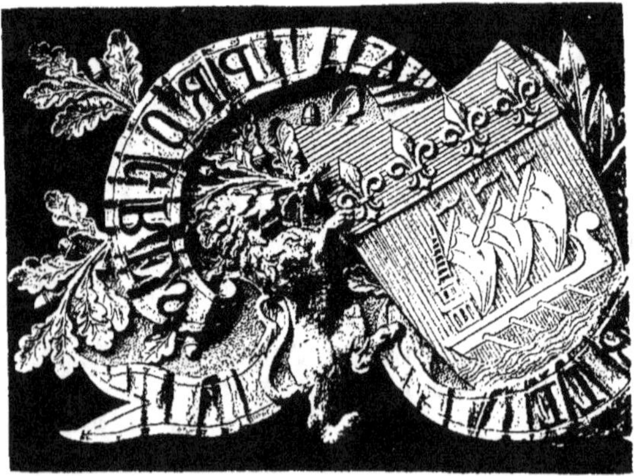

Dessin *complété* à l'aide de la plume et du crayon.

l'opérateur n'aura plus qu'à accentuer les vigueurs, dont il pourra à son gré interpréter le modelé par le crayon, la plume ou le pinceau. Le dessin aura ensuite toute la netteté et la vigueur nécessaires, tout en présentant un caractère d'exactitude bien autrement complet que si l'artiste avait dû tout interpréter.

Les graveurs sur bois ne font d'ailleurs pas autre chose. La photographie leur fait la mise en place, leur dessine admirablement le sujet ; l'échoppe et le burin terminent l'œuvre commencée par le soleil. Il n'est pas même jusqu'aux peintres qui n'emploient la photographie pour faciliter leur travail. Ils en ont jadis tant médit cependant ! Même aujourd'hui n'en médisent-ils plus ?

Qu'on n'oublie pas toutefois qu'en usant du moyen ci-dessus proposé, on n'aura quand même qu'une interprétation, quelque chose comme le reflet — le brillant reflet si l'on veut — de l'œuvre originale, qu'enfin le procédé photolithographique s'offrant à exécuter à lui seul l'œuvre tout entière, assure l'exactitude de la reproduction bien mieux que si l'intervention humaine lui apporte ses chances d'erreur. *Errare humanum est* dut être écrit pour être médité surtout par les artistes, avant de lâcher la bride à leur fantaisie, dans une interprétation que les diversités de tempérament rendront de l'un à l'autre différente et variable.

*
*   *

On sera peut-être surpris que nous donnions tant de développement à un procédé dégénéré, tombé presque dans l'oubli au lendemain même de sa naissance. Les établissements sont rares en effet qui exploitent encore réellement ce procédé, et l'étiquette « Photolithographie » qu'arborent si orgueilleusement les têtes de lettres de quelques-unes de nos imprimeries, pourrait être difficilement justifiée. Les trois quarts du temps elle ne s'applique qu'à une utilisation de la photocollographie. Nous tenions cependant à donner dans cet ouvrage large place à cette branche de la gravure photomécanique, d'abord pour ses services passés, ensuite parce que, persuadé de son utilité, nous gardons l'intime conviction que petit bonhomme vit encore et que nous le reverrons bientôt reparaître, grandi et plus robuste.

Les progrès de la photographie nous ont accoutumés aux surprises. Un jour éclaire le triomphe d'un procédé, le lendemain son agonie. Il a été remplacé par un autre. *Sic transit.....*

Pour l'instant, le procédé photolithographique ne trouve guère d'emploi étendu que dans l'illustration en couleurs. Dans le genre monochrome — en thèse générale, car il y a des exceptions — il est délaissé pour d'autres moins exclusifs que lui qui ne peut guère aborder que le trait. Mais il est d'une application si efficace en chromolithographie qu'on peut bien dire qu'elle lui doit la plus grande partie de son succès, aujourd'hui éclatant.

C'est le jugement d'un homme compétent entre tous, M. Frédéric Hesse, directeur technique des ateliers lithographiques de l'Imprimerie impériale de

Vienne (Autriche), des presses de laquelle est sortie l'admirable planche photo-chromolithographique que nous donnons ici.

« Ce sont, dit-il, les méthodes modernes de reproduction fondées sur l'usage de la photographie qui ont fait que l'impression en couleurs, et principalement la chromolithographie, a atteint le développement actuel inconnu jusqu'alors.

« L'impression lithographique de couleurs, sans le concours de la photographie, ne trouvait jusqu'à présent, chez les artistes, et cela non sans quelque raison, qu'un accueil plutôt réservé. Cependant, au point de vue technique, elle est arrivée à un degré de perfection qu'il serait difficile de surpasser et qui mérite une approbation absolue, eu égard aux ressources bien limitées dont le chromolithographe dispose, puisque, avec quinze à vingt planches, il arrive à combiner des centaines de couleurs et de nuances diverses. Mais l'art du chromolithographe est borné par des limites que celui-ci, malgré sa bonne volonté et son savoir, ne saurait franchir.

« Ainsi, pour la reproduction en couleurs d'un objet compliqué, il devra se contenter d'atteindre l'effet général, dans l'impossibilité où il se trouve d'arriver par les moyens dont il dispose à fixer toutes les finesses caractéristiques des détails ; ce sont précisément ces finesses, telles que les empâtements de la peinture à l'huile, les traits de pinceau, voire même la structure de la toile ou du papier, enfin tous ces menus détails innombrables qui rendent l'œuvre si attrayante, car elle rend jusqu'aux moindres détails avec une fidélité admirable. Or, de nos jours, par une combinaison pratique de la lithographie et de la photographie, par la photolithographie, on arrive à faire des reproductions approchant au moins de l'original, si même elles ne l'égalent pas. »

Cette conclusion est éloquente et dispense de commentaires.

* * *

Polychrome ou monochrome, le procédé peut rendre de signalés services. C'est pourquoi nous souhaitons vivement d'en voir généraliser l'emploi.

Qu'on ne nous objecte pas qu'il faut, pour l'utiliser convenablement, que le lithographe ait fait au préalable de longues études spéciales et que, la plupart du temps, il manquera du matériel nécessaire. Non, quelques essais suffiront et quant à l'opération photographique, s'il n'est pas photographe lui-même, à une époque où tant de gens le sont plus ou moins, quels inconvénients verrez-vous à ce qu'il la confie à un professionnel ? Nous ne voulons point être aussi optimiste que M. Geymet, qui, dans son excellent traité de photolithographie, assure aux photographes que « la lithographie peut être exécutée sans études préalables » par une main adroite, qui en deux ou trois jours sera faite au rouleau, et qu' « il ne faut pas croire aux prétentions des gens du métier ».

A chacun son métier : si le lithographe n'est point en même temps photo-

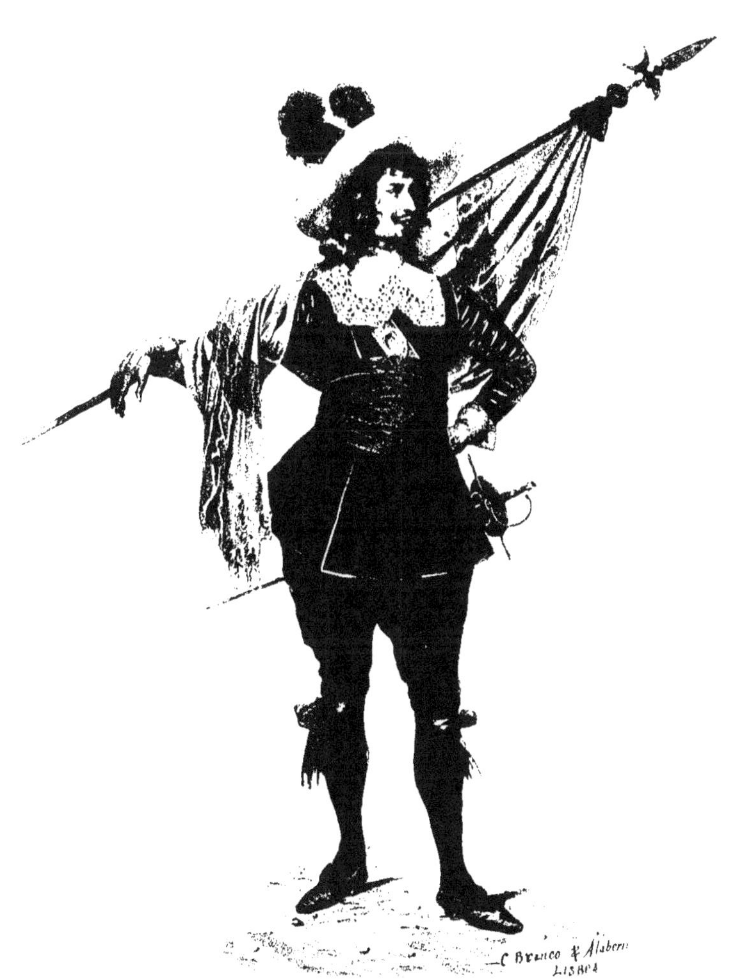
C Branco & Alabern
LISBOA

graphe, et bon photographe, il est évident qu'il devra s'adresser à un spécialiste pour la première partie du travail. Des maisons spéciales, et généralement tous les établissements de reproductions photomécaniques lui épargneront même les insuccès possibles, en lui fournissant, à des prix très minimes[1], le report photographique prêt à être imprimé.

L'essai est donc à faire, à poursuivre plutôt. Le procédé est facile et peu coûteux. Puissent quelques-uns de nos intelligents confrères le tenter ; ils seront surpris des résultats acquis et comprendront alors toute la vérité de cette assertion, si souvent répétée, que la photographie et la lithographie peuvent fort bien, sans préjudice réciproque, sans rivalité et, au contraire, avec profit pour toutes les deux, vivre côte à côte et trouver dans le vaste domaine de l'art de quoi satisfaire leurs justes aspirations et leurs légitimes tendances.

*
* *

On pourra se rendre compte assez exactement de ce que peut le procédé, par l'examen des planches spécimens que nous présentons ici.

La première : *Des Paysans*, montre la photolithographie dans la reproduction d'un dessin au trait. Elle a été exécutée sur zinc, par insolation directe de la planche, d'après une gravure à l'eau-forte.

A la vérité, cette reproduction d'une eau-forte n'offrait pas de très particulières difficultés, mais on pouvait se demander si la photographie respecterait les multiples grignotis du burin sans en diminuer ni exagérer les valeurs et, partant, si l'épreuve qu'elle produirait aurait l'allure de l'œuvre reproduite. La photographie s'en est tirée à son honneur et, dans l'ensemble, a fort bien rendu le caractère général de l'estampe. Néanmoins, nous constatons quelques légers manquements que nous voulons signaler à nos lecteurs qui, n'ayant pas comme nous l'original sous les yeux, ne pourraient les apercevoir. Dans toute l'estampe originale, sauf en ce qui concerne le tablier du personnage qui se présente de dos, il n'était pas un espace, fût-il grand d'un millimètre, qui ne fût couvert d'un point ou d'un trait. Dans la planche que nous donnons, au contraire, les figures et les mains des personnages sont peu ombrées ; elles manquent de modelé, celles du personnage de droite surtout, et cela donne quelque crudité au tableau. L'auréole blanchâtre

---

[1] Photolithographie d'après dessin au trait, épreuve d'impression, taille-douce, cartes, plans, etc. ; dentelles, broderies, rideaux en guipure, d'après nature, etc., le centimètre carré : 4 centimes.

Photolithographie d'après un objet en nature, une photographie, un lavis, une aquarelle, etc., le centimètre carré : 10 centimes.

Ces prix sont des prix moyens et varient suivant la nature des originaux. Ils s'appliquent à la livraison du report sur le zinc photolitho prêt au tirage.

qui se voit sur le mur, derrière les têtes des deux hommes de droite, était aussi bien moins marquée dans l'original ; le graveur avait placé à cet endroit un pointillé microscopique, lequel pointillé, au tirage, essuyé par le tampon de l'imprimeur, ne s'était pas traduit par un noir franc et n'avait plus laissé que de petits points jaunâtres sur le papier jaunâtre aussi. La photographie qui aime les contrastes, le noir tranchant dru sur le blanc, a-t-elle négligé ces détails ? Les a-t-elle, peut-être, traduits faiblement et ont-ils disparu dans les opérations d'acidulage de la plaque ? Nous ne le pourrions dire, mais en faisant constater leur absence, nous voulons aussi faire remarquer qu'il eût été facile, très facile, de les rétablir sur le zinc et, par une enfantine retouche, un semis de petits points, de retrouver le modelé qui manque. Nous avons tenu à ce que le remarquable établissement qui a exécuté cette planche, la livrât sans retouches, car nous voulions montrer avec sincérité, sans maquillage trompeur, ce que pouvait, d'un premier jet, la photolithographie entre des mains habiles.

La deuxième planche, une *Nature morte*, a été exécutée d'après nature et montre le procédé dans la reproduction d'un sujet à demi-teintes. Elle a été obtenue sur pierre lithographique, par transfert ou décalque. L'épreuve qui a servi à ce report était non une épreuve tirée d'un cliché typographique, qui donne toujours un résultat médiocre, mais le produit d'une application photographique spéciale sans morsure.

A première vue, l'épreuve en question paraît provenir d'un tirage effectué sur un cliché de similigravure ou autotypie ; le réseau est cause de cette confusion qui ne résiste pas à un examen tant soit peu approfondi. Telle qu'elle se présente, cette planche est fort belle et offre des résultats certainement bien supérieurs à ceux qu'on aurait pu obtenir dans une reproduction du même sujet par un procédé à base typographique, par l'autotypie ou similigravure, puisque ce procédé est le seul qui puisse typographiquement aborder la reproduction des sujets à demi-teintes continues. Elle a plus de moelleux, plus de fondu ; elle a le charme et la distinction artistique de la lithographie dont elle emprunte les manières.

On pourrait peut-être souhaiter à cette gravure un peu plus de vigueur. Les blancs y sont un peu noyés. Il manque dans tout cela quelques lumières qui eussent fait vibrer l'ensemble : par elles, l'épreuve eût été, sinon sans critique possible, du moins bien autrement belle, encore que le résultat qu'elle offre soit déjà assez séduisant et qu'on s'en puisse aisément contenter. N'importe ! c'est le défaut de la photolithographie de produire des tirages ternes, gris, presque toujours sans fortes oppositions, les blancs absolus n'y étant possibles que s'ils sont pratiqués après coup, par une retouche manuelle. Nous avons dit pourquoi il en était ainsi : nous avons dit que lorsqu'elle n'est pas le produit d'un simple

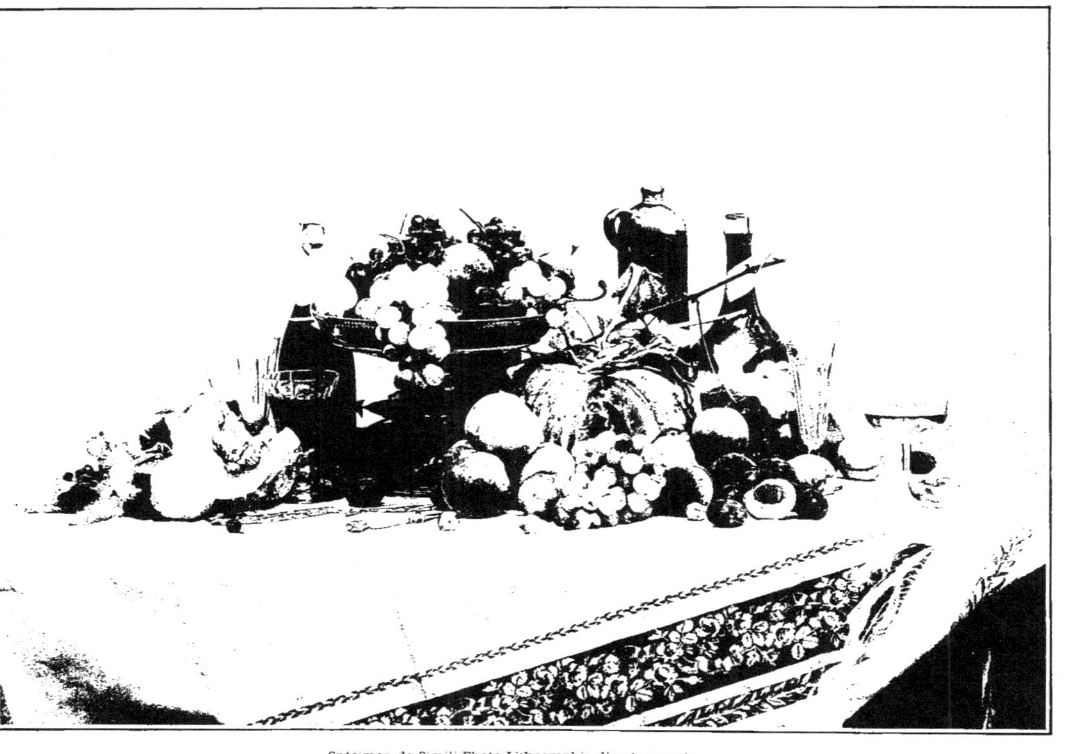

Spécimen de Simili-Photo-Lithographie directe sur pierre

De la SOCIÉTÉ LYONNAISE DE PHOTO-CHROMO-GRAVURE

Anciens Établissements B. DELAYE, L. HEMMERLÉ & Cⁱᵉ, 6, Rue de la Grande-Famille, LYON

décalque sur pierre d'une épreuve obtenue d'un procédé de phototirage typographique — moyen souvent médiocre, le trait s'épaississant, écrasé à l'opération du report — la photolithographie utilisait le « premier état » d'une planche. En cet état, aucune morsure n'a encore été faite ; or, la morsure n'étant autre chose qu'une sorte de finissage, de mise au point, de retouche, les différents plans se confondront, le tout sera forcément grisaillant, sans vigueur. En photolithographie ces défauts se retrouveront, plutôt accentués même : il faudra donc ici l'intervention du dessinateur lithographe qui, sur la pierre ou le zinc, ménagera les blancs absolus, opération difficile, longue et dangereuse, qu'on devra conduire avec un réel sentiment artistique.

Faisons remarquer que le procédé employé à la confection de cette planche est un de ceux qui ménagent le plus les différentes valeurs du sujet, un de ceux où les blancs se dégagent le plus purement, aussi purement que le permettent les travaux faits jusqu'à ce jour.

La troisième planche montre le procédé dans l'impression en couleurs, plus particulièrement dans l'impression lithographique aux trois couleurs.

Nous avons présenté dans un précédent spécimen une photochromolithographie de l'Imprimerie impériale de Vienne, une utilisation partielle de la photographie dans l'impression polychrome. Trois planches sur huit avaient utilisé le concours de l'objectif. Ici, trois planches seulement, toutes trois absolument produites par la photographie, ont été nécessaires. C'est donc une application à la lithographie de la méthode des trois couleurs. Le résultat est loin d'être insignifiant, si l'on considère le petit nombre de coups de presse nécessités.

Il ne faudrait pas, cependant, examiner cette planche au seul point de vue du rendu artistique ; surtout, ne pas oublier qu'on se trouve ici en présence de circonstances spéciales, que la raison d'économie prime les autres, et que, somme toute, l'application vise les impressions commerciales, non celles qui exigent une exécution hautement artistique.

On pourrait sans cela reprocher à ces sortes d'impression d'être, tout d'abord, d'allure un peu lourde. Nous ne prétendons pas les laver de ce reproche : le report alourdit le trait, mais il faut considérer que ce report est un tour de main, ni plus ni moins qu'un tour de main, et que, s'il est bien pratiqué, le défaut signalé sera peu considérable. Nous avons vu nombre de reproductions issues de cette méthode — une entre autres, une *Cueillette de raisins*, de la même maison qui a exécuté celle ici donnée — qui étaient des merveilles de légèreté et de délicatesse, et ne se distinguaient en rien de celles directement tirées sur les clichés typographiques qui avaient fourni le report.

On reproche souvent aussi à ces images des défauts de coloris. Ce sera sans doute le cas de celle qui nous occupe. A certains points de vue, le rouge domine trop, et le bleu assombrit l'ensemble. Le procédé est impeccable, mais il est neuf et pour cela il peut être — ou paraître — peu sûr. Il arrivera donc que le défaut signalé sera réellement imputable à la reproduction ; d'autres fois, en revanche, il relèvera de l'original. On examine trop souvent ces reproductions tricolores au seul point de vue de l'effet général obtenu et, l'esprit prévenu par le souvenir des manifestations primesautières de la méthode, on s'écrie trop vite — ou trop volontiers — : « Comme c'est violacé ! » ou, moins charitablement encore : « Comme tout cela hurle! » Notre conviction est que le jugement porté serait moins dur si on pouvait rapprocher l'original de la reproduction. Malheureusement on n'a que rarement occasion de faire cette instructive comparaison.

Consultez, quant à la Photolithographie, les ouvrages suivants :

DE LA BAUME-PLUVINEL. — *La Théorie des Procédés photographiques.* Paris, Gauthier-Villars et fils, G. Masson, éditeur. (*Encycl. scientifique des Aide-mémoire*).

FÉRY (Charles) & Dr A. BERNIS. — *Traité de Photographie industrielle, théorie et pratique.* Paris, Gauthier-Villars et fils, 1896.

EISA (A.). — *Traité pratique des impressions photomécaniques,* Ire partie : *La Photolithographie.* Paris, Charles Mendel.

FORTIER (G.). — *La Photolithographie, son origine, ses procédés, ses applications.* Paris, Gauthier-Villars, 1876.

GRYMEL. — *Traité pratique de Photolithographie,* 3e édition. Paris, Gauthier-Villars et fils, 1888.

LEMERCIER (Alfred). — *La Lithographie française de 1796 à 1896 et les arts qui s'y rattachent.* — Paris, Bulletin de l'Imprimerie.

VIDAL (Léon). — *Traité pratique de Photolithographie.* Paris, Gauthier-Villars et fils, 1893.

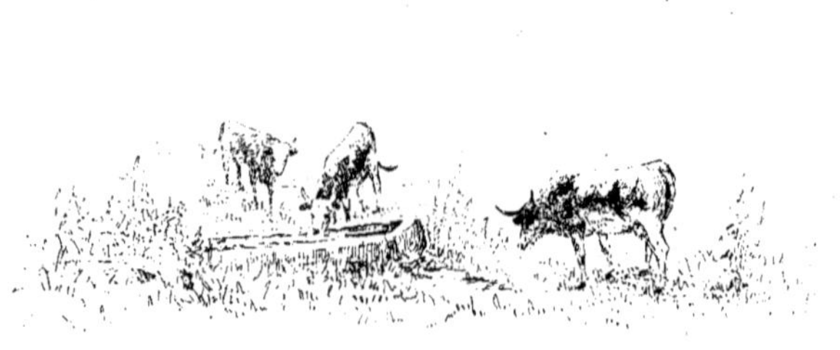

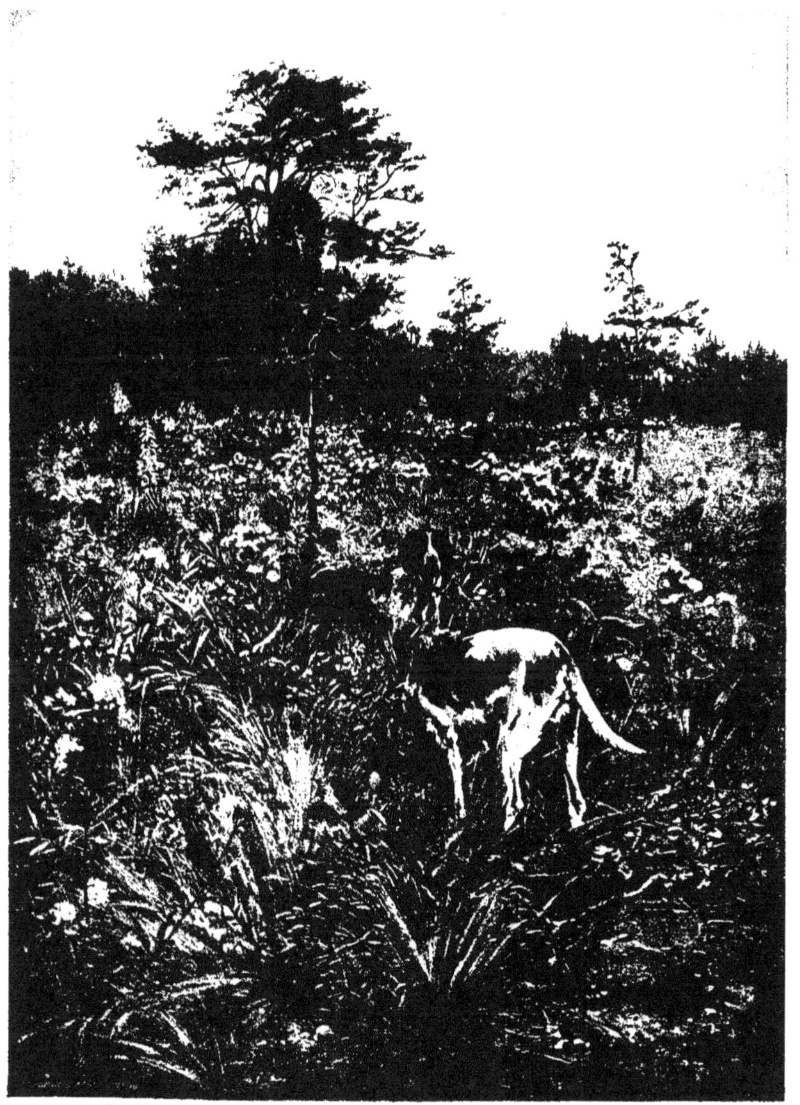

Photochromolithographie, report sur pierre d'épreuves obtenues par le procédé des trois couleurs.
Clichés de la maison Husnik & Häusler, à Prague (Bohême).

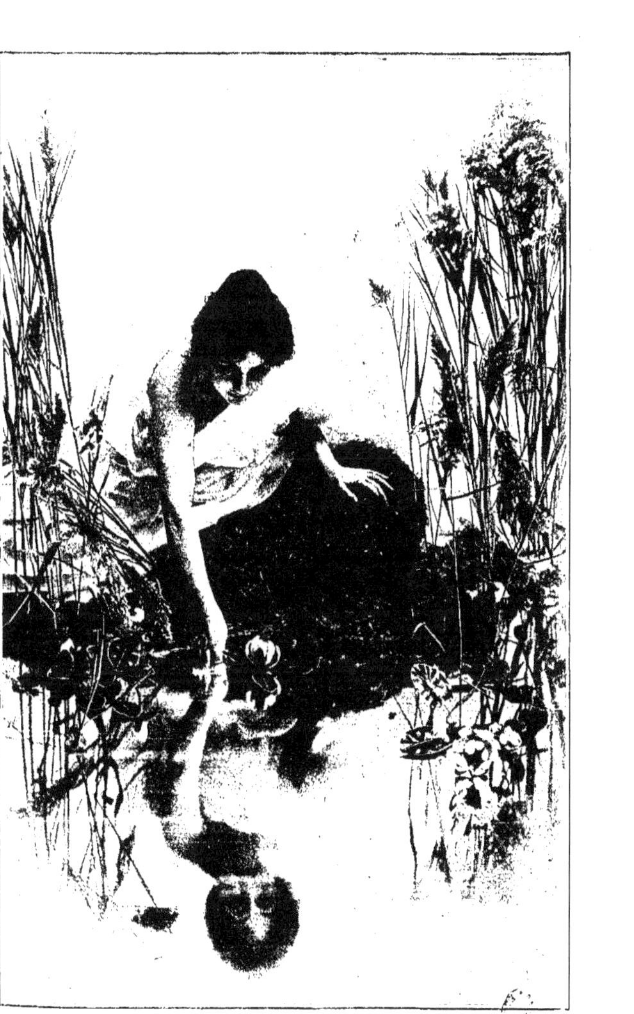

Composition de MM. d'Illas & Jacom, photographes, 3, rue du Mont-Blanc, Genève

Autotypie de Brooke & Kuhn, à Genève.

CHAPITRE VI

*Photoplastographie, Hélioplastie, Woodburytypie,
Hélioglyptie, Photoglyptie.*

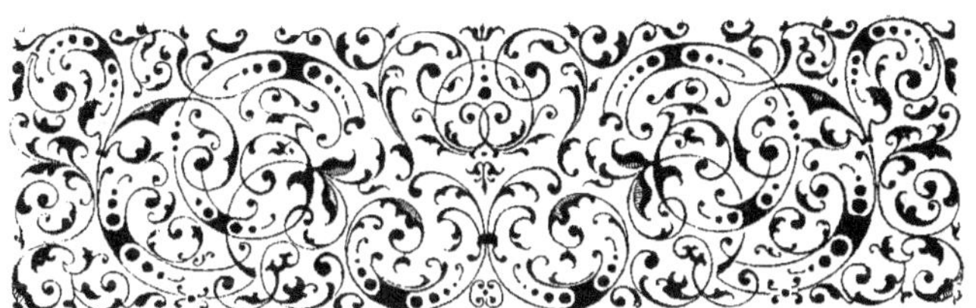

CHAPITRE VI

Photoplastographie, Hélioplastie, Woodburytypie, Hélioglyptie, Photoglyptie.

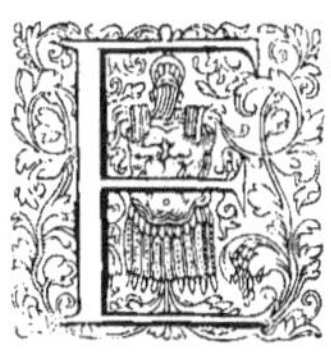NCORE un procédé dégénéré! Le précédent avait pour lui ceci qu'il a conservé assez d'énergie pour se manifester en quelques circonstances où il rend d'importants services; puis, un regain de faveur paraît l'accueillir qui, peut-être, le remettra en honneur. Celui-ci est, sinon irrémédiablement, du moins complètement disparu de la circulation; emporté par la poussée de ses concurrents, il n'est plus qu'un souvenir. Il y a quelque quinze ans, on raffolait de lui; il était le procédé élégant qui primait toutes les autres tentatives, et des entreprises considérables l'exploitaient à l'envi, gardant jalousement les secrets qui présidaient à sa mise en œuvre. Aujourd'hui, plus rien! Plus un atelier en France où s'en fasse l'exploitation; à peine, à l'étranger, un ou deux établissements qui le pratiquent encore. Les prophètes ont été mal inspirés cette fois; la photoglyptie est en pleine faillite!

Regrettant cette disparition d'un procédé qui, remanié dans ses formules et dans ses applications, pouvait être d'extrême utilité, nous voulons l'examiner dans ses détails, cet examen devant être plein d'enseignements pour nous. L'ingéniosité avec laquelle se produisait cette victime du progrès, du temps et de la fatalité des choses est assez surprenante pour que cette réminiscence ne soit pas condamnée. D'ailleurs, rien ne prouve qu'invoquant encore une fois la raison de progrès qui a fait disparaître cette application de la photographie à l'imprimerie, on ne se reprenne demain d'un culte fervent pour ce que l'on brûlait hier et que, sous une forme modernisée, rajeunie, on ne ressuscite quelque jour la méthode aujourd'hui dédaignée.

La mode a de ces subites volte-face qui ne doivent pas surprendre.

* *

Le point de départ du procédé fut une découverte de Poitevin, qui la dénommait : *hélioplastie*. Woodbury, de ce principe, imagina un procédé d'impression auquel il donna son nom : ce fut la *Woodburytypie*. L'invention devint ensuite l'*hélioglyptie*, la *photoglyptie*. Enfin, un peu tard, à notre avis, puisque le procédé n'était presque plus en usage ! les congrès photographiques de 1889 et 1891 l'étiquetèrent : *Photoplastographie*.

Encore une fois, il nous faut faire un choix dans le vocabulaire toujours si généreusement, si fastidieusement attribué à chaque méthode de photo-tirage. Nous emploierons le terme sous lequel cette gravure fut le plus connue en France : *Photoglyptie*, pour la désigner au cours de notre étude.

* *

Et d'abord, qu'est-ce que la Photoglyptie ?

C'est un procédé d'impression permettant au moyen de matrices en creux, réalisées à l'aide de la photographie, et en employant une encre formée par de la gélatine colorée, diluée dans de l'eau, d'obtenir des images semblables à celles que produit le procédé dit *au charbon*, dont il est en quelque sorte la mise en œuvre mécanique.

La photoglyptie est un procédé extrêmement surprenant, tant par la façon dont s'obtient la planche qui doit servir à l'impression que par le tirage lui-même. Ici, point de mise en train, pas de rouleau ni de tampon, mais une impression où l'encre est vidée « à la cuillère à pot », où l'épreuve s'obtient sur une presse en façon de « moule à gaufres » ! Ni plus ni moins, et malgré si peu de précautions, des moyens aussi primitifs, une image qui rend les douceurs, les finesses d'une véritable photographie, qu'elle imite avec tant de fidélité que même des professionnels pourront s'y méprendre.

La donnée de l'invention, le principe sans lequel elle n'existerait pas, appartient encore à Poitevin. Le savant français, en 1855, faisait breveter son *procédé hélioplastique*, lequel consistait à utiliser l'action de la lumière sur des surfaces gélatino-bichromatées pour produire des reliefs et des creux assez résistants pour être ensuite moulés par la galvanoplastie. Plus tard, il eut l'idée d'appliquer sa découverte à la reproduction des médailles. En 1864 enfin, il présentait à la Société de photographie un procédé qui consistait à couler dans les creux par lui obtenus, de la gélatine colorée chaude qu'il recouvrait d'une feuille de papier et qu'il compressait fortement ; la gélatine, en se refroidissant, adhérait solidement au papier et, sortie du moule, donnait par ses différentes épaisseurs de matière colorée une reproduction assez exacte de la photographie.

Un habile inventeur anglais, Woodbury, imagina de tirer parti des moulages de Poitevin en créant le procédé d'impression mécanique dit *photoglyptique*. Il trouva, lui, la méthode pratique, exploitable industriellement, terminant ainsi, de toutes pièces, le projet ébauché par Poitevin.

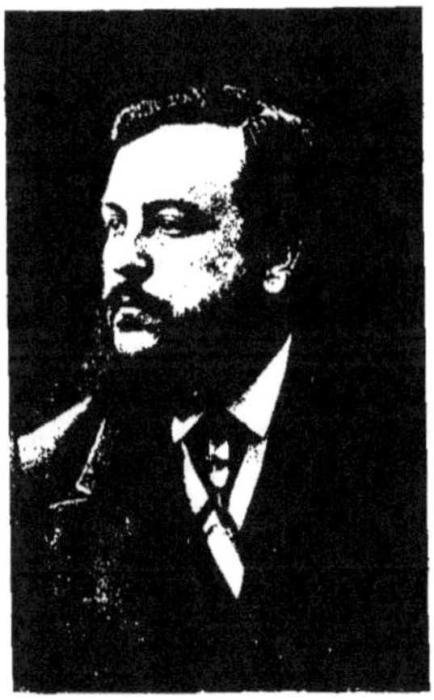

La mise en pratique du procédé se divise donc en deux opérations bien distinctes :

La première, qui permet de produire la formation du relief hélioplastique de Poitevin ;

La seconde, qui, utilisant ce relief, en obtient une empreinte en creux qu'il suffit de garnir d'une encre gélatineuse colorée pour pouvoir en tirer des épreuves. C'est l'invention de Woodbury.

Nous allons suivre, en quelques rapides explications, chacune de ces opérations :

Pour obtenir le relief qui servira à la production du moule-planche, on insole sous le négatif du sujet à reproduire, une couche de gélatine bichromatée. Le phénomène habituel se produit : la lumière, traversant les différentes valeurs du négatif, insolubilise la gélatine plus ou moins profondément suivant l'intensité de ces valeurs. La feuille de gélatine, séparée du négatif, est ensuite étendue sur un support pour qu'elle ne se déforme pas et, dans cette position, est plongée dans l'eau tiède. La chaleur dissout alors la gélatine non

M. WOODBURY,

d'après une photographie communiquée par la « Woodbury Permanent Photographic Printing Company » de Londres.

influencée par la lumière, et cela à des profondeurs variables, exactement proportionnées aux valeurs du cliché négatif reproduit. Enfin, au sortir du bain, la gélatine est rapidement séchée à l'alcool méthylique.

On a, par les opérations ainsi pratiquées, obtenu une sorte de diaphanie aux reliefs si résistants, aux arêtes si vivement tranchantes, qu'elle peut servir de *coin* et être enfoncée par pression dans un bloc de plomb sans subir la moindre altération.

Cette opération de *contre-moulage* nous fait aborder la seconde phase du procédé, celle — non moins importante — à laquelle Poitevin reste à peu près étranger et dont tout l'honneur revient à Woodbury.

Sur le relief en gélatine, on place une feuille mince de métal mou, plomb et bismuth, et le tout, porté sur le plateau de la presse hydraulique, est soumis à une pression considérable. Dans ses plus infimes détails, sans qu'il y ait à craindre la moindre déformation, la pellicule de gélatine s'imprime dans le métal qui devient ainsi le moule en creux de l'image. C'est ce moule, délicatement gravé par une force brutale, qui va servir de planche à l'imprimeur photoglyptique.

Ici, surtout, la manœuvre devient bizarre :

Le moule ayant été légèrement graissé, on verse à même son milieu l'encre que forme une solution chaude de gélatine additionnée d'eau et à laquelle on a incorporé une substance colorante. On recouvre d'une feuille de papier spécialement encollé et à l'aide d'une petite presse particulière à ce genre de phototirage, on soumet le tout à une forte pression qui laisse échapper par les bords l'excédent de gélatine ; on laisse refroidir, l'encre se prend en gelée, adhère solidement au papier, et, la pression retirée, lorsqu'on enlève la feuille, la suit, abandonnant le moule. Cette fois, le bas-relief s'est transporté sur le papier ; il y est avec tous ses reliefs, peu accusés certainement, formés qu'ils sont d'une couche de gélatine d'épaisseur inappréciable, mais assez sensibles cependant pour donner par leur plus ou moins de transparence sur le blanc du papier les différentes gradations de lumière du sujet. Là où les creux étaient profonds, l'épaisseur d'encre gélatineuse produit les grands noirs. Dans les parties de niveau qui n'ont pas retenu d'encre, le papier seul apparaît et donne les blancs purs. Bref, dans toutes les différentes parties de l'épreuve, les teintes ou demi-teintes sont rendues par la plus ou moins grande abondance de l'encre, celle-ci se proportionnant avec le plus ou moins de creux de la portion correspondante du moule.

Les épreuves sont ensuite séchées, fixées à l'alun, lavées à grande eau et séchées de nouveau. Les marges, malheureusement toujours sacrifiées, parce qu'elles sont salies par les bavures de l'encre chassée du moule, sont enlevées aux ciseaux, et l'épreuve, montée sur carte, est terminée.

Pour ne pas embrouiller notre exposé de la marche suivie pour aboutir à la production d'images photoglyptiques, nous avons négligé certains détails sur lesquels nous croyons devoir maintenant revenir.

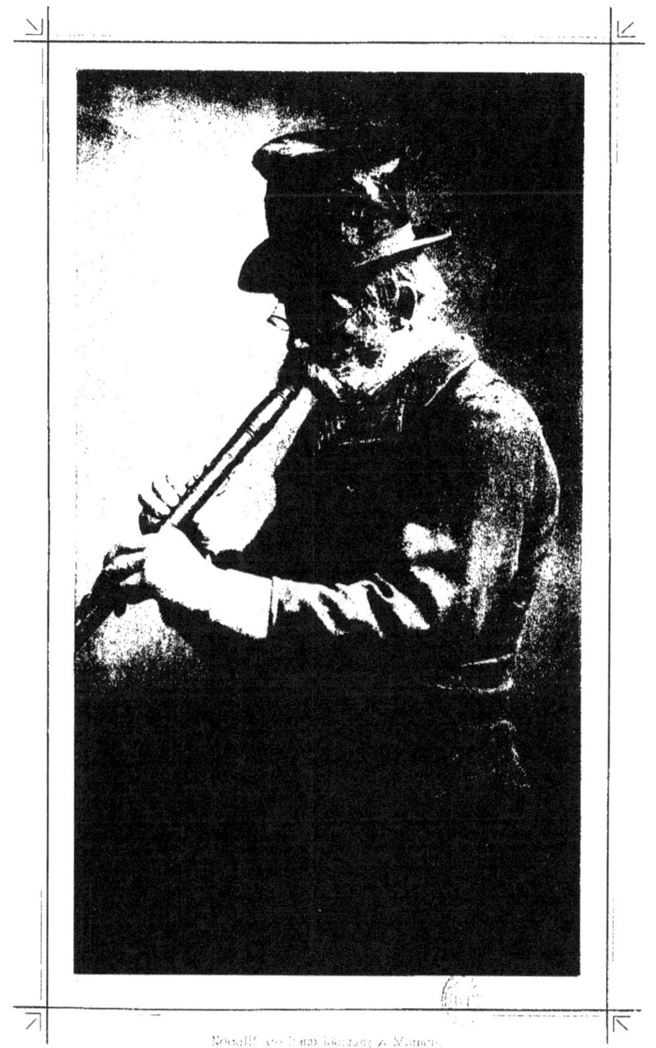

Photographie des J. B. Obernetter, München (Schilfenstrasse).

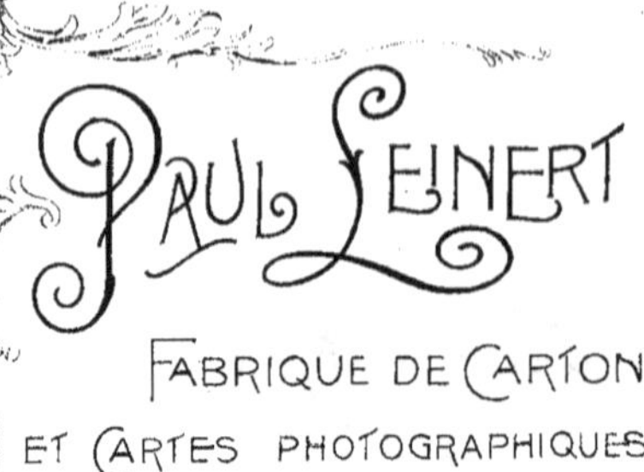

PAUL LEINERT
FABRIQUE DE CARTONS
ET CARTES PHOTOGRAPHIQUES
TE TOUT ESPÈCE
PLUSIEURS RÈCOMPENSES
FONDÉ 1885.
DRESDE A.

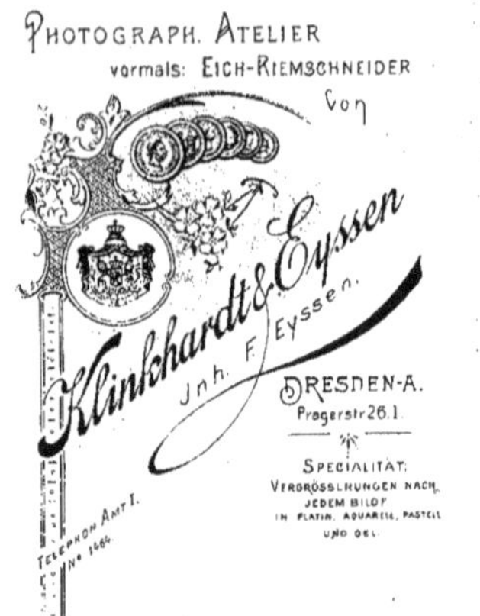

PHOTOGRAPH. ATELIER
vormals: EICH-RIEMSCHNEIDER
von
Klinkhardt & Eyssen
Inh. F. Eyssen.
DRESDEN-A.
Pragerstr 26.1.
SPECIALITÄT:
VERGRÖSSLRUNGEN NACH
JEDEM BILD
IN PLATIN, AQUARELL, PASTELL
UND OEL
TELEPHON AMT I.
No 1566

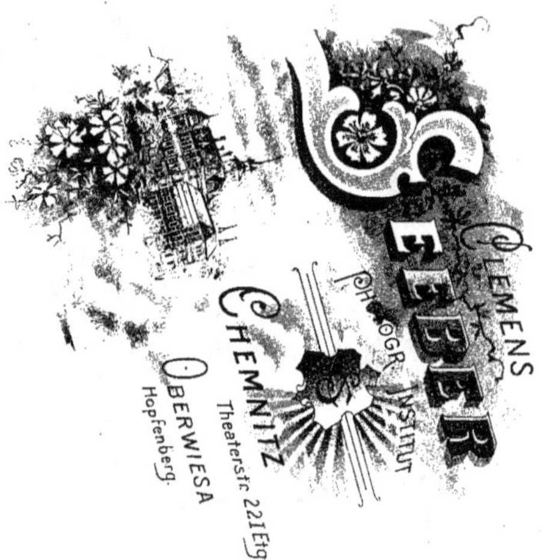

CLEMENS
SEEBER
PHOTOGR. INSTITUT
CHEMNITZ
Theaterstr. 22 I Etg.
OBERWIESA
Hopfenberg.

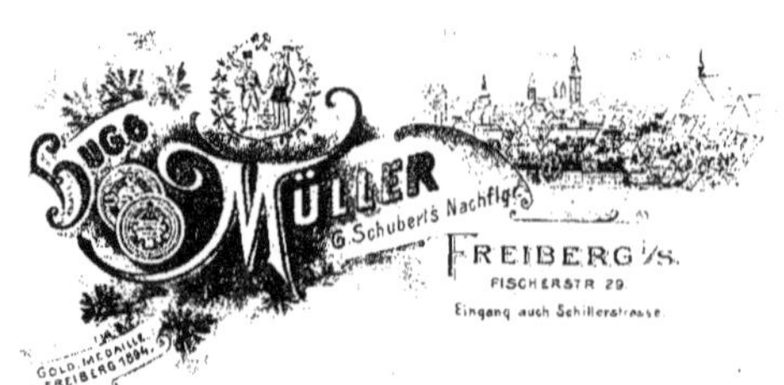

HUGO MÜLLER
G. Schubert's Nachflg.
FREIBERG i/S.
FISCHERSTR 29
Eingang auch Schillerstrasse.
GOLD MEDAILLE
FREIBERG 1894.

Au sujet de la pression nécessaire pour obtenir l'empreinte en creux de la gélatine dans le métal, nous avons simplement dit qu'elle devait être considérable. Complétons cette indication :

Cette pression est en raison directe de la grandeur de la planche à comprimer, car il est bien évident que l'effort nécessité par une petite plaque ne sera pas le même que celui que fera dépenser une planche de grandes dimensions. On a calculé que cet effort devait être d'environ 500 kilogrammes par centimètre carré. Aux premiers temps du procédé on allait même jusqu'au double ; on employait une pression d'une tonne par centimètre carré. Le chiffre de 500 kilogrammes est déjà cependant fort éloquent, et on se rendra bien compte de la très forte puissance que doit posséder la presse hydraulique qui sert à ces opérations, lorsqu'on réfléchira que pour obtenir une planche de la grandeur de ce livre ouvert, il faut déployer une énergie de 600,000 kilogrammes. Et c'est une simple feuille de gélatine, d'épaisseur moindre que celle d'une pelure d'oignon qui, sans broncher, fait sa trouée dans un métal offrant une certaine résistance, sans s'altérer le moins du monde, prête à resservir à une deuxième, à une troisième épreuve. N'est-ce pas chose merveilleuse que ce phénomène : l'action de la lumière influençant, au point de la durcir ainsi, une substance telle que la gélatine.

La presse qui sert à l'impression photoglyptique est construite d'après le principe de la presse à bras typographique. Comme dans celle-ci, la pression est donnée par un plateau s'abattant et maintenu en place au moyen d'un bras ou levier. Elle a quelque analogie avec la presse à copier les lettres ; on peut même se servir de cette dernière pour tirer des épreuves de planches de très petites dimensions, à la condition que la presse à copier qu'on fera servir à cet usage soit de construction solide et très soignée et que ses deux plateaux soient d'un parallélisme rigoureusement exact.

Dans la pratique industrielle, pour éviter la perte de temps qu'il y aurait à attendre le refroidissement de la gélatine pour passer à la production d'une autre épreuve, on travaille sur plusieurs presses à la fois.

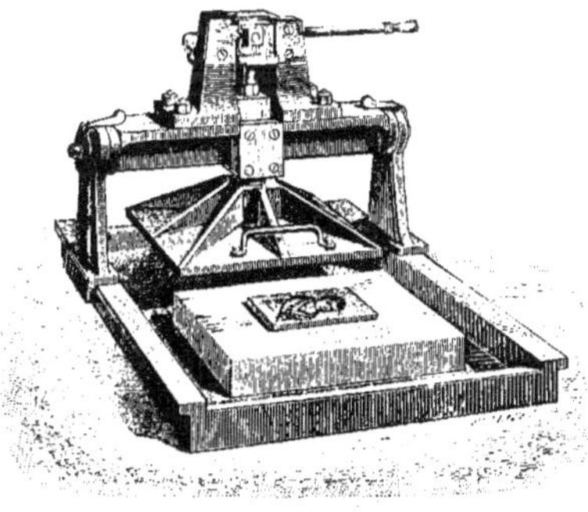

PRESSE PHOTOGLYPTIQUE.

On a imaginé une sorte de table tournant sur un pivot et garnie de cinq, six ou huit presses ; sans attendre les quatre ou cinq minutes que demande dans des conditions de température normale la gélatine pour se figer, l'ouvrier peut passer d'un appareil à l'autre, retirant la feuille impressionnée et en plaçant une nouvelle après avoir de nouveau garni d'encre le moule. La production avance ainsi rapidement, aussi rapidement que le permettent des moyens si simplistes.

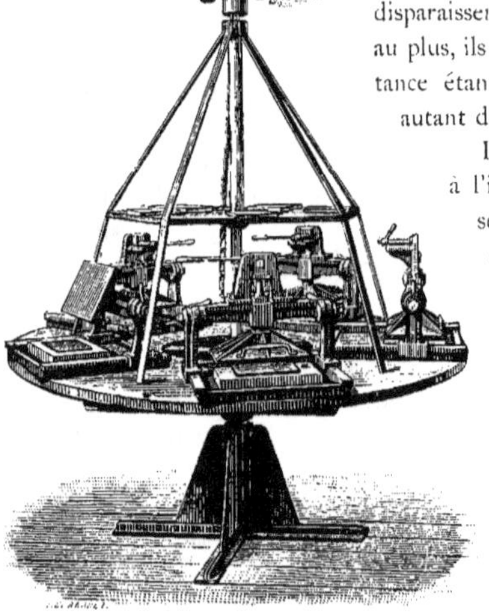

Les moules de plomb mou s'altèrent à l'impression. Ils s'usent à la longue ; les demi-teintes et les finesses disparaissent peu à peu, et au bout de 250, 300 épreuves au plus, ils doivent être remplacés, chose de peu d'importance étant donné qu'on peut obtenir, du même relief, autant de contre-moules qu'on le désirera.

Le papier ordinaire ne peut pas servir tel quel à l'impression photoglyptique. Son encollage ne serait pas suffisant pour lui permettre de résister à l'action de l'eau chaude de l'encre gélatineuse. On lui fait donc subir, au moins sur celle de ses faces qui doit recevoir l'impression, une préparation destinée à augmenter son imperméabilité et aussi à faciliter l'adhérence de l'encre gélatineuse à sa surface. Cette opération se réduit à un encollage à la gomme-laque et à un badigeonnage du papier avec une teinture alcoolique de benjoin et de résine. Disons aussi que, quelquefois, pour donner à l'épreuve finale le ton rosé des épreuves photographiques au chlorure d'argent, on incorpore à cette teinture

TABLE TOURNANTE A PRESSES PHOTOGLYPTIQUES.

quelques traces de carmin ou de garance. Cette teinte donnée au papier n'est pas de règle absolue, car l'on imprime en photoglyptie de toutes couleurs, mais cette tonalité rose est recherchée lorsqu'on a en vue l'imitation complète de la photographie. Le papier, fortement satiné après les opérations qui précèdent, est propre à l'impression.

L'encre est formée d'une dissolution de gélatine dans de l'eau, additionnée d'une substance colorante réduite en poudre impalpable : encre de Chine, alizarine, purpurine, etc., etc., variant avec la teinte recherchée, variant aussi dans ses proportions selon le plus ou moins de creux du

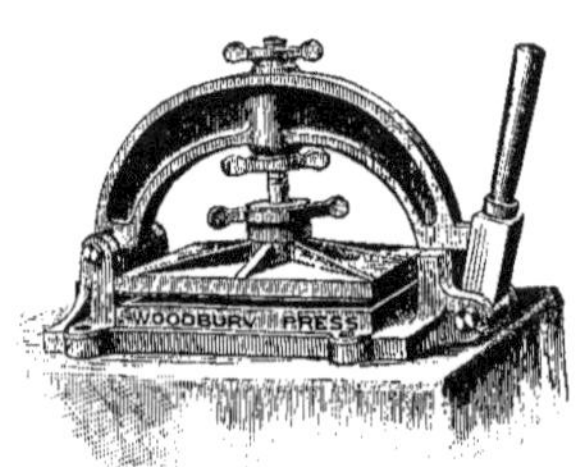

AUTRE PRESSE PHOTOGLYPTIQUE.

moule. La dissolution filtrée est mise en carafe et maintenue fluide au bain-marie pendant le tirage.

Le nombre des imprimeurs en photoglyptie étant toujours demeuré fort restreint, aucune industrie de fabrication complète de ces encres ne s'est jamais créée. Les praticiens les préparaient eux-mêmes, et ce n'est que fort tard, dans les dernières années de l'exploitation du procédé, que des maisons françaises et anglaises leur procurèrent les colorants spéciaux, propres à cette fabrication.

* * *

Les différentes manipulations, inhérentes à la photoglyptie, sont fort simples, plus simples l'une que l'autre, et l'on se prend volontiers à se demander pour quelles raisons on a abandonné cette méthode d'apparence si peu difficultueuse et de résultats si probants.

Nous les cherchons nous-même ces raisons et n'en trouvons pas d'autres plausibles que celles-ci : la lenteur de l'impression, et l'impossibilité d'obtenir des épreuves avec marges.

La photocollographie, qui n'offrait pas les mêmes inconvénients, a eu bien vite fait de remplacer sa concurrente. Elle l'a fait avec une soudaineté ne laissant pas de place à la réplique. Brutalement, la photoglyptie était chassée des ateliers où s'installait, radieuse, la nouvelle méthode. Il ne faut garder que peu d'espoir de la voir reparaître, et c'est dommage, c'est grand dommage ! car, en admettant que le procédé fût peu apte à l'illustration du livre, il pouvait rendre de grands services dans d'autres applications, et servir, monochrome ou polychrome, à la production d'images transparentes, écrans de bougie ou de lampe, à celle d'images décalquables qui eussent pu être employées à la décoration artistique du mobilier, d'émaux, de filigranes, etc.

Si la découverte de Poitevin et Woodbury est un jour tirée de l'oubli, ce sera, n'en doutez pas, au profit d'une des intéressantes applications que nous venons d'énumérer.

* * *

Une des difficultés du procédé, qui, un instant, s'opposa le plus à son extension, résidait dans l'achat de l'outillage spécial qu'il exigeait. La presse hydraulique coûtait fort cher, surtout lorsqu'il s'agissait de reproductions de grands formats, et son énorme poids, les assises qu'elle exigeait en rendaient l'installation difficile.

Woodbury, qui se rendait compte des inconvénients de la méthode en usage, imagina un second procédé de photoglyptie, lequel différait essentiellement du précédent, quant à l'exécution du moule, qu'on obtenait dès lors sans la presse hydraulique, avec le modeste concours de la presse à satiner.

Grâce à ce perfectionnement, le procédé n'allait plus être limité à la seule grande industrie.

Dans la seconde manière, par simple compression à la presse à satiner, on prenait, sur une feuille d'étain très mince, le contre-moule du relief de gélatine. Comme en la séparant de cette dernière, on aurait sûrement déformé l'empreinte qu'elle portait, Woodbury, pour lui donner quelque solidité, cuivrait le dos de la feuille d'étain dans le bain galvanoplastique. On avait, de cette façon, un moule que sa carapace cuprique rendait très résistant et qui avait sur celui en plomb mou obtenu dans l'autre cas à la presse hydraulique, l'avantage de pouvoir satisfaire à un tirage considérable.

On se souvient que nous avons indiqué les chiffres de 250 à 300 épreuves, comme ceux extrêmes que peut fournir un moule en plomb. Or, un moule d'étain cuivré peut donner 5000, 6000 exemplaires et plus, sans que s'altèrent ses finesses.

Il va de soi que la manière d'imprimer les épreuves photoglyptiques reste la même quelle que soit la méthode adoptée pour la confection du moule-planche ; mais il faut remarquer que la méthode qui permet de se passer de la presse hydraulique n'est applicable qu'aux images de faibles dimensions : le format de la carte-album (13 × 18 cm.) ne peut guère être dépassé. Pour les gravures d'une certaine ampleur, l'emploi de la presse hydraulique est obligatoire.

En comparant entre elles les deux méthodes jumelles, nous constatons que la première, celle utilisant la presse hydraulique, convient mieux à la grande industrie, étant de moyens moins compliqués et plus rapides que ceux utilisés par la seconde, laquelle, à son tour, s'offre plus particulièrement aux petits ateliers visant des formats plus restreints et voulant se dispenser d'un matériel très encombrant et fort coûteux.

Bien d'autres perfectionnements furent encore tentés pour faciliter la mise en œuvre du procédé [1]; aucun n'a mieux abouti.

Le seul qui présente quelque intérêt est encore dû à Woodbury. Il ne consistait à rien moins qu'à imprimer la photoglyptie de façon « automatique et continue », au moyen d'une presse rotative imaginée par lui et que lui avait fait concevoir la vue des presses cylindriques qui servaient alors à l'impression de la taille-douce.

Il y avait là le germe d'une découverte fort utile; mais, de la conception théorique à l'application pratique, la distance était grande. Il eût fallu trouver une encre gélatineuse qui se solidifiât aussitôt qu'elle se déposait sur le papier; c'était là difficulté trop grande à cette époque et l'ingénieuse idée dont la réalisa-

---

[1] M. Gustave Ré, de Jeletz (Russie), est aussi l'auteur d'un procédé de contre-moulage à l'étain ; son procédé offre trop d'analogie avec celui de Woodbury, pour que sa description soit pour nous intéressante.

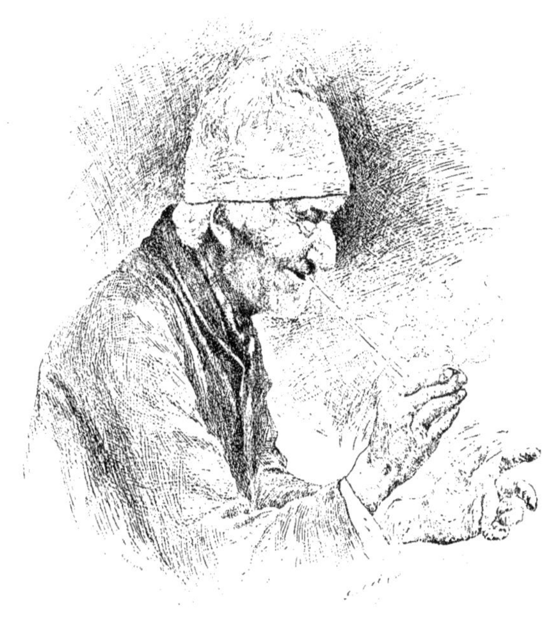

LA BONNE PIPE

Phototypie-gravure d'après un dessin à la plume de LOBEL

de LOUIS GEISLER

tion eût probablement sauvé le procédé de la ruine, resta à l'état de simple exposé d'un problème que, peut-être, reprendra et résoudra l'avenir.

L'irréalisable, l'impossible ne sont désormais que de vains mots qui, aujourd'hui plus que jamais, doivent être rayés du dictionnaire de tous les peuples. Qui oserait le nier ? Sir Walter Scott, qui accueillait la découverte du gaz en riant des ingénieurs qui prétendaient éclairer Londres « avec de la fumée », nous paraîtrait moderne et fin-de-siècle, à côté de qui voudrait plaisanter notre thèse : La photoglyptie, si elle reprend sa place parmi les arts graphiques, s'inspirera des recherches de Woodbury ; elle s'imprimera sur des presses cylindriques, roulant à grande vitesse.

Sa lenteur d'impression causa sa déchéance ; plus de rapidité provoquerait sa renaissance.

*
* *

Maintenant que nous avons vu comment on produisait les épreuves photoglyptiques, examinons ce que sont ces épreuves et quelle peut être leur valeur au double point de vue artistique et documentaire.

Par la grande translucidité de ses ombres, la photoglyptie permet d'obtenir des effets que ni la phototypie ni tout autre procédé ne saurait donner. Elle convient d'admirable façon à la reproduction des portraits, paysages, etc.

Dans un traité qui aurait dû faire la fortune de ce procédé, si la chose eût été possible, M. Vidal disait avec raison que les épreuves que fournit la méthode photoglyptique, douces et modelées, en même temps que nettes et fermes, « constituent l'imitation la plus complète que l'on ait pu voir jusqu'ici de l'épreuve photographique ordinaire ». Et cela est si vrai que la distinction à faire entre la photographie et l'épreuve photoglyptique ne peut l'être que par les personnes bien au courant de ces méthodes ; encore leur jugement est-il sujet à de fréquentes défaillances, tant est facile la confusion.

L'esprit de lucre qui ne perd jamais ses droits a même exploité et exploitera encore cette similitude.

On confectionna, par ce procédé, des albums-panorama qui, jouant la photographie à s'y méprendre, furent donnés — furent vendus, serait plus juste — pour de véritables photographies et firent la fortune des industriels qui, de Nice à Carlsbad, de Biarritz à Montreux ou San-Remo, eurent l'ingéniosité d'appliquer à la reproduction des sites de ces localités les précieuses ressources que leur apportait la photoglyptie.

Notez bien que, par ces albums, nous ne voulons pas parler de ces affreux petits panoramas à bon marché, que l'on rencontre encore, dépliants ou éventails, affichant, sans pudeur, au mépris du goût le plus élémentaire, des tons heurtés de noir et de sépia, un barbouillage de teintes chocolat du plus lamentable effet. Non, laissant de côté ces spécimens d'une industrie galopante, nous ne voulons retenir que les albums, presque introuvables aujourd'hui, réellement produits par la photoglyptie et qu'il y a quinze ans notre hôtelier, notre guide, nous proposaient, obséquieux :

— « Un bel album de photographies... Le plus beau souvenir du pays !...

« Bel album », nous en convenons... Ces vues étaient réellement remarquables... Mais « album de photographies », point du tout ! Du moins pas « photographies » dans le vrai sens du mot, pas « photographies » tirées laborieusement d'un négatif, dans un châssis exposé aux caprices de la lumière, sur un papier albuminé ; mais « photoglypties », espèces de photographies au charbon, tirées mécaniquement, à la presse, d'une planche métallique et par la méthode bien autrement rapide que nous avons indiquée.

Pas « photographie » encore, le portrait de l'artiste en vogue que donnaient chaque soir, collé à leur première page, ces journaux spéciaux des théâtres, l'*Entr'acte*, la *Scène* ou le *Parterre*. Un escadron de photographes montés sur leurs plus perfectionnés appareils, ne serait point parvenu à satisfaire, dans le temps restreint que laissent des publications à périodicité si fréquente, aux exigences d'un tirage relativement considérable. Il fallait les facilités de la photoglyptie, depuis lors, remplacée avantageusement dans cette utilisation par la photocollographie.

Pas « photographie », non plus, le portrait-réclame de l'homme d'État, personnage à l'ordre du jour, célébrité tapageuse ; « photoglyptie » toujours, le procédé étant indispensable pour alimenter relativement *vite*, assurément *bien* et — ce qui n'est pas à dédaigner *à bon marché*, ce genre de réclame, manifestation de la curiosité humaine.

C'est que le procédé est de lui-même merveilleux, imitant avec une sincérité admirable les épreuves aux sels d'argent dont il rend à la perfection les beaux tons roux et chauds tout en réalisant sur elles l'avantage de produire des images inaltérables, incapables de se tacher et de jaunir sous l'influence du temps et de l'action de la lumière.

Voulez-vous cependant un moyen très simple de distinguer à première vue ces épreuves l'une de l'autre? Examinez-les obliquement. Est-ce une photographie ordinaire, elle vous apparaîtra comme une surface absolument plane, miroitante et brillante. Est-ce une photoglyptie, vous constaterez des reliefs dans l'image, les épaisseurs correspondant aux parties noires de l'image étant d'autant plus saillantes que ces parties seront d'un noir plus accentué.

A la vérité, ces reliefs sont très peu sensibles, le satinage ayant d'ailleurs beaucoup écrasé les parties très épaisses de la gélatine et il faut être prévenu pour les voir dans une photoglyptie ; mais, pour les bien apprécier, il suffira de fixer un trait noir dans une surface claire, la ligne de démarcation d'une grande ombre et d'une partie éclairée, qui apparaîtront alors, surtout si on les examine à la loupe, très saillants, très en relief.

Le moyen est facilement vérifiable. A défaut des spécimens que nous n'avons pu obtenir d'une exploitation trop restreinte d'un procédé disparu, nos lecteurs pourront retrouver quelques-unes des nombreuses estampes jadis mises au jour par les Lemercier, les Goupil (par ce dernier, surtout), et ceux des autres procédéistes dont les établissements furent un instant les sanctuaires élevés à la gloire de la méthode.

*
* *

Il ne faudrait pas voir dans cet exposé de la charmante photoglyptie, une peinture trop enthousiaste; il ne faudrait pas non plus la croire sans aucun désagrément.

Comme toutes les gravures autres que celles dites « d'interprétation », la photoglyptie, à côté de réelles qualités, offre quelques défauts. Laissant à l'écart la nécessité à laquelle elle oblige d'un tirage hors texte, nous répétons que son plus grand inconvénient serait de ne fournir que des épreuves absolument sans marge.

Au tirage, l'encre en excès, en s'échappant du moule, est venue forcément salir et bavocher les bords que l'on est alors obligé de rogner. Pour rendre l'épreuve plus maniable, lui redonner de l'aspect en lui rendant les marges qu'elle vient de perdre, il faut la monter sur carte comme une photographie ordinaire, la collant même en plein sur un bristol assez épais pour éviter le gondolement que produirait le collage sur une feuille mince, gondolement qui est toujours d'un effet désastreux dans un livre.

A ce défaut, dont nous faisons au procédé un très grave grief, il faut encore ajouter celui-ci : la photoglyptie est inapplicable aux images où se trouvent de grandes surfaces blanches, le grain du papier retenant toujours quelque petite parcelle d'eau, même là où le contact du papier et du métal est immédiat et où, théoriquement (!) il ne devrait pas rester d'encre.

A ce sujet, M. Vidal fait remarquer ceci : « Les parties du moule qui correspondent aux blancs de l'image sont celles qui n'ont subi aucune dépression, dont la surface est absolument plane et porte hermétiquement contre le papier qui, lui, à son tour, subit la pression de la glace parfaitement plane du plateau. » Il ne devrait donc pas rester la moindre trace d'encre sur ces parties, mais il faut compter, disons-nous, avec le grain du papier, quelque soit le soin apporté au satinage.

S'il a été glacé entre deux feuilles d'acier, dont le grain est plus serré, les résultats seront certainement plus parfaits que si l'on a employé au satinage des feuilles de zinc. Pour que le résultat pratique fût égal à celui que permettrait d'espérer le principe de ce mode d'impression, il faudrait que la surface du papier fût aussi polie que l'est une glace. Les blancs, même étendus, pourraient être purs, tandis qu'ils ne le sont pas avec les moyens que l'on emploie habituellement.

Il y a donc lieu, pour les motifs que nous venons d'expliquer, de considérer l'impression photoglyptique comme inapplicable aux images contenant des surfaces blanches assez étendues.

Ce moyen d'impression conviendra, au contraire, fort bien aux reproductions où l'ensemble de l'épreuve est teinté par des tons allant de la plus légère demi-teinte jusqu'aux ombres les plus intenses. Il se prête donc parfaitement aux impressions des tableaux, des portraits dont les fonds sont sombres, des paysages dans lesquels le ciel est nuageux ; mais il n'en faut pas user quand il s'agit de reproduire des gravures au trait sur fond blanc, des pages d'écriture, de tout ce qui, en un mot, est d'une autre nature que les images dépourvues de grands blancs et à teintes déprimées, mais d'une façon continue. »

C'est pour ces faits, c'est à cause de ces désavantages, auxquels il faut joindre encore sa lenteur d'impression et l'outillage auquel elle obligeait, que la photoglyptie après avoir été quelque temps en grand honneur chez les Goupil, les Lemercier, dans les ateliers de la Société anonyme de publications périodiques, et dans ceux de M. Blaise, à Tours, est tombée en absolu discrédit. Aux quelques établissements cités s'est bornée, croyons-nous, l'exploitation en France de la photoglyptie, dont un privilège restreignait la diffusion. Et encore nous faut-il constater que malgré cette excessive spécialisation de la méthode, les industriels qui l'exploitaient ne furent jamais débordés de commandes. L'édition ne fit grand usage du procédé que pour lui demander des sortes d'estampes, des reproductions de tableaux, principalement ; le livre, lui, ne s'en préoccupa pas beaucoup : le procédé, par ce qu'il produisait, n'était guère apte à l'illustrer convenablement, ceci dit non au point de vue de l'exécution des images qu'il procurait — elle était splendide — mais à celui de la manière dont on était obligé de présenter ces images.

« Il y a », nous dit M. Vidal, qui est de ceux qui ont le plus vivement regretté la disparition de ce procédé, parce qu'il était de ceux qui avaient le plus travaillé à sa vulgarisation, « il y a impossibilité d'assimiler la photoglyptie à la phototypie ». Ce dernier mode d'impression s'applique à tout d'une façon générale, ce qui n'existe pas dans la photoglyptie dont les applications sont plus restreintes.

Elle n'en est pas moins un moyen précieux d'obtenir certaines impressions et des effets d'un aspect tout différent de celui que l'on réalise à l'aide de la phototypie.

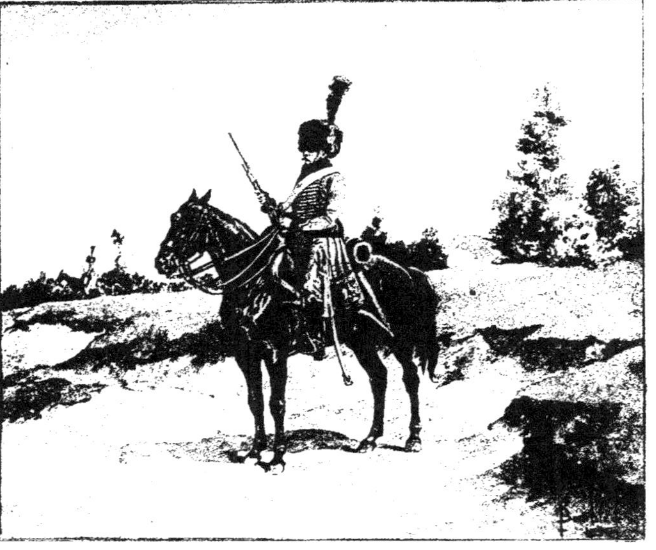

EN VEDETTE

Photochromotypogravure en 3 couleurs (procédé Geisler)

D'après une aquarelle de BOMBLED

L'image photoglyptique étant produite par de l'encre gélatineuse demi-transparente est bien plus transparente dans les fortes ombres que cela n'existe dans la phototypie, où l'encre grasse, dépourvue de translucidité, conduit à la formation de plaques noires, très peu fouillées dans les divers plans, partout où se trouvent des ombres vigoureuses.

Grâce à sa transparence, l'impression photoglyptique convient mieux encore que la phototypie aux reproductions des portraits, des émaux, des métaux, des tableaux à l'huile ; mais, par contre, elle se prêterait moins que la phototypie aux reproductions des pastels, des aquarelles, des fusains et des autres dessins au crayon.

Il y a donc lieu, suivant l'objet à reproduire, de discerner parmi les moyens à employer, celui qui permettra le mieux de rendre son aspect superficiel. Or, la photoglyptie, permettant d'obtenir des effets que la phototypie et qu'aucun autre moyen d'impression ne sauraient produire à un même degré de perfection, on devrait compter avec ce procédé et lui assigner sa part d'utilité et sa place dans tous les ateliers de reproduction bien organisés. »

Encore que cela nous entraîne un peu hors de notre cadre, qui ne devrait contenir que les applications de procédés de photo-imprimerie à l'illustration du livre, nous ne voulons pas clore ce chapitre sans dire un mot des diverses applications que l'on peut faire de la photoglyptie à l'art industriel, applications nombreuses et toutes très curieuses.

Outre la série des épreuves monochromes sur papier, il faut citer également les délicates images polychromes que l'on peut obtenir, grâce à la transparence de la gélatine et par la superposition de trois couches de gélatine détachées du papier qui leur servait de support et portant chacune une des trois couleurs primitives, jaune, rouge et bleu.

Il faut encore mentionner les ingénieuses impressions sur surfaces translucides, glace, mica, etc., etc., impressions s'opérant directement sur ces surfaces et fournissant de transparentes images que l'on suspend au jour devant une fenêtre ou dont on fait ces charmants écrans qui, le soir, voilent moelleusement la flamme d'une lampe ou d'une bougie.

On fait encore par la photoglyptie des décorations de sujets décalcomaniques inimitables et d'une grande valeur artistique.

Enfin, aux nombreuses applications industrielles de ce procédé, il convient d'ajouter celle-ci :

On obtient par la photoglyptie des filigranes au moyen desquels on peut introduire dans la pâte même du papier des portraits, des monuments, des vues d'après nature. Cette spécialité, magnifique de résultats a, cependant, été jusqu'ici peu exploitée.

On le voit, le champ d'action du procédé est encore vaste. La photoglyptie est intéressante par elle-même et, malgré ses bizarres différences d'obtention et d'emploi d'avec les autres gravures mécaniques, elle avait bien droit de cité parmi elles.

Décriée comme moyen de contrefaçon de la photographie, nous souhaitons qu'elle sorte de la disgrâce dans laquelle elle est tombée, en se révélant créatrice et en offrant à l'activité humaine de nouveaux champs d'exploitation.

Voyez pour l'étude de la Photoglyptie les ouvrages ci-après :

ADELINE (Jules). — *Les Arts de Reproduction vulgarisés*. Paris, Librairies-Imprimeries réunies.

DE LA BAUME-PLUVINEL. — *La Théorie des Procédés photographiques*. Paris, Gauthier-Villars et fils, G. Masson, éditeurs (Encyclop. scientif. des Aide-Mémoire).

MONET (A.-L.). — *Procédés de Reproductions graphiques appliquées à l'Imprimerie*. Paris, administration du *Bulletin de l'Imprimerie*, 1880.

POITEVIN (A). — *Traité des Impressions photographiques*, suivi d'Appendices, par M. Léon VIDAL. Paris, Gauthier-Villars, 1883.

VIDAL (Léon). — *Traité pratique de Photoglyptie*. Paris, Gauthier-Villars, 1881.

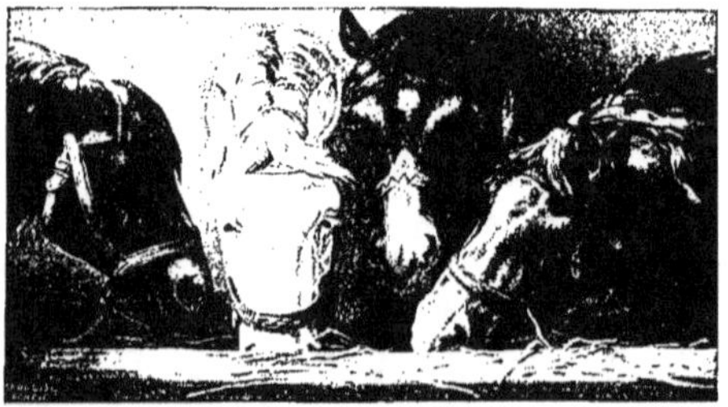

CHAPITRE VII

Héliogravure, Photoglyptographie, Glyptographie, Phototaille-douce.

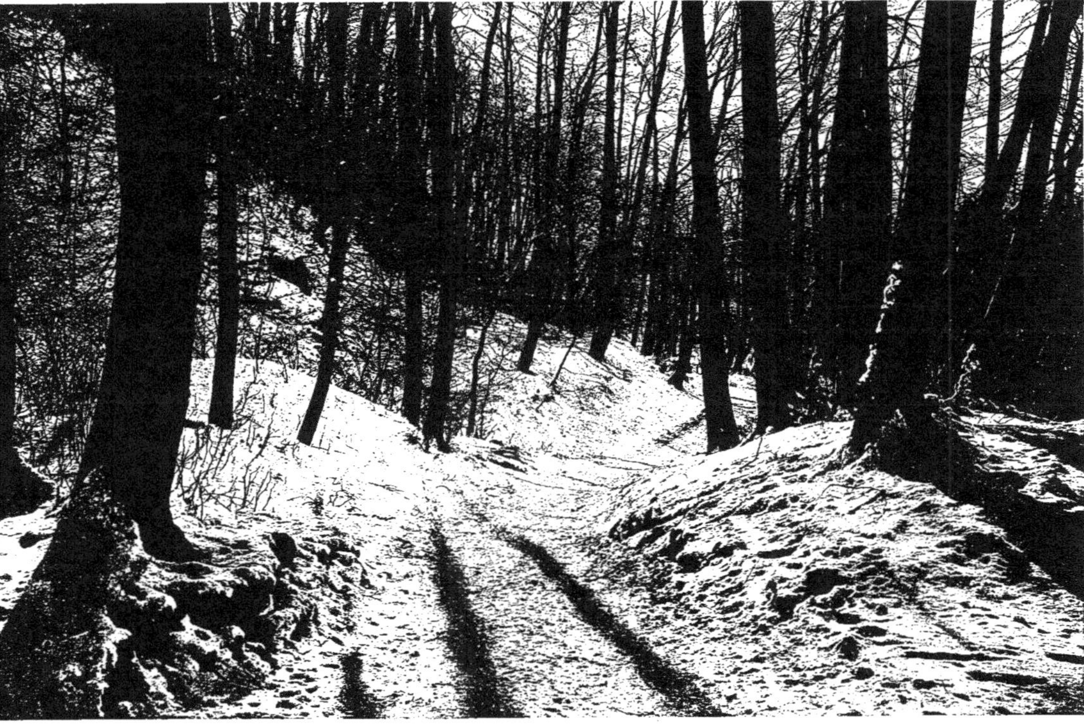

„WINTERSONNE."

Naturaufnahme u. Kupferdruck v. J. B. Obernetter München.

Photoglyptographie, Glyptographie, Héliogravure, Photo-taille-douce.

S I l'on consent a accorder aux gravures dérivées de la photographie autre chose qu'un simple mérite d'utiles vulgarisatrices, si l'on veut admettre qu'elles puissent parfois présenter quelques réelles qualités, on n'aura aucune peine a reconnaître dans l'*Héliogravure* une méthode hautement artistique.

Ici, ce n'est plus seulement une vulgaire copie des choses naturelles avec les demi-tons et les dégradations de nuances de l'original ; il y a plus que cela : un artiste s'est emparé de l'ébauche tracée par l'objectif, et il a ajouté a cette déjà très belle « copie » de la nature, son intime vision des choses, sa propre compréhension du sujet a reproduire. Une trace de volonté humaine s'est donc glissée dans l'épreuve, y est visible, et dans le résultat — l'esprit ici corrigeant la matiere a produit œuvre d'art.

Avec une sorte de voracité, l'objectif a emmagasiné dans sa rétine, rétine bien autrement puissante que celle de l'œil humain, des mouvements, gestes vrais, des paysages où les etres sont réels. Et, cela transporté sur la plaque, l'artiste est venu, qui a adouci ce qu'il y avait de trop brutalement vrai, ce qui aurait pu choquer l'idéalisme de nos esprits. Il a ajouté l'attrayant de sa fantaisie, de son caprice, et surtout de son observation. C'était tout ce qu'il fallait pour bien faire, pour produire une page d'art, surtout si l'artiste était vraiment digne de ce beau nom, c'est-a-dire qu'aux talents d'esprit, d'imagination, il sut ajouter l'habilité artistique manuelle : l'éducation forte de l'œil, de la main, de l'esprit.

L'héliogravure est le produit de cette coopération.

Eh bien, malgré cela, malgré tout cela, lui rend-on justice, et ne dit-on pas d'elle ce qu'on clame de tous les procédés : qu'avec eux, qu'avec elle on égare les masses, atrophie le sens critique, avilit le goût, décourage les efforts loyaux et sincères, abaisse le niveau de l'Idéal? Ne l'accuse-t-on pas, elle aussi, de la dégénérescence dont on accable le procédé ?

Non, soyons sincères, rendons aux adversaires du procédé cette justice — d'ailleurs tout à l'avantage de l'héliogravure — que bien que celle-ci n'occupe pas dans leur admiration, dans leur estime, la place à laquelle elle a droit, ils font pour elle une distinction, et grâce à l'intervention manuelle lui accordent un commencement de mérite.

C'est quelque chose déjà, c'est peu pourtant, et nous nous demandons pourquoi cette sorte d'ostracisme avec lequel d'aucuns repoussent ce que d'autres sont heureux de bien accueillir ? pourquoi on ne veut pas trouver autant de mérite dans une héliogravure qu'aura souvent terminée quelque apprécié maître de la gravure que dans l'eau-forte qu'aura péniblement travaillée un obscur burin. Question de mode, sans doute, peut-être aussi question de simple rivalité, en tout cas raisonnement sot et incompréhensible.

De nos jours cependant, où un vent de modernisme chasse loin les poncifs, les méthodes vieillotes et désuètes, on a soif de réalité, si cruelle soit-elle ; alors que fleurit le naturalisme dans tout l'étrange de sa force, pourquoi s'effraye-t-on de la note de réalisme qui est le propre du procédé photographique?

La passion de vérité, l'amour du document qu'il renferme, devrait cependant faire prendre en considération le procédé.

La note d'art qu'y ajoute la main de l'homme devrait faire le triomphe de l'héliogravure. Allons plus loin, pour si osé que soit le désir que nous allons exprimer : l'eau-forte dont nous reconnaissons tout le mérite a les honneurs du Salon, des Musées officiels; l'héliogravure a avec l'eau-forte beaucoup d'affinités : pourquoi donc les épreuves issues de ce procédé ne trouveraient-elles pas place à côté de celles de l'eau-forte? Cette mise à l'index de l'héliogravure nous paraît aussi injuste que le dédain dont si longtemps on a outragé la pure lithographie jusqu'à ces toutes dernières années exclue de nos musées. Comme celles de l'eau-forte, comme celles de la lithographie, les épreuves de l'héliogravure montrent une suite d'efforts, qui sans aller jusqu'au génie, laissent toujours s'affirmer le sincère souffle d'art qui a animé leur auteur. Elles ont donc autant de droit à l'admiration publique.

L'eau-forte, la taille-douce, sont parmi les gravures d'interprétation, avec la lithographie, celles que les « purs », ceux qui allument leur lanterne au flambeau de « l'art intangible », ceux qui se targuent de n'accepter aucune compromission, consentent à regarder avec un peu d'intérêt.

L'héliogravure devrait bénéficier de la même... mansuétude. Elle n'est pas autre chose qu'une eau-forte ! Il est vrai que chez elle existe, dans une certaine mesure, le mécanique détail et, bien que parfois il porte un nom illustre, nos critiques esthètes pourront toujours haïr l'héliograveur comme Huckberry Fine haïssait l'ouvrier d'art : « qui laisse voir combien de pierres il emploie et comment il les emploie ». L'héliogravure, sincère, montre « toutes ses pierres » dans leurs moindres détails, mais l'artiste conservant ce qu'il y a de bon du réalisme qu'elle affiche diminuera l'intensif de ses colorations, voilera selon sa vision ce qu'elle aura trop étalé, alors qu'au contraire il fera sortir de l'ombre le détail que l'objectif, esclave des caprices de la lumière, y avait laissé ignoré. C'est l'interprétation, c'est le triomphe de l'intelligence sur la matière, ou mieux encore :

C'est la matière qui vient se mettre au service de l'intelligence.

D'où l'on peut conclure en extrayant de ces réflexions cette définition du procédé :

L'héliogravure est un produit de photomécanique corrigé, mis en valeur, complété par une méthode d'interprétation. Elle consiste à obtenir par la photographie une planche qui, convenablement retouchée et gravée ensuite, fournira des épreuves d'un caractère absolument personnel, d'un genre très caractéristique mais qui offrira néanmoins beaucoup d'analogie, d'aspect surtout, avec celles qui sont dues au burin du graveur — pointes-sèches et tailles-douces — ou à la morsure de l'acide — eaux-fortes — plus encore avec celles dites aqua-tintes, eaux-fortes auxquelles on a ajouté un grain artificiel qui donne du moelleux à l'image en en faisant une sorte de gravure au lavis sur cuivre.

Un rapide exposé des différentes méthodes nouvelles de gravure en creux sur cuivre ou acier est ici nécessaire, car il est indispensable de les connaître pour étudier et apprécier les procédés photographiques de gravure en creux sur ces métaux.

L'eau-forte s'exécute sur une planche de cuivre, d'acier ou de zinc planée et recouverte d'un vernis qu'on enfume au moyen d'un flambeau ; après cette fumigation la plaque présente une surface noire sur laquelle se détachent mieux les traits du dessin qu'y va tracer la pointe du graveur. Cette pointe pénètre le vernis jusqu'à la surface du métal. L' « eau-forte », un acide — l'acide nitrique ou azotique souvent, d'autres fois lorsqu'il s'agit de planches d'acier, un mélange d'acide nitrique et d'acide acétique allongé d'eau [1] — est ensuite versée sur la plaque et pénètre dans les sillons tracés à la surface du métal qu'elle creuse profondément.

---

[1] Dans ce cas, un bon mélange est composé d'une partie d'acide nitrique pour trois d'acide acétique ; le tout est ensuite allongé d'eau jusqu'à ne plus marquer que 13°.

De la durée de sa « morsure » dépend naturellement le plus ou moins de creux. On peut donc régler son action à son gré, voire même faire mordre, certaines parties selon les effets à obtenir. Il suffit pour cela d'arrêter la morsure de recouvrir les parties à préserver d'un vernis « à épargne » et de livrer à nouveau la plaque métallique à l'action de l'eau-forte. L'opération de morsure terminée la planche est débarrassée du vernis et sur le métal brillant la gravure apparaît en creux : la planche est prête à l'impression. Nous dirons tout à l'heure comment se pratique cette impression.

On grave en creux, par le procédé à l'eau-forte, le cuivre, l'acier ou le zinc. Le cuivre est le plus employé. L'acier et le zinc, ce dernier surtout, se gravent avec beaucoup de facilité et plus rapidement que le cuivre. L'acier donne des dessins plus secs que ceux gravés sur le cuivre, néanmoins les gravures sur acier ne sont pas sans charme et ce métal, d'une extrême dureté, est utilisé pour les travaux devant fournir un certain nombre d'impressions[1] ; les hachures les plus délicates y sont réservées par l'acide avec la plus scrupuleuse exactitude. Le zinc métal très mou — est moins à louer : il donne, utilisé aux gravures en creux, des traits mordus sans grande finesse, empâtés, toujours un peu baveux. Il est pour ces raisons peu employé à la gravure à l'eau-forte.

La gravure *à la pointe sèche* est faite sans morsure d'acide, directement cette fois au burin sur le métal, sans autre préparation que l'enfumage qui permettra d'y suivre le travail.

L'artiste dessine au moyen d'une pointe légèrement coupante, comme on dessine avec une plume ou un crayon sur une feuille de papier. Et, maniée par des mains habiles, la pointe va son chemin avec beaucoup de docilité, autant de docilité que celle qu'offre le crayon. La pointe n'enlève pas le cuivre franchement, elle le creuse simplement, repoussant le métal qui, de chaque talus du sillon qu'elle trace, s'élève en minuscules copeaux. Ce sont ces copeaux ces « barbes », qui retiendront, endigueront l'encre au moment de l'impression et constitueront les noirs de l'image.

La gravure à la pointe sèche est d'une extrême finesse, mais c'est bien rarement qu'on l'emploie seule du fait de sa trop grande fragilité. Le plus souvent elle est combinée avec l'eau-forte et l'aquafortiste utilise les ressources qu'elle offre en exécutant par elle les figures de ses personnages, ses horizons, ses ciels, bref tous les menus détails qu'il n'ose attendre de l'intervention de l'acide.

La gravure *au burin*, appelée aussi *taille-douce* — « douce », nous nous demandons pourquoi? — ne diffère de la précédente que par l'outil qu'elle emploie.

---

[1] Aciéré, le cuivre peut suffire à des tirages aussi considérables que ceux que permet l'acier.

La pointe sèche est ici renforcée et devient le « burin ». On grave aussi directement sur le métal nu.

La gravure *au pointillé* consiste a obtenir sur le cuivre un ensemble de petits points ; quelquefois cette obtention est procurée par l'eau-forte, d'autres fois aussi, et c'est le cas le plus ordinaire, on la produit en ne se servant que de la pointe sèche, du burin, de la roulette, ou d'un petit ciselet que l'on frappe au marteau. Quelques artistes ont appliqué cette méthode a l'exécution de planches entières. La chose est a regretter, car il faut convenir que le procédé ne donne de résultats vraiment intéressants que lorsqu'il est simplement employé a l'exécution de celles des parties de l'image qui demandent beaucoup de légèreté, de délicatesse dans leur exécution   tels les figures, les modelés de chairs, les ciels, etc., etc.

L'*aqua-tinte* s'obtient comme l'eau forte ; elle n'en est d'ailleurs qu'une variante, ou mieux, une conséquence. C'est une eau-forte avec adjonction d'un grain artificiel qui décompose l'image. Ce grain, ce vermiculé s'obtient avant la morsure, presque toujours au moyen de la boîte a grains. Dans cette boîte on enferme une certaine quantité de résine pulvérisée très finement ; fermée hermétiquement, cette boîte, qui est traversée d'un axe central, est mise en mouvement. Le mouvement de rotation qu'on vient de lui imprimer a pour effet de faire se répandre en nuage la résine qu'on avait enfermée dans la caisse ; si celle-ci, au bout d'un instant, est remise au repos, le nuage se dissipe, la résine retombe sur le fond de la boîte ; les grains les plus gros, plus lourds, s'effondrent, alors que restent en suspens les légères molécules. Selon la grosseur du grain qu'on désire, a l'instant qu'on juge favorable, on introduit la planche gravée dans la boîte ; elle est couverte au bout d'un instant d'une couche de résine. Quand celle-ci est suffisante, on retire le cuivre et on le chauffe assez légèrement pour que, sans fondre, les grains de résine adhèrent a sa surface. C'est alors qu'on répand l'eau-forte sur la plaque : l'acide n'attaque le métal que par les interstices laissés par les grains de résine. Le dessin qu'avait tracé la pointe sur le cuivre avant l'application du grain est donc gravé, mais le trait se trouve décomposé en une série de points, l'action de l'acide n'ayant pu se faire que la où la résine avait laissé le trait a découvert [1].

La gravure dite *à la manière noire* ou *mezzo-tinto*, gravure aujourd'hui disparue ou a peu près, offre avec la méthode précédente une grande similitude d'aspect ; elle ne peut cependant être confondue avec elle que par les personnes qui ne sont

---

[1] Quelques graveurs ont imaginé un moyen simpliste pour obtenir des effets qui ne sont pas sans analogie avec ceux produits par le grain de résine dans l'aqua-tinte. Ils emploient tout bonnement *le sel de cuisine*. Sur la plaque, dès qu'elle vient de recevoir le vernis, on sème du sel tamisé et bien sec : après dessication complète du vernis, on trempe la plaque dans l'eau pour dissoudre le sel. On fait ensuite mordre à l'eau-forte.

pas quelque peu familiarisées avec les secrets de leur obtention. La planche de cuivre qui devait fournir une gravure « à la manière noire » était grainée « au berceau », sorte d'instrument, espèce de ciseau ou plutôt de couteau à hacher qui portait plusieurs filets en lames très fines. Promené — en le berçant, d'où son nom — sur la planche, l'outil l'égratignait, y traçant des parallèles d'abord, puis des carrés, des diagonales, et de nouveau des parallèles, des traits en tous sens, de plus en plus serrés, jusqu'à ce que la planche, recouverte d'un réseau de traits, ne présentât plus qu'un fond absolument uni. Les graveurs « au berceau » sont depuis longtemps disparus et les artistes qui, rarement aujourd'hui, essayent encore de ce curieux autant qu'étrange procédé de gravure, doivent se contenter de grainer eux-mêmes leurs planches au moyen du sable mouillé et de la mollette, ainsi qu'on le fait d'ailleurs pour grainer les pierres lithographiques.

Mais supposons le fond uni obtenu par le regretté moyen d'antan ou par la plus facile méthode moderne. Si l'on imprimait la plaque maintenant, on en obtiendrait une épreuve d'un noir intense et absolument velouté. La planche ferait tableau noir. C'est de ce fond qu'il faut faire jaillir les lumières, car à l'inverse des autres méthodes qui dessinent en noir sur blanc, ici on dessine en blanc sur noir. Le « râcloir » est le grattoir qui produit les clairs en enlevant les noirs ; le « brunissoir » complète en polissant les parties râclées pour aviver les lumières. Les figures, les chairs, les demi-teintes, tout cela surgit donc de l'ombre, donnant ces épreuves superbes d'allures, si en faveur au siècle dernier, aujourd'hui encore recherchées des amateurs, produits d'une méthode pleine de mérite, mais si difficile d'exécution qu'elle n'a plus que de rares fidèles, du moins en notre pays.

Il y a encore bien d'autres sortes de gravures en creux ; mais nous ne ferons que les citer, pour cette raison qu'elles ne sont que des applications des méthodes précédentes. Nous citerons :

La *gravure en manière de crayon*, exacte imitation sur cuivre de dessins au crayon, gravure qui s'obtenait par un mélange de points produits au moyen d'outils spéciaux, de molettes surtout, de burins à pointes doubles ou triples, de poinçons à dents émoussées, etc. On appelle aussi cette gravure *gravure à la roulette*

La *gravure au vernis mou*, qu'il ne faut pas confondre avec la précédente s'exécute avec un crayon. Une plaque est préparée au moyen d'un vernis dans lequel on a incorporé du suif ; elle est après cela enfumée ; sur ce vernis ramolli par la présence du suif, on applique une feuille de papier mince légèrement grainée. On dessine sur cette feuille avec un crayon et, le dessin terminé, on retire avec précaution le papier. Partout où le crayon a appuyé, et en raison de la pression qu'il a exercée, le vernis s'est attaché au dos de la feuille. Le vernis est donc enlevé aux places correspondantes au dessin. Si donc on soumet la plaque en cet état à la morsure de l'eau-forte, celle-ci agit sur les parties abandonnées par le vernis et procure de ce fait une gravure identique au dessin au crayon.

Félicien Rops, dont les amis de l'art déplorent la récente disparition, fut un adepte fervent de cette originale méthode de gravure. Il la qualifiait de « merveilleuse », trouvait que dans son emploi un artiste conservait « l'entière liberté de ses mouvements » et enseignait d'exemple le profit à en tirer en produisant, par son usage, les effets les plus magistraux. Ses gravures au vernis mou sont des plus frappantes parmi la splendide collection qu'il nous laisse.

Nous en avons ici fini avec la série de celles des méthodes d'interprétation qui procurent des gravures en creux. Celles que nous pourrions encore citer se réclament trop des précédentes, ont avec elles trop de ressemblances pour que nous puissions, sans être taxé d'oubli, les laisser de côté dans cet exposé.

Nous croyons donc maintenant pouvoir amener nos lecteurs dans le vif de la question : l'étude du procédé de photomécanique qui pourra procurer des résultats analogues, identiques parfois, à ceux offerts par les gravures précédentes.

***

Tous les procédés de gravures en creux par l'action de la lumière sont désignés sous le nom générique de *photoglyptographie* [1].

Différentes méthodes concourent à cette production : dans les premières, nous trouverons celles qui procurent des épreuves d'images exemptes de demi-teintes continues, c'est-à-dire ne présentant qu'un dessin au trait ; les secondes nous fourniront des épreuves d'images à demi-teintes. A vrai dire, ces demi teintes ne seront pas continues, mais on tournera la difficulté en produisant la discontinuité indispensable par un grain, qu'on formera comme dans l'aqua-tinte.

Voyons d'abord très succinctement, parce qu'il est de moindre intérêt, le procédé photomécanique de gravure *au trait*, en creux, sur plaque métallique. Il est basé sur l'emploi du bitume de Judée, s'opère d'après le principe que nous avons déjà exposé à propos de la photozincogravure, mais en utilisant ici un cliché positif au lieu du négatif employé alors.

On revêt une plaque de métal, — disons de cuivre, puisque c'est ce métal qui est le plus généralement choisi, — d'une couche de bitume de Judée dissous dans de la benzine ; le positif photographique du dessin à reproduire est placé sur la plaque ainsi préparée, et le tout est porté à la lumière, laquelle traverse les blancs du positif et va rendre insolubles les parties correspondantes de la couche bitumeuse. Les parties de bitume qui auront été préservées de l'action de la lumière sont restées solubles et, l'insolation terminée, on les élimine par un lavage avec un dissolvant : essence de térébenthine ou lavande. La planche,

---

[1] Décision prise dans les Congrès internationaux de photographie de 1889 et 1891.

rincée, présente alors l'image bien complète formée par un fond de bitume sur lequel se détachent les traits du dessin, laissant à nu le cuivre.

Il ne reste plus qu'à graver en creux le dessin fourni par la lumière.

Auparavant, et afin que le bitume résiste mieux à la morsure, on expose la planche en plein soleil ; cette nouvelle insolation durcit le bitume et accroît sa solidité.

Comme il s'agit d'images au trait, le grainage est le plus souvent inutile ; mais si le dessin comporte de grandes tailles, des noirs profonds, le grain s'impose pour retenir l'encre d'impression au fond des tailles. Ce grainage s'effectue au moyen de la boîte à graisse ou boîte à résine. Nous avons décrit cet appareil en parlant de la gravure à l'aqua-tinte. L'opération qui procure le grain pour l'héliogravure est naturellement la même que celle utilisée dans l'aqua-tinte ; nous n'avons donc pas à y revenir.

Toute la suite des opérations est d'ailleurs identique à celle de l'aqua-tinte. Un grain bien fin et régulier étant produit, on le cuit pour le souder intimement à la planche, et la planche est prête à la morsure. Celle-ci se pratique soit au perchlorure de fer, soit à l'acide nitrique ; les traits de l'image peu à peu se dessinent sur le cuivre qui, tout d'abord, s'oxyde, ensuite se creuse. Quand la profondeur atteinte est suffisante, résultat que seule fait apprécier la pratique, on retire la plaque, on la lave dans la benzine pour enlever le bitume et la résine, on la rince à grande eau et on la sèche ; elle est prête au tirage.

*_**

Une héliogravure au trait — on a pu le constater dans les lignes ci-dessus — est assez facile à obtenir. Lorsqu'il s'agit de reproduire en héliogravure une image à demi-teintes, les opérations sont plus délicates.

C'est la gélatine bichromatée qui constituera la couche sensible dans ce cas. La plaque de cuivre ainsi sensibilisée est exposée sous le positif à reproduire ; comme il sera nécessaire de renouveler cette exposition, on a soin de marquer par des repères la position du positif sur la planche.

La première insolation ne doit pas être complète. On l'arrête quand on a obtenu les grands noirs, les grandes masses de l'image, sans attendre la venue des détails. On graine la planche et on la porte à la morsure. Sur cette première morsure, qui n'a donné qu'un creux très léger, l'héliograveur remet un grain, le cuit, sensibilise à nouveau la planche en l'enduisant du mucilage de gélatine bichromatée et fait une deuxième insolation. Les points de repère lui permettent de remettre la planche bien exactement en la place qu'elle occupait la première fois sous le positif. L'insolation, cette fois, plus loin poussée, donne les détails. Une deuxième fois, on graine et fait mordre la plaque ; l'héliogravure se continue, donnant alors l'image entière. Il est souvent utile de recommencer une troisième

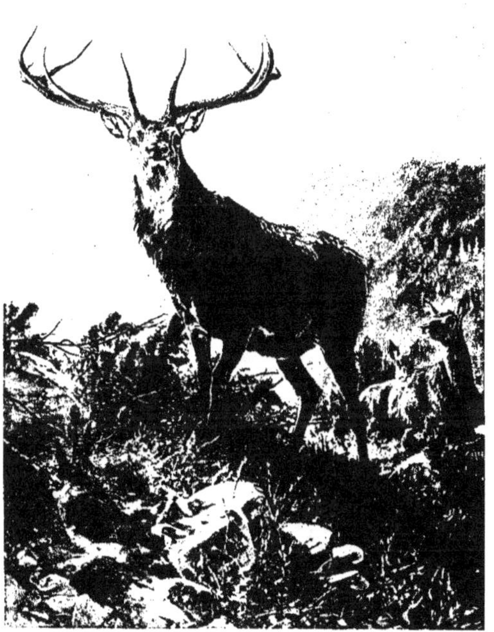

LE ROI DES MONTAGNES
D'APRÈS UN TABLEAU

fois les diverses opérations de gélatinage, insolation, grainage et morsure pour compléter le travail et en obtenir un parfait résultat.

La planche est terminée, mais, sauf en de rares exceptions, l'épreuve que l'on en tirera sera défectueuse. Des tares du cuivre, des impuretés de la gélatine, ont semé des points noirs dans les blancs de l'image, des points blancs dans ses masses brunes ; des noirs manquent de profondeur, alors que des clairs, voilés, dénaturent l'effet. La retouche doit intervenir, réparant ces menus accidents, ajoutant des effets dans les figures, avivant les lumières, refaisant les parties mauvaises de la planche. On conçoit combien cette retouche doit être hautement artistique ; le sens artistique seul la régit ; et le spécialiste auquel on confiera cette besogne devra se doubler d'un véritable artiste. La retouche d'une héliogravure est d'elle-même sans grande difficulté ; elle exige néanmoins beaucoup de sentiment, car tout le résultat du travail est dans la main de celui qui va la pratiquer. — De lui dépend tout le mérite de l'épreuve.

Les outils qu'emploie le retoucheur d'héliogravure sont peu nombreux ; d'abord les outils du graveur en taille-douce : la pointe sèche, des roulettes, un grattoir ; ensuite, des morceaux de charbon de planeur, au moyen desquels il usera celles des parties de la planche qui seraient trop noires. C'est là tout l'outillage qui permettra de faire un véritable chef-d'œuvre d'une plaque qui, sans cette retouche, serait dans la plupart des cas impossible à montrer.

*_**

« Impossible à montrer » est l'opinion de M. Motteroz. Parlant d'une héliogravure au sortir du bain, dans son *Essai sur les illustrations par les procédés chimiques*, il s'exprime ainsi, avec humour : « L'héliogravure donne sur le métal un décalque, une mise en place qui supprime la majeure partie du travail manuel. Les épreuves obtenues de ce premier état ressemblent à celles que donnerait un cuivre arrivé à son dernier degré. Tout s'y trouve, excepté la pureté, la vigueur, l'harmonie des tons, la perspective, la transparence, *excepté, enfin, tout ce qui fait le mérite d'une gravure*. Qu'un retoucheur exercé s'empare de cette héliogravure si imparfaite, – en quelques heures, il la transformera, — et, s'il peut y travailler quelques jours ou quelques semaines, il en fera une œuvre d'art aussi complète que celles qui ont exigé autrefois tant d'années de labeur. Débarrassé de l'excès d'un travail mécanique et monotone, qui endormait son imagination, l'artiste peut produire ainsi très rapidement *des chefs-d'œuvre comme le comporte notre époque*. Les anciens graveurs travaillaient un an, cinq ans, dix ans, sur la même planche de cuivre, moins pour argent que par amour de l'art. Cela leur était permis, alors que la vie était à bon marché et que la mode ne les obligeait pas à parodier les grands seigneurs. Maintenant que le luxe imposé exige des gains énormes et rapides, il n'y a plus d'œuvres artistiques que celles dont la création est aussi rapide que la production industrielle. »

L'opinion d'un maître aussi incontesté que M. Motteroz n'est pas sans importance. Quelques réflexions de notre confrère Adeline ne sont pas dénuées d'intérêt ; nous connaissons cet auteur et savons le réel sens artistique qui inspire ces dires :

« L'habileté des retouches est importante. Au sortir du premier bain d'acide, la planche est toujours boueuse, sale, horrible en un mot. Des blancs sans fraîcheur, des noirs sans intensité, des bavures et des taches : l'effet obtenu n'est rien moins que désastreux, semble-t-il. Mais, comme l'a fort bien dit un jour, dans un mouvement de boutade, un héliograveur fort habile causant avec un aqua-fortiste, « ces planches-là, il faut les *tripoter* comme vous tripotez vos cuivres » ; et, en effet, l'héliograveur a raison. Il faut reprendre ces planches autant qu'on le peut ; on ajoute des travaux ; on simplifie des plans... On traite le cuivre, ainsi attaqué à l'aqua-tinte, comme une véritable eau-forte, et l'on sait quelles sont les ressources de ce procédé de gravure ; mais c'est à ce prix seul que les héliogravures sont bonnes. Un jour viendra, peut-être, où les héliogravures obtenues photographiquement et chimiquement fourniront de suite de bonnes épreuves sans retouche aucune ; aujourd'hui, nous n'en sommes pas encore là. Il faut retoucher, — insistons sur ce point, — et retoucher avec habileté, ces planches en taille-douce, pour obtenir de bons résultats.

« A côté des retouches banales, que l'on peut demander au premier venu, à côté des retouches qui peuvent être exécutées machinalement, — dans le genre de ces filets entourant le marli d'une assiette, filets qui sont d'autant mieux tracés que le fileur les exécute sans penser à rien, — à côté de ces nettoyages fastidieux ou de ces teintes à régulariser, en effaçant purement et simplement les taches désagréables ; il y a, par contre, toute une série de travaux qui exigent, d'abord du goût, puis du tact, et enfin de l'habileté de main et *même* du talent. »

« Çà et là on est obligé de retoucher à la roulette des parties mal venues ; et cela demande déjà une assez grande habileté ; mais dans les accents de précision mordus à l'eau-forte, il faut, non seulement procéder avec la plus grande prudence, mais il faut encore poser ces retouches avec un juste sentiment. Il faut se bien pénétrer du caractère de l'original, et ne pas, comme il arrive parfois chez certains héliograveurs peu habiles, se contenter d'interpréter (!) par des plaques de noir, comme au hasard, ce qui demandait à être finement détaillé. Il faut, de plus, donner ces accents en se préoccupant de les harmoniser avec les travaux antérieurs. Rien n'est difficile comme de retoucher convenablement, comme de colorier convenablement, de colorier même par à peu près, une simple épreuve photographique, les coups de pinceau se reliant toujours mal aux plans déjà indiqués. Rien n'est plus difficile, à plus forte raison, que d'ajouter sur le cuivre déjà héliogravé. les retouches à l'eau-forte, qui doivent surtout s'harmoniser complètement avec les travaux antérieurs.

« Aussi sont-ils nombreux, les artistes de talent, les graveurs habiles qui retouchent les héliogravures. »

Les retouches ont encore inspiré à M. Motteroz les très justes observations suivantes :

« A côté de reproductions irréprochables, on en trouve beaucoup de médiocres et, en plus grand nombre, de lourdes, grises, sans perspective. L'observation des bonnes épreuves d'héliogravure en creux, à l'aide d'un fort microscope, indique toujours des grains de résine recouverts le plus souvent de tailles entrecroisées et surchargées de travail à la roulette, à la pointe sèche. et même de reprises à l'eau-forte. Lorsqu'on visite les ateliers de graveurs en taille-douce, on voit que le brunissoir, le burin et la pointe servent rarement à l'exécution d'œuvres originales, mais qu'ils sont presque toujours employés pour terminer des séries de plaques ébauchées par l'héliogravure. On constate également qu'il ne restera bientôt plus un seul artiste capable de donner de bonnes estampes au burin, et cela au moment où deviennent de plus en plus nombreux les hommes de métier, aussi adroits à varier les grains d'aqua-tinte qu'à manier la roulette et tous les outils du graveur en taille-douce. »

Terminons ces quelques lignes sur la retouche par une autre citation d'Adeline ; elle est concluante et on ne saurait mieux dire :

« Procédés et graveurs sont aujourd'hui tellement indispensables les uns aux autres qu'on pourrait dès à présent établir les règles suivantes : 1° toutes les gravures en creux devraient être commencées par l'héliogravure ; 2° le mérite d'une héliogravure en creux est d'autant plus grand qu'elle disparaît davantage sous le travail artistique du retoucheur.

Hélas ! il est bien à craindre que M. Motteroz n'ait raison plus souvent que les amateurs de véritables gravures ne le supposent. Ils sont nombreux ceux qui s'aident — *un peu* — de l'héliogravure pour mener leur planche à bonne fin ; mais alors qu'ils travaillent ainsi, le nom du graveur reste seul. « C'est si commode, avouait un jour l'un d'eux..., et puis on n'a pas besoin de savoir dessiner. » Et comme son interlocuteur ne paraissait pas entièrement convaincu : « Eh bien, quoi ! continua le graveur, nous n'avons fait que suivre les peintres... Eux aussi, il y a longtemps déjà, peinturlurent leurs petits bonshommes d'après des photographies ; eux aussi s'inspirent, pour ne pas dire qu'ils décalquent trop souvent purement et simplement les beaux paysages photographiés d'après nature et jusqu'à ces accessoires champêtres, si artistement choisis ; nous sommes de notre temps... »

*
* *

Revenons à la technique du procédé :

La planche terminée par la retouche, il reste à en faire l'impression. Le cuivre employé tel qu'il est, s'userait promptement. Pour le rendre apte à faire un long tirage, on l'*acière*, c'est-à-dire, on le recouvre galvaniquement d'une légère couche de fer. L'épreuve sur une planche ainsi traitée est de plus de finesse. En cet état, la planche peut donner un grand nombre d'épreuves [1]. Quand elle a fourni un tirage assez considérable, on l'acière à nouveau et, avec d'aussi bons résultats, elle peut resservir. Cette opération d'aciérage peut être renouvelée aussi souvent qu'on le veut ; une planche ainsi traitée, ne s'use donc, pour ainsi dire, jamais.

Pour imprimer les planches d'héliogravure, on se sert de la presse utilisée pour le tirage des gravures à l'eau-forte.

La planche ayant été chauffée, on l'encre à l'aide d'un tampon d'étoffe recouvert d'encre grasse ; sous l'influence de la chaleur, l'encre devient fluide et coule dans les tailles qu'elle remplit. La surface de la plaque est alors très soigneusement essuyée de façon à ce qu'il ne reste de l'encre que dans les creux qui forment les ombres et les demi-teintes. La plaque peut alors aller sous la presse à imprimer.

La presse à bras qui sert pour le tirage des tailles-douces sert, sans aucune modification, au tirage des héliogravures. Elle est assez connue de nos lecteurs pour qu'il nous soit inutile d'en indiquer le mécanisme.

Le papier a été trempé au préalable. Ce genre d'impression réclame, en effet, des papiers fortement trempés.

La planche encrée est disposée sur le plateau de la presse, sur une feuille de papier mince. Par dessus la plaque encrée avec les soins que nous avons exposés tout à l'heure, on met la feuille de papier qui doit recevoir l'impression et par dessus cette feuille, les langes ou « molletons », le « blanchet », habillage dont l'élasticité va seconder l'effort de la presse en forçant le papier à pénétrer dans les tailles de la gravure. On donne la pression et deux fois la plaque passe sous le cylindre. La feuille est enlevée, l'impression est faite ; l'encre des creux s'est transportée sur le papier et y reproduit le dessin avec le charme qui caractérise cette si hautement distinguée gravure.

On comprend qu'une telle méthode d'impression soit relativement lente ; toutes les presses à bras, qu'elles soient typographiques ou lithographiques, ne produisent que lentement ; la presse pour l'impression des gravures en creux pro-

---

[1] Quelques-uns disent qu'une planche aciérée peut donner jusqu'à dix mille épreuves. Nous n'avons jamais eu l'occasion de contrôler l'exactitude du renseignement, mais ce nombre nous paraît bien considérable.

duit plus lentement encore : un ouvrier habile ne peut guère tirer de sa presse qu'une centaine d'épreuves par jour et encore faut-il que la planche soit de moyennes dimensions. Si c'est sur un grand cuivre qu'il opère, trente, vingt, dix épreuves seront parfois une bonne production journalière. Les précautions sont infinies, les soins multiples et une grande habileté de main est exigée pour ces tirages qui ne peuvent être confiés qu'à des imprimeurs exercés. Tant de peines, d'ailleurs, s'expliquent par ceci : chacune de ces épreuves est œuvre d'art.

Mais notre temps a ses exigences et l'on est volontiers porté à réclamer des chefs-d'œuvre sans vouloir accorder le temps matériellement nécessaire à leur exécution. C'est trop demander, bien entendu, mais notre dévorante époque ne s'est pas désintéressée de ce désir et la machine cylindrique est venue qui jette sur le marché des quantités d'héliogravures, moins artistiques, c'est vrai, que celles que produisait péniblement la presse à bras, mais qui n'en sont pas moins héliogravures et, comme telles, font encore bonne figure aux vitrines des marchands d'estampes.

Les papiers qui sont employés à l'impression des planches héliogravées sont le plus souvent des papiers sans colle, de très belles pâte et qualité et d'une certaine force. Les héliogravures étant des épreuves presque toujours tirées à petit nombre et d'un prix relativement élevé, on ne cherche pas sur le papier une économie qui serait déplacée et on n'emploie que des velins de sorte absolument supérieure.

Parmi les collés, le Hollande est fréquemment employé, le Japon également. Les teintes de ces papiers donnent aux épreuves un cachet artistique très apprécié des amateurs ; ces papiers sont aussi d'une grande solidité, ce qui est beaucoup pour des épreuves qui ne sont pas sans valeur. Le papier de Chine donne encore de magnifiques estampes, mais sa fragilité, ou mieux, son manque de consistance, ne permet pas de le faire servir seul au tirage des tailles-douces photogravées ou autres ; il faut donc couper la feuille de chine à la grandeur de l'image, la mouiller et ensuite l'appliquer très exactement sur la planche encrée, après quoi on pose par dessus une feuille de papier blanc sans colle et on passe en pression. Le chine, par cette pression, adhère très solidement à la seconde feuille sur les marges blanches de laquelle il s'enlève, donnant une épreuve de très agréable effet.

*_**

L'héliogravure se prête fort bien aux tirages en couleur. Une planche gravée en creux peut, en effet, recevoir à l'encrage plusieurs colorations et au tirage fournir d'un seul coup de presse une épreuve chromo remarquable. Cette opération d'encrage se pratique par la méthode dite « à la poupée », les poupées n'étant autre que des petits tampons chargés d'encres de couleurs différentes. C'est la le travail de haute difficulté, œuvre d'art bien plus que métier, exigeant de la part des quelques rares ouvriers imprimeurs taille-douciers qui le pratiquent encore, des qualités de chromistes consommés et un réel sentiment d'art.

Nous ne faisons qu'indiquer en passant cette ressource offerte par l'héliogravure ; nous retrouverons la méthode alors que nous étudierons les diverses manifestations de l'illustration en couleurs par la photographie.

CHAPITRE VIII

Procédés divers. — Procédés Petit. — Procédé Sutherland. Procédé Winstanslay. — Procédé Didot. — Procédé Sartirana. Impressions par les rayons X.

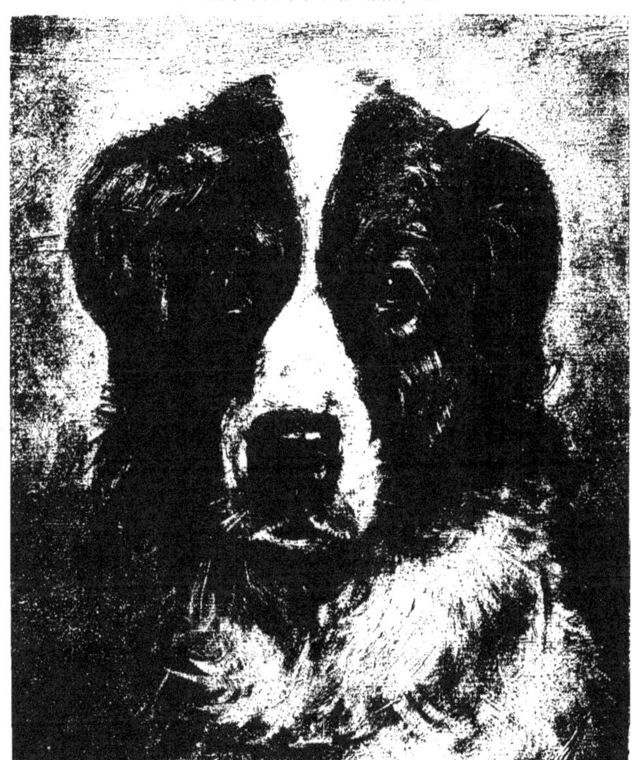

ÉTUDE.

HÉLIOGRAVURE
MEISENBACH RIFFARTH & CO.
MUNICH   BERLIN   LEIPZIG

CHAPITRE VIII

*Procédés divers. — Procédés Petit. — Procédé Sutherland.
Procédé Winstanslay. — Procédé Didot. — Procédé Sartirana.
Impressions par les rayons X.*

LE procédé que nous venons d'étudier clôt la liste des méthodes photomécaniques qui, tantôt d'après des dessins au trait ou à demi-teintes, tantôt d'après nature, produisent en typographie, en lithographie, ou par des méthodes spéciales, au moyen de planches en creux ou en relief sur zinc, sur cuivre ou sur acier, sur pierre ou sur gélatine, des gravures plus spécialement destinées à l'impression d'images monochromes.

Les méthodes étudiées sont les seules qui soient – ou aient été - exploitées industriellement. En typographie, la *photozincogravure*, la *phototypogravure* pour le dessin au trait, la *similigravure* ou « autotypie » pour le dessin en demi-teinte ou la reproduction directe d'après nature ; en lithographie, la *photolithographie ;* sur planches de gélatine, la *phototypie* ou « photocollographie » ; la *photoglyptie* ou « woodburytypie » ; en taille-douce, l'*héliogravure*, voilà la demi-douzaine de procédés vraiment applicables, vraiment appliqués, les seuls qui offrent, chacun dans leur genre et selon leurs moyens, des résultats à la fois probants et pratiques.

Ce sont là les branches maîtresses de l'industrie photomécanique ; pour être catégorique, ce sont les seules vraiment à considérer ; sur chacune d'elles sont venus se greffer une multitude de rameaux, procédés accessoires, parfois inutiles, mais souvent intéressants de par l'ingénieux ou le bizarre de leur conception.

Il nous serait difficile - sinon impossible - de les énumérer tous ; ce serait à coup sûr superflu. Pour documenter ce travail, nous en voulons citer ici quelques-uns, mais très brièvement, les procédés en question n'étant, pour la plupart, que des variantes plus ou moins déguisées des grandes méthodes décrites.

De toutes ces ramifications, il est difficile d'avoir une classification bien exacte ; elles empruntent souvent leurs principes et leurs moyens à plusieurs procédés à la fois. Pour présenter avec autant d'ordre que faire se peut ces méthodes accessoires, nous les classerons à la suite des grandes méthodes dont elles découlent, sous les rubriques adoptées par les Congrès de photographie pour cataloguer les différents genres de phototirages ou impressions mécaniques.

****

Nous trouvons tout d'abord dans cette classification la désignation PHOTO-TYPOGRAPHIE. C'est la rubrique adoptée par les Congrès pour les « procédés de gravure en relief par l'action de la lumière, permettant l'emploi du tirage typographique. » Les deux plus intéressants procédés de cette catégorie sont les procédés de *phototypogravure* et de *similigravure*. Nous les avons exposés dans leurs détails et ne les citons à nouveau que parce qu'ils sont le point de départ d'autres procédés accessoires, dérivés, tout comme eux « procédés de gravure en relief par la lumière propres au tirage typographique ». A leur suite, peuvent donc s'inscrire :

Les *procédés Petit* (Ch.-G. Petit) sont procédés de similigravures : similigravure à l'aqua-tinte, similigravure dite « parviponctuée », cette dernière ayant fait l'objet d'un brevet en 1890.

Rapide, et d'une assez grande simplicité, le procédé Petit consiste à fixer directement l'image photographique sur une plaque d'argent grainée ou striée ; cette image est ensuite transformée en cliché typographique en relief ; tout le succès de l'opération réside, paraît-il, dans le choix de la grosseur du grain ou des stries qui s'harmoniseront le mieux avec la nature du sujet à reproduire. Le procédé donnait de fins détails, et les demi-teintes y étaient bien rendues ; malgré tous les avantages qu'il pouvait présenter, il ne nous paraît pas s'être beaucoup répandu ; la similigravure au réseau a tué la similigravure parviponctuée que nous soupçonnons avoir eu ce grave défaut d'être d'impression délicate, son semis de points étant, au tirage, difficile à obtenir propre, régulier, surtout dans les parties claires, les demi-teintes légères.

Le *procédé Sutherland* (G. Sutherland, Londres) est une transformation de négatifs photographiques en clichés typographiques, directement, par la simple surélévation des noirs. La particularité du procédé est, paraît-il, de supprimer toute mise en train spéciale ; nos imprimeurs reconnaîtront que ce n'est pas là un mince avantage. La méthode devait présenter d'autres inconvénients, car elle ne semble pas s'être beaucoup généralisée.

Le *procédé Winstanslay* est d'une conception marquée d'ingénieuse originalité. Ces manipulations sont particulièrement curieuses à connaître. Comme tous les procédés, celui de Winstanslay repose sur l'emploi de la gélatine bichromatée. La gélatine ayant été impressionnée, donc gonflée, en relief, on recouvre ces reliefs d'une quantité de pointes de fils métalliques très régulièrement effilés *en aiguilles*. Chacun de ces fils affleure la gélatine, mais sans la pénétrer aucunement. Dans cette situation, on soude tous ces fils les uns aux autres ; après quoi, on retire cette sorte de brosse métallique qu'on pose, retournée, devant soi. Les pointes des aiguilles forment dans cette brosse des surfaces onduleuses, les pointes les plus élevées correspondant aux creux de la gélatine, et les pointes les plus basses aux reliefs les plus prononcés. Si maintenant, d'abord au moyen d'une lime, puis pour terminer avec une pierre à repasser, on égalise toutes ces aiguilles en les ramenant au même niveau, ces aiguilles, ainsi coupées plus ou moins loin de leur pointe, seront à leur section d'épaisseur plus ou moins fortes. On a ainsi un cliché typographique, sorte de gravure au pointillé, les pointes d'aiguilles donnant des points de grosseurs différentes ; les plus fins, que n'a pas touchés ou à peine touchés la lime, correspondent aux blancs ou aux clairs du sujet ; les plus gros points, élargis par la lime, forment les ombres et les noirs du sujet. Toute la difficulté est d'avoir soin d'espacer les pointes dans les parties claires pour les faire abonder dans les vigueurs ; le tout sans excès, naturellement, appréciation qui ne va pas sans difficultés et demande un sentiment de l'œuvre à interpréter qui n'est pas donné au premier venu.

Le procédé est tout au moins curieux, n'est-il pas vrai ?

Se rattachant à la *photoglyptie*, dont il emprunte le point de départ, nous trouvons encore le *procédé Didot*.

Nous avons vu les particularités du procédé imaginé par Poitevin et Woodbury. Didot, lui, d'une planche de gélatine préparée comme pour ce procédé prenait à froid une empreinte sur un bloc de stéarine. On comprend que dans cette contre-partie, les grandes profondeurs représentent les parties claires du sujet, tandis que les noirs y correspondent à des presque à plat. Cette empreinte de stéarine est alors plombaginée avec soin, puis placée sur une sorte de raboteuse d'extrême justesse, armée d'un burin qui effleure seulement les parties les plus profondes. On fait sur l'empreinte des passes de raboteuse qui tracent des traits très rapprochés les uns des autres ; le dessin apparaît alors tracé en hachures blanches sur le fond gris de la plombagine. Il ne reste plus alors qu'à photographier ce dessin et, complétant l'opération par les procédés de photozincogravure, on en obtiendra un cliché en relief propre au tirage typographique.

Comme le procédé Winstanslay, le procédé Didot est ingénieux, on le voit. Ajoutons cependant que bien que ses données soient en apparence d'extrême simplicité, le procédé demande dans l'application une délicatesse et une habileté de main peu communes.

∗

Un peu du même genre que le précédent est le *procédé Sartirana*. Il consiste à graver au burin, de façon absolument mécanique, à l'aide d'une machine spéciale du type de la machine à griser employée par les lithographes, des photographies dont les teintes plates sont traduites par des hachures parallèles. La reproduction est assez fidèle et l'effet général intéressant.

****

Nous ne voulons pas suivre par le détail toutes les menues inventions de la photo-imprimerie. Ces satellites des grands procédés sont trop nombreux et ils brillent d'un trop mince éclat pour qu'il soit réellement utile de les tous connaître. Ils sont, d'ailleurs, d'emploi trop peu généralisé. Pourtant, nous ferons une exception, et parce que cette méthode fit un instant quelque bruit, nous voulons examiner ici une trop fameuse découverte : *l'impression par les rayons X*. A ce sujet, une parenthèse : L'impression par les rayons X peut paraître nous entraîner un peu hors des limites de notre cadre, c'est peut-être un à-côté de la question. A certains points de vue, oui ; à d'autres, non ; car son principe, son caractère d'impression lumineuse la met tout à fait de circonstance. Si elle n'est pas, à proprement parler, un moyen d'« illustration du livre », elle n'en est pas moins une manifestation d'«impression absolument photographique » ; la nuance est délicate, la démarcation presque illusoire. Nous serons bref :

Il y a quelque temps, — deux ou trois années, — les journaux d'imprimerie, les revues scientifiques présentèrent au public une découverte à leur dire absolument stupéfiante. Il ne s'agissait de rien moins qu'imprimer *instantanément* des milliers d'épreuves par l'action des rayons X, invention toute récente alors. On citait des chiffres fabuleux : 60,000 épreuves obtenues en moins d'une minute ! *La Vie scientifique* enregistrait cette communication d'un docteur ès sciences et, par pure condescendance sans doute, tenant compte du temps perdu aux diverses manipulations, déclarait qu'*un* homme, dans une journée de *huit* heures,   oh ! la question sociale !   pouvait produire le très *encourageant résultat* (!) de 750,000 copies. C'était un chiffre ; mais, hélas ! ce qu'il fallut en rabattre.

La découverte ne paraît guère avoir franchi les portes des laboratoires que pour faire quelques apparitions dans les colonnes de l'*Electrical Engineer* et autres publications analogues ; en tout cas, elle ne donna lieu à aucune tentative d'exploitation industrielle. Que si les savants en gémissent, nos typographes et nos imprimeurs s'en réjouissent : la colossale invention les aurait radicalement supprimés, apportant le journal de l'avenir stupéfiant, inconcevable presque. Un tour de machine et l'imprimé serait sorti, reproduit à des milliers et des milliers d'exemplaires, sans peine, sous un simple geste du savant distribuant par un tube de Crookes les torrents de grâces des fameuses radiations cathodiques.

Certes, on ne peut le nier, il y a des découvertes qui, par leur conception, semblent devoir dépasser l'entendement humain. Notre époque en fourmille. Le téléphone, le phonographe, le microphone, le télégraphe avec ou sans fil et, — ne l'oublions pas, — la radiographie, sont des découvertes bien suffisamment étonnantes pour qu'on ne puisse trouver absolument exagérée cette prétention des rayons X, à l'actif desquels nous voyons déjà de si grandes choses, de nous éblouir encore une fois de leur petit miracle et procréer en quelques secondes ce que nos pères mettaient des années à édifier péniblement, y dépensant des monceaux d'intelligence et de patience, ce que nous-mêmes, plus instruits encore, mettons des semaines ou des mois à produire. Cela n'est pas encore, mais il n'est pas impossible que cela soit dans un temps plus ou moins éloigné. Qui peut douter de l'avenir !

Malgré les disputes du docteur new-yorkais Frédérich Strange Holl, et de notre compatriote le savant Georges Izambard, que l'Américain d'ailleurs paraît avoir plagié, l'invention n'a pas fait un grand pas. Mais le principe est là, qui prouve clairement que la chose est, sinon faisable, du moins qu'elle est plausible et soutenable. Qu'on en juge par ce résumé de la méthode exposée, telle qu'elle figure, dans les brevets de M. Izambard :

« On sait que les rayons X traversent aisément les corps opaques, mais sont arrêtés par les substances métalliques. Par conséquent, si l'on emploie, pour tracer des caractères sur un papier destiné à servir d'écran, une encre spéciale composée d'éléments métalliques ou calcaires, ces caractères seront imperméables aux rayons X, les arrêteront au passage. Et si l'on expose aux rayons X, sous cet écran, un bloc de papier sensibilisé au gélatino-bromure, toutes les feuilles du bloc seront instantanément traversées, et, par suite, impressionnées par les rayons X, excepté sous l'écriture tracée avec l'encre radiographique (l'encre imperméable). Le texte de l'écran se trouve ainsi tiré à un grand nombre d'épreuves. Ce texte, on peut l'écrire à la plume ; on pourrait aussi le *composer* typographiquement ; mais le plus simple est de l'écrire directement avec les caractères d'impression de la machine à écrire, puisque aussi bien on n'a besoin que d'un exemplaire unique pour opérer le tirage. Telle est la synthèse du procédé [1]. »

----

[1] M. Izambard continue ainsi l'exposé de sa découverte :

«On voit tout de suite que cela supprime les deux opérations les plus longues et les plus compliquées de la typographie, la *composition* et la *distribution* des caractères. On les remplace par la dactylographie, dix fois plus expéditive.

» Les opérations photographiques usuelles (développement, fixage et séchage) sont pratiquées automatiquement et en masse, au moyen des cuves *ad hoc* que j'ai décrites dans mes brevets ; ou bien, en détail, avec les machines à ruban continu dont le fonctionnement est extrêmement rapide.

» Mais ce texte en traits métalliques donnerait des épreuves *négatives*, c'est-à-dire *en caractères blancs sur fond noir*. Pour obtenir l'effet inverse, il fallait un écran-type dont la surface fût opaque, les traits restant en clair pour laisser passer les rayons X. J'obtiens ce résultat en encrant

Nos lecteurs remarqueront que si cette méthode, dans l'esprit de ses parrains, ne semble viser que la reproduction des textes ou écritures, rien ne paraît devoir s'opposer à ce qu'elle s'attaque aussi à l'illustration. Il est, somme toute, aussi facile de dessiner que tracer des caractères : un dessin, un portrait, un paysage fait à la plume avec l'encre radiographique se reproduirait.

la plume ou la machine à écrire avec une encre collographique mucilagineuse (non métallique cette fois), *qui a la propriété de repousser l'encre grasse.* Je passe ensuite sur le tout un rouleau chargé d'encre métallique *grasse,* qui adhère au papier, sauf aux endroits portant écriture. L'écran étant négatif donnera des épreuves positives », donc avec la même facilité, la même instantanéité.

Malheureusement, les essais faits pour tenter d'utiliser les rayons X au profit de l'imprimerie durent demeurer simples curiosités de savants laboratoires. L'idée ne fut jamais appliquée industriellement, chose regrettable, bien regrettable peut-être, car il eût été extrêmement intéressant de savoir au juste ce que pouvait donner définitivement, au point de vue économique et pratique, une méthode étayée sur une théorie aussi rationnelle.

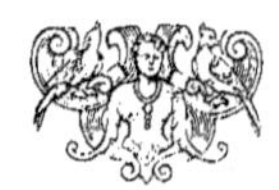

CHAPITRE IX

Photochromographie. — Photochromogravure. — Photochromotypographie. — Photochromotypie. — Photochromocollographie. — Photochromoglyptie. — Photochromoglyptographie. — Héliochromie. — Héliogravure en couleurs. — Procédé dit « des trois couleurs ».

R. Begas. L'étincelle électrique.

CHAPITRE IX

Photochromographie. — Photochromogravure. —
Photochromotypographie. — Photochromotypie. — Photochromo-
collographie. — Photochromoglyptie. — Photochromoglyptographie.
— Héliochromie. — Héliogravure en couleurs. —
Procédé dit « des trois couleurs ».

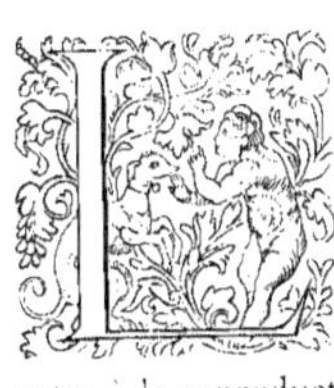

A *photochromographie* ou *photochromogravure*, — deux mots
absolument synonymes, — constitue l'ensemble des procédés
d'impression qui, nés des méthodes photomécaniques, permettent d'obtenir, par la photographie, la reproduction polychrome d'images colorées quelconques.

Tous les procédés que nous avons signalés comme
aptes à la reproduction d'images monochromes peuvent, à l'occasion, avec plus ou
moins de succès, fournir des épreuves polychromes.

La *photozincogravure* donne naissance à la *photochromozincogravure*, ou mieux
photochromotypographie.

La *phototypie* ou *photocollographie*, appliquée aux reproductions en couleurs, se
transforme en *photochromotypie* ou *photochromocollographie*.

L'*héliogravure* fournit l'*héliochromie* ou *heliochromogravure* ; c'est, à plus simplement parler, l'*héliogravure en couleurs*.

La *photoglyptie*, elle aussi, fournit des épreuves en couleur par une méthode
mixte utilisant ce procédé, tout en s'aidant d'autres méthodes : chromolythogra-
phie, chromotypographie, etc. ; ainsi transformée, elle se présente sous ces plus
redondantes appellations : *photochromoglyptie*, *photochromoglyptographie* ou photo-
chromoglyptogravure.

La *photolithographie*, mariée avec la couleur, — union fréquente, — devient la très connue *photochromolithographie*.

Enfin, la similigravure ou autotypie, triomphe par sa transformation en impression par *procédé dit « des trois couleurs »*, procédé, pour l'instant et sans doute de longtemps, la plus étonnante de toutes les méthodes d'impression photo-chromographiques.

Examinons ces diverses méthodes une à une, mais assez rapidement pour arriver vite au procédé « des trois couleurs », le seul vraiment à considérer, parce qu'il est le seul auquel on puisse, sans se tromper, prédire un étonnant — et double — avenir.

***

La *photozincogravure* est un des procédés qui permettent d'obtenir à assez bon compte des clichés susceptibles de servir à des impressions en couleurs. Ainsi transformé, le procédé prend le nom de *photochromotypogravure* ou *photochromozinco-gravure* ; on dit aussi bien souvent, mais avec moins de justesse : *chromotypogravure*. Il procède ainsi :

Tout d'abord, d'après l'aquarelle, la peinture ou le sujet polychrome dont on veut faire une reproduction en couleur, on exécute au pinceau, à la plume ou au crayon, un simple dessin des contours, complété de grandes touches sommaires, ces touches devant indiquer ou mieux localiser les plus importants effets. De ce dessin par les procédés photozincographiques que nos lecteurs connaissent, on fait un cliché en relief ; on en tire quelques épreuves qui sont alors remises à un artiste aquarelliste, lequel va les « enluminer », selon son idée ou, s'il s'agit d'une copie, selon le coloris de l'original à reproduire. L'épreuve, au sortir des mains de l'aquarelliste, retourne chez le photograveur ; celui-ci, décomposant par la pensée les touches d'aquarelle, calque bien exactement chacune des couleurs et, reportant ces calques sur des plaques de zinc, on fait autant de clichés que l'épreuve coloriée comportait de couleurs.

Au tirage, ces clichés, encrés de la couleur que chacun d'eux représente, et imprimés successivement, par la superposition de leurs couleurs, cette superposition s'aidant de combinaisons de hachures, d'effets obtenus par mélanges de teintes plates, de pointillés ou dégradés produits de grainés, comme pour l'aqua-tinte, procureront une reproduction très agréable, souvent très fidèle, de l'original.

***

La *phototypie* ou *photocollographie* est, sous le rapport de la perfection artisti-que, aux premiers rangs des méthodes issues de la photographie. Il était donc bien naturel qu'on la fît servir à la production d'images polychromes. On l'y emploie, soit seule, soit en la combinant avec la lithographie, dans les deux cas avec assez de succès.

Lorsque la phototypie est employée seule à la production d'images poly-chromes, le sujet à reproduire est photographié avec des plaques orthochromati-ques, six, huit, dix fois, selon son coloris. Chacun de ces négatifs est ensuite l'objet d'une retouche toute particulière, c'est-à-dire qu'on supprime soigneusement sur chaque planche tout ce qui peut nuire à l'effet de la couleur que cette planche devra donner. C'est, en d'autres termes, une sélection ou, pour mieux dire, une décomposition du coloris de l'original en autant de planches phototypiques que cet original contiendra de couleurs.

L'impression se fait ensuite par la méthode propre à la phototypie, sauf que les planches sont tirées les unes à la suite des autres, superposées entre elles, cha-cune dans sa couleur.

L'érudit directeur technique des ateliers lithographiques de l'Imprimerie nationale de Vienne, M. Frédéric Hesse, indique ainsi les défauts de la méthode photochromotypique :

La phototypie en couleur ne peut être employée avec succès que lorsqu'il s'agit d'objets de coloris simple ; elle convient moins pour des reproductions multicolores de tons profonds, nourris, ou pour des reproductions d'après des peintures à l'huile offrant de grandes difficultés, par suite de la nécessité absolue de l'observation exacte du registre et de l'impression uniforme de chacune des couleurs, difficultés souvent insurmontables. L'égalité d'impression, de nécessité absolue pour des reproductions coloriées, offre beaucoup de difficultés, surtout dans l'impression des couleurs. Ainsi il arrive parfois que des planches phototypiques deviennent pâteuses après le tirage de quelques épreuves, ce qui rend nécessaire un mouillage supplémentaire trop fréquent, tout en usant bientôt les planches ou les rendant entièrement inutilisables. Il arrive encore que des planches, copiées dans des conditions bien égales, donnent, les unes, des épreuves pâteuses, les autres des épreuves dures, effet qui s'explique par l'influence des inégalités de tempé-rature.

Quant au repérage des épreuves phototypiques en couleur, il laissera en général à désirer par suite des superpositions répétées des couleurs et de l'effet toujours renouvelé de l'humidité sur le papier. Le repérage sera surtout mauvais dans l'impression par la presse à bras, étant donné que dans celle-ci le papier reste plus longtemps sur la planche humide que dans l'impression à la machine.

Le procédé dans lequel on emploie à la fois la phototypie et la chromoli-thographie est celui qui permet l'utilisation la plus avantageuse de la phototypie pour l'impression en couleurs, et qui donne les résultats les plus surprenants par leur beauté.

Voici la description succincte du procédé :

La phototypie est ici tout d'abord employée pour fournir la planche princi-pale, ou planche dite de détails, de vigueur, de dessin ou de contours, planche qui, en chromolithographie, forme comme la base qui sert à la préparation des autres planches de couleurs. Au besoin, lorsqu'une planche phototypique ne peut à elle seule donner tout l'effet voulu, on en emploie deux ou trois, le tout est que la reproduction n'exige point, pour cette première partie du travail, un repérage trop exact. Outre cela, la phototypie sert à la confection des planches de couleur, en ce sens que pour la mise en place de chacune d'elles, le chromolithographe facilitera énormément son travail en reportant une copie aussi vigoureuse que possible du négatif sur chacune de ses pierres apprêtées au bitume sensibilisé ; il aura ainsi d'un seul coup et très exacts tous les détails du dessin et des teintes nécessaires à l'exécution des planches monochromes.

La combinaison de la phototypie et de la lithographie que nous venons de voir n'est autre que la *photochromolithographie ;* l'utilisation de la phototypie, fournissant d'elle-même des reproductions polychromes, est dénommée *photochromotypie* ou *photochromocollographie.* Ces dénominations ne sont régies par aucune règle, aucun usage, variant de l'un à l'autre établissement utilisant ces méthodes ; on pourrait, en effet, augmenter ce vocabulaire de nombreuses appellations, et dire avec autant de justesse et, quoiqu'il y paraisse, sans barbarisme illogique, *photochromocollolithographie, chromolithophototypie, photochromocollotypie,* etc., etc. L'étiquette peut ici varier à l'infini.

**

L'*héliogravure* donne des reproductions polychromes par les mêmes procédés, qui sont applicables aux planches à l'eau-forte, au burin ou à la manière noire.

Plusieurs moyens se présentent pour obtenir des épreuves en plusieurs couleurs d'une héliogravure :

On peut avoir des épreuves polychromes d'une héliogravure tout en n'ayant qu'une seule planche de celle-ci ; il faut pour cela garnir les creux du cuivre d'encres de colorations différentes, ces encrages correspondant aux tonalités de l'original dont l'épreuve héliographique doit être la reproduction. C'est là besogne, on le voit, hautement artistique et, nous n'étonnerons personne, en écrivant ceci, qu'en la circonstance, elle fait de l'ouvrier imprimeur qui l'exécute un artiste, ce mot ici étant employé dans toute son amplitude.

Cette opération d'encrage s'opère à l'aide de petits tampons appelés, de par leur forme, des « poupées ». Les poupées sont les pinceaux de l'imprimeur en taille-douce polychrome, et il les emploie absolument comme un peintre se sert des siens. Les poupées sont chargées d'encres de couleurs différentes ; les plus grosses garnissent les grandes masses, les moyennes posent les touches demi-larges, les fluettes vont remplir les creux plus délicats. Parfois la plus minime « poupée » ne peut se hasarder à certains endroits ; le pinceau doit la remplacer et poser les touches plus délicates ; qu'on vienne dire après cela que l'imprimeur n'est pas un artiste et qu'en l'espèce son mérite ne puisse égaler celui du peintre ; à plus d'un titre, il s'en rapproche, car son travail ne peut être exécuté sans un réel sentiment artistique, et ses moyens sont presque identiques.

« Sans doute,   dit notre confrère Jules Adeline,   un aquafortiste à qui rien n'est étranger de ce qui concerne le cuivre et son impression, l'ouvrier imprimeur est guidé dans son travail par une épreuve coloriée qu'il a sans cesse sous les yeux ; mais on voit quelle habileté de tour de main et quel tact il faut pour colorer ainsi un cuivre avec des encres d'imprimerie. C'est dire que le tirage des épreuves encrées « à la poupée » est toujours fort long, — fort cher naturellement,   et que, de plus, malgré le souci de reproduire exactement le bon à tirer, les épreuves peuvent être de valeur inégale, car il est rigoureusement impossible à l'ouvrier imprimeur de reproduire chaque fois les mêmes effets d'une manière identique. Malgré cela, certains spécialistes excellent dans ces sortes de tirages qui, bien réussis, sont très harmonieux et qui, parfois,   lorsque l'épreuve est encore humide au sortir de la presse,   sont retouchées vivement au pinceau, soit pour mélanger des teintes encore fraîches, soit pour ajouter quelques petites notes éclatantes impossibles à poser autrement qu'au pinceau. »

Adeline, que nous venons de citer, vient de lâcher là une bien grosse explication. Les épreuves d'imprimerie sont donc, après coup, « maquillées ». Eh oui ! elles le sont presque toutes, et le coloriste est un précieux auxiliaire de l'imprimeur en ce qui concerne, du moins, les épreuves des tirages de grand luxe. Ceci, à Paris, la province étant encore totalement dépourvue de ces spécialistes. Les grandes imprimeries parisiennes connaissent bien, en effet, les ressources que leur offre le *coloriage* de leurs épreuves et ils en tirent un excellent parti. Une teinte a-t-elle été tirée en dessous de sa valeur réelle, quelques touches de couleurs vives sont-elles nécessaires ? le coloriste remettra tout cela au point par un simple brossage de couleurs à l'eau distribuées au moyen de vignettes à jour, ou « patrons », absolument du genre des vignettes qu'en emploie pour l'enluminure des images dites « d'Épinal ».

Les épreuves sont donc « truquées » ? Nous répondons : Oui, dans la majorité des cas, les épreuves des tirages de grand luxe sont truquées, maquillées ; cela n'est pas déshonneur, au contraire, puisque les grandes maisons qui utilisent ces artifices n'ont qu'un souci, l'impeccable exécution de l'épreuve qu'elles lancent.

Disons aussi, — c'est justice,   que le coloriage au patron, produit souvent, de toutes pièces, des épreuves qui ne sont pas dépourvues de charme ; le coloriste, ce descendant de l'enlumineur du moyen âge, donne la mesure de ses mérites en produisant, de lui seul ou à peu près, des planches que l'esprit le plus prévenu ne peut se refuser à reconnaître pour très artistiques.

****

La *photoglyptie* ou *photoplastographie* a, elle aussi, fourni quelques intéressantes épreuves polychromes. Les encres à base de gélatine qu'elle emploie étant naturellement très transparentes, on a imaginé d'imprimer de manière photoglyptique chacune des couleurs d'une polychromie. Le dessin étant décomposé, on faisait de chaque couleur un moule hélioglyptique dont on tirait quelques épreuves avec de la gélatine teintée suivant la couleur qui convenait à chaque moule. Un artifice de fabrication permettait de détacher les couches d'encre gélatineuse des papiers sur lesquels elles étaient imprimées ; puis ces diverses pellicules de gélatine étaient superposées avec précision, et les tons se fondant plus ou moins selon l'épaisseur de la gélatine reconstituaient l'image avec une très grande variété de nuances et dans toutes ses parties.

Une autre méthode a aussi été tentée, basée qu'elle était sur une combinaison ou amalgame de photoglyptie et de lithographie. Ici une épreuve photoglyptique donnait tout le détail du sujet. Le coloris était obtenu par tirage d'a-plats lithographiques combinés selon le coloris de l'original. La pellicule photoglyptique appliquée par-dessus cette très simple chromolithographie modelait le tout, procurait le détail, mettait tout en place à sa juste valeur.

Malheureusement, les auteurs de ces assez ingénieux procédés n'ont pas pu sortir de la période des essais ; ils ont obtenu quelques épreuves, — intéressantes, il faut le dire, — mais c'est tout, le procédé n'est pas d'application véritablement industrielle, le repérage étant trop incertain dans l'une ou l'autre de ces méthodes.

**

Reste la *similigravure* ou *autotypie*. Elle est, elle, beaucoup utilisée pour les tirages polychromes. Elle donne naissance à plusieurs méthodes dérivées, toutes intéressantes dont l'une, cependant, écrase toutes les autres d'une très évidente supériorité : la similigravure appliquée à la méthode dite « des trois couleurs », méthode que nous allons examiner dans le suivant chapitre.

De toutes les autres applications de la similigravure à l'industrie polychrome, nous ne voulons retenir que celle utilisée pour le procédé dit : *Synchromie*. Nous ne la citons même que parce qu'elle est d'un caractère bizarre, mystérieux, devrions-nous dire et, pour expliquer quelque peu la méthode qui a permis d'obtenir la planche, intéressante à plusieurs titres, que nous avons placée en tête de cet ouvrage.

La *Synchromie* est une découverte de M. le comte Vittorio Turati, de Milan. Ainsi que l'indique un nom assez éloquent de lui-même, la synchromie produit des épreuves où plusieurs couleurs — et, paraît-il, quel que soit le nombre de ces couleurs, — sont obtenues ensemble *d'un seul coup de presse*.

Comment peut-on obtenir semblable résultat ? Les presses de M. Vittorio

Turati ont fonctionné devant des personnes très compétentes en art typographique ; toutes ont pu se rendre compte que l'impression de toutes les couleurs s'obtenait d'un seul tirage, mais elles n'ont vu que cela et le secret de la méthode employée reste celui de l'inventeur.

Cherchant à pénétrer le mystère de cette découverte, mystère qu'il est très naturel que son auteur garde si jalousement à l'abri des indiscrétions, tablant, nous, sur une pure hypothèse, nous avons cru un instant nous trouver ici en face d'une méthode d'impression où la planche, bloc en relief ou planche gravée en creux, aurait été encrée mécaniquement d'une façon analogue à celle dite « à la poupée », usitée parfois pour la gravure en taille-douce.

C'était là une supposition inexacte et il faut convenir que cette manière de faire, si elle eût été réellement celle employée, eût été extraordinairement rapide puisque M. Turati peut obtenir jusqu'à 900 *exemplaires à l'heure* et ce, nous l'avons dit, quel que soit le nombre des couleurs, ce nombre étant illimité et, paraît-il, n'augmentant en rien ni les frais ni le temps d'obtention des épreuves.

Un journal technique de Turin, *Archivio Tipografico*, a publié une étude assez intéressante sur ce procédé ; l'auteur de l'article donne sur la méthode les quelques indications suivantes, indications qu'il nous est impossible de contrôler, mais explications que nous citons parce qu'elles tranchent un peu sur les hypothèses qui — très nombreuses — ont été émises au sujet de la distribution des couleurs dans cette impression :

Le mot Synchromie signifie impression en plusieurs couleurs obtenues en un seul tirage, ce qui n'est pas tout à fait le cas pour les épreuves que M. Turati obtient, puisqu'elles sont imprimées en deux tirages.

Nous suspendons la citation. Ici le journal italien nous paraît faire erreur. L'examen d'une épreuve de Synchromie fait bien voir qu'elle est obtenue d'au moins deux clichés, un pour la couleur, l'autre, en noir, donnant le dessin de l'image ; cependant, rien ne dit que ces deux clichés ne sont pas imprimés d'un seul coup de presse ; autre chose serait, si les deux clichés étaient imprimés l'un après l'autre, en deux tirages successifs, mais ici le papier entré vierge dans la machine en doit sortir avec toutes ses couleurs et son noir imprimés : l'impression est donc bien *synchromique*, elle le serait tout autant si huit, dix ou douze clichés étaient employés à l'impression d'une épreuve, ceci à la seule condition que le papier reçoive toutes ses couleurs dans une seule opération de la machine.

Continuons :

Voici le procédé : Les couleurs dont on a besoin sont solidifiées, c'est-à-dire rendues dures, comme matière gélatinée, par un procédé chimique inconnu de moi. Ceci obtenu, les couleurs requises pour un travail donné sont taillées sur la mesure du cliché à employer. Après quoi, on réunit les diverses couleurs, et l'on a un bloc d'encre solide, que je nommerai *cliché de teintes,* de la largeur nécessaire pour l'impression d'un autre cliché qui représente *le trait* correspondant aux couleurs. Le *cliché de teintes*, mis dans un châssis, est porté à la presse. Il est de la hauteur à peu près des caractères. On fait l'habillage nécessaire. Dans l'encrier à la place où nous mettons l'encre, je suppose qu'il est placé une substance qui s'étend et se broie sur les rouleaux, lesquels la portent en quantité suffisante sur le *cliché de teintes* ou encre solidifiée, de telle sorte que de cette encre solide, une légère quantité est enlevée à chaque feuille imprimée. Le tirage fait naturellement diminuer la hauteur du *cliché de teintes*, mais il est remédié à cela par une modification à la machine à imprimer, en ce sens que le marbre se soulève d'un dixième de millimètre après un certain nombre d'exemplaires tirés.

Cette explication est-elle la bonne? Nous ne le savons, et, pour être sincère, nous la trouvons à tout le moins bizarre [1].

Ne serions-nous pas plutôt en présence d'une méthode d'encrage analogue à celle utilisée par la « presse Orloff » ? [2].

Considérons, en effet, le fonctionnement de cette dernière :

Dans les méthodes ordinaires d'impression en couleurs, celles-ci sont appliquées sur le papier successivement, l'une après l'autre, lorsque la ou les précédentes couleurs ont eu le temps de sécher : la presse Orloff bouleverse complètement ce système et met toutes les couleurs sur le papier en une seule fois et aussi rapidement que s'il n'y en avait qu'une à appliquer.

Le *British and Colonial Printer and Stationer* indique ainsi la manière dont fonctionne la presse :

« Supposons qu'il s'agisse de reproduire un modèle quelconque qui devrait être établi, par exemple, en sept couleurs : on fixe les divers clichés nécessaires pour chaque nuance sur un gros cylindre, pendant la révolution duquel chacun d'eux est encré avec la couleur qui lui convient par un jeu de rouleaux qui lui est spécialement destiné. Ces divers clichés une fois encrés, n'impriment pas directement sur le papier, mais transportent leurs couleurs sur des rouleaux d'une composition particulière, et de ces rouleaux ou cylindres l'ensemble des couleurs est transféré sur la forme véritable, se superposant à sa surface qui imprime alors complètement l'épreuve définitive. Ces diverses opérations se succèdent sans discontinuité. Le cylindre opère sa révolution complète en un vingtième de minute : pendant cette espace de temps, chaque cliché a été encré et réencré avec la couleur qui lui convient, et cette couleur a été transmise sur le cylindre spécial ; la presse imprime d'abord pour ainsi dire sur elle-même, l'impression complète

---

[1] L'auteur, d'ailleurs, permet en nous ce doute quand il nous déclare « qu'il a indiqué de son mieux cette impression, tout en restant exact dans les lignes générales et qu'on ne doit pas croire que ce qu'il dit ici est mathématiquement précis, ceci étant plus intuition générale du procédé que le procédé lui-même, mais qu'il ne peut dire autre chose pour l'expliquer entièrement ».

L'article cité a été traduit de l'italien par M. René Billoux.

[2] La presse Orloff a été inventée par un haut fonctionnaire de l'Imprimerie impériale russe. Trente-deux de ces machines fonctionnent dans cet établissement, utilisées qu'elles sont à l'impression des papiers-monnaie.

n'ayant lieu que lorsque le cylindre vient en contact avec la forme. On n'éprouve aucune difficulté pour l'impression de couleurs qui tirent leur origine de plusieurs autres, telles que le vert qui provient du jaune et du bleu, le violet qui est dû au rouge et au bleu, etc. etc.; chaque combinaison de couleurs s'opère automatiquement et plus facilement que cela ne pourrait être fait par la peinture. On pourrait supposer que la superposition de sept couleurs ou plus, à l'état humide, doit produire une impression défectueuse; il n'en est rien : chaque épreuve ressort parfaitement nette, chaque nuance conserve l'éclat qui lui convient.

« Une des difficultés les plus communes qu'on rencontre lorsqu'on imprime en couleurs, provient du rétrécissement ou de la dilatation qu'éprouve le papier, soit à la suite de ses divers passages sous la presse, soit à cause des variations de la température, soit en raison de l'humidité de l'air, rétrécissement ou dilatation qui empêchent d'obtenir un repérage exact. La presse Orloff supprime cet inconvénient et donne d'excellents résultats, même avec les papiers les plus minces, cela d'autant mieux que les feuilles, amenées par un ingénieux margeur pneumatique, ne passent qu'une seule fois en pression comme pour les machines en blanc ordinaire. »

« La presse Orloff offre le moyen de produire en plusieurs couleurs aussi rapidement et presque aussi économiquement qu'en une seule ; de plus, elle ouvre de larges horizons aux hommes énergiques qui aiment à aller de l'avant » [1].

Ajoutons à ces très exacts renseignements, que cette machine produit de 800 à 1000 exemplaires à l'heure, et qu'on remarque que ce chiffre de production est aussi celui avec lequel s'obtient la Synchromie.

Pour en revenir à cette dernière méthode d'impression en couleurs, il n'y aurait rien d'étonnant à ce que son principe d'encrage des planches ressemblât quelque peu à celui de la presse Orloff. C'est une simple idée que nous émettons là, et pas davantage que toutes les autres explications qu'on a voulu donner sur la mystérieuse méthode, celle-ci n'est étayée que sur de simples suppositions. Le secret reste toujours celui de l'inventeur de la Synchromie, M. le comte Turati, une des gloires de l'imprimerie italienne.

*_**

Nous avons à peu près vu toutes les diverses méthodes d'impression photomécanique en couleurs. Il en reste une cependant, la plus importante, celle qui révolutionne l'imprimerie et de laquelle on peut tout attendre, méthode surprenante, jeune encore, mais déjà merveilleuse, n'ayant pas dit son dernier mot car,

---

[1] Traduit de l'anglais par A. Reynaud, imprimeur à Lyon.

sans cesse perfectionnée, elle aspire à devenir la méthode idéale, celle qui supprimera toutes les autres dans le domaine de la couleur.

Nous avons désigné ici le procédé dit *des trois couleurs*. C'est son étude qui va terminer cet ouvrage.

CHAPITRE X

Procédé dit des « trois couleurs »

E tout temps, les peintres ont reconnu que trois couleurs choisies avec discernement devaient suffire pour fournir toutes les nuances de la nature. Ces couleurs sont le rouge, le jaune et le bleu ; elles sont appelées avec raison couleurs *fondamentales* ou *primaires*, aussi couleurs *génératrices*, parce que, combinées entre elles à des doses variables, elles peuvent — ou mieux elles doivent — fournir toutes les autres couleurs. Ainsi, le bleu et le jaune mélangés donneront le vert ; si on y ajoute le rouge, on aura le noir ; le bleu et le rouge produiront le violet ; qu'on y ajoute le jaune et on aura le noir ; le rouge et le jaune donneront l'orange ; mélangez-y du bleu, vous aurez encore du noir. L'association des trois couleurs produit donc le noir ; la gamme des couleurs qu'elle permet de rendre embrasse toutes les tonalités, partant du blanc pur pour aboutir au noir le plus absolu.

Partant de ce principe, lorsqu'on fut convaincu que tous les tons pouvaient être reproduits par la réunion des trois couleurs fondamentales, on imagina, renversant le problème, d'analyser en trois monochromes distincts, l'un rouge, l'autre jaune, l'autre bleu, un tableau quelconque. En d'autres termes, on décomposait le coloris de l'original, retirant de ce coloris d'abord tout le jaune qui s'y trouvait, ensuite tout le rouge, enfin tout le bleu. C'est la la sélection. De ces trois monochromes, si on fait ensuite trois planches propres à l'impression, et qu'on imprime, en les superposant sur une feuille de papier chacune de ces planches dans sa nuance respective, jaune, rouge ou bleue, on reconstituera, du simple au composé, par exacte synthèse, le tableau primitif.

« Si je décompose, — disait Ducos du Hauron, un de ceux auxquels on doit cette brillante découverte, — en trois tableaux distincts, l'un rouge, l'autre jaune, l'autre bleu, le tableau, en apparence unique, mais triple en réalité, quant à la couleur, qui nous est offert par la nature, et si de chacun de ces trois tableaux j'obtiens une image photographique séparée qui en reproduise les couleurs spéciales, il me suffira de confondre ensuite en une seule image les trois images ainsi obtenues pour jouir de la reproduction exacte de la nature, couleur et modelé tout entiers. »

Ces lignes sont la genèse de l'invention ; son historique mérite d'être connu ; il fait trop d'honneur à notre pays pour que nous ne le relations pas en quelques lignes ici.

La découverte est française.

***

Elle est due à deux modestes qui, sans se connaître d'aucune manière, et sans avoir eu entre eux des rapports quelconques, imaginèrent, en 1869, de toutes pièces, dans une conception presque identique, la théorie du passionnant problème.

Nous désignons ici Charles Cros et Louis Ducos de Hauron, le premier avait vingt-sept ans, le second trente-deux ans, lorsqu'ils imaginèrent simultanément la théorie du procédé de la photographie indirecte des couleurs. Bizarre coïncidence, ils communiquèrent leur découverte à la Société française de photographie dans la même séance (7 mai 1869).

Charles Cros était poète et demeure assez connu sous cette qualité. Il était aussi inventeur et savant ingénieur ; on lui doit les inventions peu communes du téléphone et celle du phonographe qu'il imagina bien longtemps avant Édison [1].

Louis Ducos du Hauron, lui, dès sa jeunesse, s'adonna avec ardeur à l'étude des sciences physiques. C'est lui qui semble avoir eu, le premier, l'idée — peu banale, on en conviendra, — de trier les couleurs d'un original pour en faire ensuite la synthèse. Il a aussi à son actif l'invention du cinématographe [2].

D'aucuns ont voulu chercher ailleurs qu'en France les inventeurs du procédé ; on mit en avant Henry Collen, puis James Clerk Maxwell, prétendant qu'avant nos deux compatriotes ils avaient proposé des systèmes de photographies trichromatiques. C'était une erreur... intéressée de la part de nos voisins Anglais. Il fut, en effet, prouvé qu'en ce qui concernait Henry Collen, sa communication, — peu

---

[1] Il en exposa, en effet, le principe dans un pli cacheté, déposé le 30 avril 1877 à l'Académie des Sciences et ouvert le 3 décembre de la même année. Il avait pour titre : *Procédé d'enregistrement et de reproduction des phénomènes perçus par l'ouïe.*

[2] En mars 1864, Ducos du Hauron fit breveter le premier cinématographe sous cette désignation : « Appareil destiné à reproduire photographiquement une scène quelconque avec toutes les transformations qu'elle a subies pendant un temps déterminé.

intéressante, il le disait lui-même,   était, non pas antérieure, mais postérieure à la première note de Ducos du Hauron ; quant à celle de Maxwell, plus à considérer, elle n'abordait le problème que dans un cas particulier et laissait intacts les droits de nos deux savants. Les Allemands voulurent aussi avoir chez eux l'inventeur de la photographie des couleurs et ils présentèrent comme celui-ci le docteur Selle ; il fut prouvé que son procédé n'était autre que celui de Ducos du Hauron et de Cros. Enfin, les Américains, — on serait étonné de ne pas les voir apparaître dans ce litige, — voulurent que l'inventeur fût le physicien Ives, de Philadelphie ; ils perdirent leur peine, car ils ne purent présenter des recherches antérieures à celles faites par Cros et Ducos du Hauron.

Ainsi se trouve bien établi, en faveur de nos deux compatriotes, le privilège de cette découverte.

*_**

Quelques lignes qu'écrivait Charles Cros en 1869 précisent bien exactement la méthode de photographie des couleurs :

« Il s'agit de prendre trois épreuves différentes, l'une de tous les points plus ou moins rouges ou qui contiennent du rouge ; la seconde, de tous les points jaunes ou contenant une proportion de jaune ; la dernière, de tous les points bleus ou contenant du bleu. Ces trois épreuves, en les supposant obtenues en teintes uniformes comme celles de la photographie ordinaire, exprimeront en noir ou en gris, plus ou moins foncés, les quantités respectives de jaune, de rouge, de bleu, qu'il y a dans tous les points du tableau. Ainsi, on aura l'ensemble de tous les points du tableau, mais non pas sa reproduction pour la vue immédiate. En un mot, l'*analyse* est faite au point de vue de la couleur... »

Arrêtons là cette citation pour voir comment, dans la pratique, se fait cette analyse, c'est-à-dire cette sélection ou décomposition du tableau en trois clichés distincts.

La photographie s'opère à travers des filtres ou *écrans*, verres colorés, ou mieux petites cuves minces renfermant un liquide coloré convenablement à la couleur à obtenir.

Le cliché qui devra reproduire le *jaune* s'obtiendra au travers d'une cuve contenant un liquide teinté avec du *noir d'aniline*. Pour l'obtention des clichés qui devront reproduire le *rouge* et le *bleu*, le liquide sera teinté avec de l'*acide picrique*, ou avec du *ponceau d'aniline*, selon le cas.

Les trois négatifs maintenant obtenus présentent proportionnellement à chacun d'eux les radiations jaunes, rouges et bleues du document à reproduire. Mais, disons-le, cette décomposition n'est pas parfaite, des radiations étrangères sont aussi venues se mêler à celles qu'il aurait fallu uniquement obtenir, et il faut les éliminer soigneusement sous peine d'obtenir un résultat informe. C'est le travail du retoucheur, la partie artistique du procédé. Cette retouche pourtant ne s'opère que plus tard sur le cliché qui servira au tirage.

***

Les négatifs sélectionnés sont donc à transformer en clichés propres à l'impression.

Les diverses méthodes photomécaniques peuvent concourir à ce but, et on fait des impressions trichromiques par les moyens que fournissent la similigravure, la phototypie, l'héliogravure, la photolithographie, voire même la photoglyptie. De tous ces procédés, la similigravure seule permet une application industrielle pratique. La phototypie, de ce fait que le procédé des trois couleurs exige une grande transparence des encres, — la variété et l'éclat des nuances étant subordonnés à cette transparence, — est d'emploi difficile ; de plus, elle est à rejeter parce qu'elle ne se prête pas aux tirages à fort nombre et que les images qu'on en obtient sont difficiles à avoir régulières d'encrage de l'une à l'autre épreuve. L'héliogravure, elle, donne des reproductions trichromes très belles, très artistiques, mais ces épreuves sont trop coûteuses. Enfin, par la photoglyptie, on a obtenu des planches trichromes, merveilleuses d'aspect ; chacune des trois planches de gélatine représentait les trois monochromes de la sélection dans la couleur qui correspondait à chacun d'eux ; ces planches gélatineuses, superposées exactement, reproduisaient par leur transparence toutes les nuances de l'original photographié. Les inconvénients du procédé sont que les monochromes sont difficiles à obtenir mathématiquement exacts pour que leur superposition soit irréprochablement repérée : les épreuves aussi sont fort chères et, raison principale, la méthode photoglyptique, - nous l'avons dit, — est tombée en désuétude, tuée par les procédés plus rapides qu'à ses côtés a fait encore éclore l'industrie photomécanique.

La similigravure, elle, s'adapte merveilleusement aux besoins du procédé. Elle est facile à obtenir, assez exacte, assez agréable d'aspect et, surtout, elle suffit à des tirages relativement considérables. C'est le procédé le mieux qualifié pour la confection des clichés trichromes.

Ces clichés s'exécutent comme dans la pratique ordinaire, avec cette différence toutefois que la ligne de la trame ne soit pas orientée de la même façon dans chacun des trois monochromes. Il faut, en effet, de toute nécessité que les points des trois monochromes se juxtaposent, mais ne se superposent pas. Pour cette raison, la pente de la ligne devra être absolument différente de l'un à l'autre cliché. A chaque nouvelle pose photographique, on sera dans l'obligation de tourner soit le réseau, soit l'original.

Les négatifs réseautés ayant été transportés sur le zinc ou le cuivre passent à la gravure. Le cliché est obtenu.

Il reste la retouche.

***

Tirez une épreuve du cliché. Elle est horrible. Le rouge surtout y domine ; le bleu, le jaune y sont par endroits également trop abondants. Tout cela est à remettre au point convenablement, la sélection, ayant fourni la plus grosse partie du travail, a cependant besoin d'être soigneusement revue dans toutes ses parties. C'est le travail du chromiste qui, de ce *premier état*, tantôt s'aidant du brunissoir, tantôt baissant par des morsures d'acide les parties trop hautes en couleur, les touches indiscrètes, remettra toutes choses au point. Une deuxième épreuve, *deuxième état*, est tirée ; d'après elle, le retoucheur chromiste corrige encore son cliché ; une troisième, une quatrième, si cela est nécessaire, pour l'absolue reproduction cherchée. Le résultat est maintenant parfait. Les clichés sont montés sur leurs blocs de bois et vont à l'imprimerie.

Avant de les y suivre, disons combien cette retouche doit être savante et délicate. Tout le succès du travail repose sur elle ; du retoucheur dépend la beauté de l'exécution.

Il est regrettable que les moyens actuels de la photographie des couleurs ne permettent pas un tri absolu, une sélection exacte. Cela viendra sans doute ; un jour peut-être très proche permettra de supprimer l'intervention du chromiste retoucheur ; pour l'instant, les sélections sont encore de l'à peu près, et il faut qu'un outil, qu'un œil d'artiste fouillent et travaillent ce barbouillage de couleurs pour en faire sortir l'image qui, ensuite, sera si fort admirée.

Mais passons à l'imprimerie où le cliché nous attend.

***

Voyons d'abord le matériel nécessaire aux impressions photochromiques. Il ne diffère de celui habituellement utilisé en imprimerie que pour les qualités qu'il réclame.

Procurons-nous premièrement le papier.

Le *papier* sur lequel on exécute les impressions photochromiques est le papier dit « couché », et cela s'explique par cette raison que les clichés procèdent de la similigravure, laquelle ne donne de résultats véritablement bons que sur cette sorte de papier. Encore, pour la photochromogravure ce papier doit-il être de qualité toute particulière. Il doit être bien blanc, les couleurs ne donnant leur maximum d'effet que sur une surface se rapprochant le plus possible du blanc pur. Il sera de surface absolument égale, exempte de trous, grains ou « poivres » qui, — si minuscules soient-ils, — dénatureraient l'image en la ponctuant de petites taches blanches. Enfin, ce papier, pour lequel il faut les soins les plus délicats, doit avant de passer à l'impression séjourner quelque temps dans le local où se fera le tirage; s'il passait d'une température à l'autre, le papier « travaillerait », c'est-à-dire s'allongerait ou se rétrécirait d'une manière très sensible, circonstance désastreuse lorsqu'elle se présenterait dans l'intervalle de l'impression de l'une ou l'autre des couleurs, car elle empêcherait l'impeccable repérage duquel dépend toute la valeur des épreuves. Cette question d'hygrométrie est de la plus haute importance et bien des insuccès seraient évités si, de ce côté, on prenait toujours toutes les précautions indispensables.

Les papiers couchés présentent de nombreux inconvénients; nous avons exposé au chapitre de la similigravure tous les griefs qu'on leur adresse, tous les méfaits dont on les charge. Nous avons dit qu'on les donnait pour peu durables, — leur nouveauté n'a pas encore permis de contrôler le plus ou moins d'exactitude de ce reproche très grave pour qui est l'ami des livres et désire leur conservation ; — ils sont cassants à l'excès et de maniement difficile; leur couche de kaolin les rend très lourds, partant très coûteux. On a donc souvent cherché à les remplacer par des vélins. D'ailleurs, les vélins s'imposent dans certains travaux, notamment lorsque l'imprimé doit recevoir de l'écriture [1], comme cela est le cas pour certains imprimés de commerce : têtes de lettres, factures, etc. On réussit, — mais sans économie, car ces vélins coûtent fort cher, — à obtenir des résultats intéressants sur des papiers non couchés, papier de pâte de chiffons très fine, absolument blanche, à condition que ces papiers aient été laminés à outrance pour présenter une surface aussi unie, aussi glacée que possible. L'impression sera certainement toujours plus brillante sur le papier couché ; néanmoins, sur des papiers nature présentant les qualités ci-dessus exposées, on obtiendra de bons résultats, surtout si le photograveur, prévenu, a pu traiter ses clichés en conséquence.

Les encres sont aussi un facteur important dans la réussite du travail.

Les encres à employer sont les encres « primaires » ou « normales », jaune, rouge et bleu. La théorie voudrait ces encres absolument pures de tout mélange; un rouge exempt de jaune et de bleu, un bleu ne contenant aucune proportion de rouge ou de jaune, un jaune sans rouge ni bleu. C'est la théorie, l'idéal, mais l'état actuel de la science chimique ne procure pas ces éléments. Dans la pratique, le rouge est la laque garance ou le rouge cinabré ; le jaune, le jaune de chrome, le bleu, le bleu milori ou le bleu de Prusse. En quelques circonstances, selon la tonalité du modèle à reproduire, les couleurs des encres doivent être quelque peu

---

[1] Il existe des papiers couchés dont la surface est préparée pour qu'ils puissent recevoir l'écriture manuscrite; tels sont les couchés qui servent à l'impression des cartes postales illustrées. L'écriture y est toujours difficile, du fait de la surface crayeuse du papier.

modifiées ; ceci de façon très discrète, pour ne s'écarter que le moins possible des trois couleurs primaires qu'une théorie impossible à suivre ne voudrait jamais voir truquées. Le rouge sera souvent violacé par l'adjonction d'une partie de bleu ou vermillonné d'un peu de jaune ; le bleu également pourra être soutenu d'une pointe de rouge ou rendu verdâtre d'un soupçon de jaune ; le jaune aussi parfois aura besoin d'être verdi d'une pointe de bleu ou tourné à l'orange d'un atome de rouge. Toutes combinaisons qu'indiquent le goût, la pratique et que règle la tonalité de l'original à reproduire.

Les encres pour l'impression des trichromogravures doivent être employées aussi fermes que possible ; liquides, elles bouchent les tailles des gravures, jaspent et s'écartent. Elles doivent aussi être très transparentes, ceci pour que superposées les couleurs se marient convenablement entre elles et rendent tous les effets qu'on attend de leur superposition. Elles doivent, enfin, être solides à la lumière [1]. Disons, d'ailleurs, que tous nos fabricants d'encres ont compris de très bonne heure l'intérêt du procédé des « trois couleurs », et qu'eux-mêmes aidant à sa complète réussite, leurs recherches ont abouti à nous fournir d'encres supérieurement composées, absolument en rapport avec l'état actuel de la découverte.

Après le papier et les encres, *la machine :*

La machine pourra être n'importe quelle machine typographique, sauf toutefois cette réserve qu'elle devra fournir un repérage et un encrage absolument sans reproches possibles. Il faut ici le maximum d'encrage, le maximum de repérage, tout reposant sur ces deux inéluctables obligations. L'encrage cylindrique c'était déjà une des qualités que nous requérions en faveur de la similigravure — donnera la seule bonne distribution d'encre recherchée. Le repérage pour être précis — et il faut qu'il le soit jusqu'à presque l'infinitésimal — ne pourra s'obtenir que par l'emploi des « pointures », appareil connu de tous les imprimeurs, s'offrant en différents systèmes et présentant la feuille toujours d'irréprochable façon à chacun de ses divers passages sous la machine.

La construction des machines à imprimer s'est mise à l'unisson des progrès réalisés pour l'impression des gravures photomécaniques, en particulier pour l'impression des similigravures et des trichromogravures. Elle fournit des machines de grande robustesse, d'extrême solidité et d'une justesse qui semblerait le maximum de ce que la mécanique peut fournir si cette science n'était toujours en éveil, toujours en progrès.

On construit aujourd'hui des machines qui, malgré tous les soins que récla-

---

[1] Les premières encres employées péchaient beaucoup sous le rapport de la solidité à la lumière ; les rouges, surtout, n'étaient guère que «déjeuner de soleil» et d'une affiche haute en couleur, il ne restait bientôt que le bleu et le jaune. Aujourd'hui, on fournit des encres absolument fixes.

ment les impressions polychromes, fournissent à l'heure des tirages considérables. Il y a quelques années seulement on aurait été bien étonné si, même pour l'impression du labeur ordinaire, on eût présenté une machine qui réalisât les vitesses que l'on trouve aujourd'hui dans nos machines pour l'impression des travaux de grand luxe. Quelques systèmes de presse permettent actuellement d'obtenir 1500, même 2000 exemplaires à l'heure, ceci tout en procurant le maximum d'excellence qu'on peut obtenir en ces sortes de travaux.

Il n'est pas jusqu'aux petites machines genre Minerve qu'on ait perfectionnées pour les rendre susceptibles de se charger des impressions de grand luxe. Aujourd'hui, ces pédales construites de manière extra robuste, sont munies des derniers perfectionnements ; l'encrage cylindrique dont on les a dotées permet l'encrage le plus régulier ; la touche y est parfaite. Sur ces machines, on imprime des trichromogravures de très grand format avec des résultats tels qu'il serait impossible à l'homme du métier le plus exercé de se rendre compte si le tirage a été obtenu sur les grandes machines cylindriques ou sur ces merveilleux petits outils.

Nous n'abandonnerons pas cette question du matériel machine sans dire un mot des machines à quatre couleurs dernièrement lancées. Ces machines dont le principe repose sur l'accouplement de machines en blanc, impriment en quatre couleurs à la vitesse d'environ 800 à 1000 exemplaires à l'heure. Ces machines sont encore peu connues ; nous croyons cependant qu'elles sont appelées à quelque grand avenir, car elles peuvent rendre beaucoup de services. Leur repérage est parfait, la feuille étant portée automatiquement de l'une à l'autre partie de la machine avec une précision infinie par un appareil transporteur de feuille extrêmement ingénieux. La marche de ces presses est absolument étonnante ; tout au plus pourrait-on leur reprocher leur difficile mise en route, la mise en train y étant fort longue. Cette question a son importance, mais une machine de ce genre ne pouvant guère être utilisée que pour les travaux à grand tirage, l'outil n'en reste pas moins indiscutablement merveilleux, sa production étant énorme.

Cette machine s'applique avec succès aux impressions de photochromogravures ; dans ce cas, on adjoint aux trois couleurs primaires une quatrième couleur, en noir ou en gris. Les résultats qu'elle procure dans ce genre sont très intéressants, bien proches qu'ils sont de la perfection. Cependant, nous croyons devoir dire qu'à notre avis la machine en blanc sera toujours préférable lorsqu'il s'agira d'obtenir en grand format des photochromogravures de grand luxe, reproductions de tableaux ou d'œuvres d'art. Lorsqu'il s'agira de photochromogravures commerciales même très soignées, — « commerciales », qu'on le remarque, n'est pas mis ici pour « ordinaires », — la machine à quatre couleurs pourra être très avantageusement utilisée.

*_**

Nous venons de voir quel matériel était utilisé ; voyons comment s'effectue l'impression :

On a bien longtemps indiqué comme une règle absolument immuable — et cette idée est maintenant profondément enracinée dans l'esprit de nos praticiens — qu'il fallait dans les tirages trichromes, imprimer d'abord le jaune, ensuite le rouge, pour toujours terminer par le bleu. Nous ne voyons pas quelles raisons ont pu déterminer cet ordre de tirages, érigeant en dogme ce qui ne pouvait être qu'empirique, encore qu'à l'heure où s'élaborait cette étroite formule, l'expérimentation qui aurait pu lui donner un semblant de raison manquait absolument, la méthode des trois couleurs ne faisant guère qu'essayer alors ses premiers pas. En tout cas, la théorie est, en beaucoup de cas, absolument fausse. Nous estimons même qu'il peut être dangereux de commencer par le jaune, l'impression des trois couleurs ; le jaune est, en effet, une couleur sinon imprécise, du moins difficile à bien juger sur le blanc du papier, son plus ou moins d'intensité est peu appréciable et à commencer par cette ingrate couleur une impression trichrome on court de gros risques de manquer son tirage.

Le choix de la première couleur à imprimer devrait être toujours guidé par la dominante de l'original à reproduire ; ce sera presque toujours le rouge ou le bleu ; le jaune viendra parfois en second, plus souvent en dernier lieu. La tonalité générale de l'original voilà la seule règle qui doit inspirer dans l'ordonnancement des tirages.

Mais supposons mise sous presse la première couleur. Le cliché monochrome, soigneusement mis de hauteur a été calé sur la machine. On en effectue la mise en train comme s'il s'agissait d'une gravure ordinaire : les parties fortes, noires sont chargées, les bords dégradés et les parties claires sont découpées et les encriers, réglés pour une rationnelle distribution d'encre, le tirage s'effectue. La conduite de ce tirage doit être l'objet d'une excessive surveillance ; l'imprimeur devra fréquemment comparer la feuille sortant de la machine avec celles du début, car d'un bout à l'autre du tirage la tonalité d'encrage doit rester absolument uniforme.

La première couleur tirée, on passera à la seconde. A noter cependant qu'il est fort rare qu'on puisse tirer coup sur coup une couleur après l'autre ; quand il s'agira de photochromogravures de coloris légers, les impressions pourront se succéder immédiatement, mais pour les tirages chargés en couleur, il conviendra d'attendre la parfaite siccité d'une impression avant de passer à la suivante ; une demi-journée sera, la plupart du temps, un délai suffisant.

Aux deuxième et troisième tirages, on devra s'attacher à une retombée très exacte. Une photochromogravure où les couleurs ne repèrent pas de façon rigoureusement mathématique est un atroce barbouillage. La loupe, le compte-fils sera ici d'un très grand secours, l'image dépendant absolument de la parfaite superposition des trois impressions.

Après tirage, les feuilles sont triées ; toutes celles qui ne présentent pas un parfait repérage, celles où des manques quelconques se constatent, sont enlevées et mises au rebut.

L'impression est terminée.

Par raison d'économie, pour des quantités importantes, l'imprimeur pourra avoir à faire son tirage en imprimant plusieurs exemplaires à la fois. Des duplicata des clichés lui seront donc nécessaires. Un deuxième jeu de clichés lui sera indispensable, alors même qu'il n'imprimerait qu'un seul exemplaire à la feuille, lorsque son tirage dépassera cinquante mille exemplaires [1]. Ce chiffre peut être, en effet, considéré comme le maximum du nombre d'impressions que peut fournir sans s'altérer, un cliché.

Si les clichés sont de moyennes dimensions, la galvanoplastie pourra fournir les duplicata nécessaires ; lorsqu'il s'agira de trichromies de grand format, la galvanoplastie sera impuissante, car elle ne peut fournir de grandes plaques avec toutes les garanties de parfaite concordance qui sont indispensables de l'un à l'autre monochrome ; dans ces cas, la seule ressource sera de faire exécuter en même temps que le premier jeu un deuxième exemplaire du cliché.

La galvanoplastie, quelles que soient les précautions apportées à la prise de l'empreinte, grossit forcément toujours un peu le trait ; malgré cela, on obtient de bons résultats et il faut souvent être très connaisseur pour apprécier la différence entre l'impression obtenue sur le galvano et celle tirée du zinc original [2].

***

Le procédé des trois couleurs s'est généralisé et fait à la chromolithographie une redoutable concurrence. C'est qu'en nombre de cas il peut lui être très avantageusement substitué puisque avec trois couleurs seulement il permet de reproduire des originaux qui, en lithographie, eussent nécessité dix, vingt, trente impressions successives. En de nombreuses circonstances, il lui est supérieur ; cette supériorité s'accentue lorsqu'il s'agit de reproduire des originaux directement d'après nature ;

---

[1] Nous parlons ici de clichés zinc ; les clichés cuivre sont certainement infiniment plus résistants, mais sont plus rarement employés, étant plus difficiles à obtenir et plus coûteux.

Le chiffre de 50,000 exemplaires que nous indiquons comme maximum de rendement d'un cliché zinc, est ici indiqué comme une base prise dans un sens général. Nous avons vu fréquemment des zincs bien conduits fournir des 75,000, 80,000 exemplaires et, après cette longue traite, n'être pas encore hors d'usage.

[2] La galvanoplastie fournit des clichés nickel qui sont très remarquables. Ce métal conserve mieux que le cuivre les finesses, et sans beaucoup s'altérer ses clichés fournissent de longs tirages. 150,000 tirages est un chiffre facile à dépasser, sans que les clichés aient trop souffert pour nuire beaucoup à l'impression.

en ces cas, le procédé photochromographique opère avec la sincérité de la photographie, et les reproductions qu'il permet sont toutes marquées du caractère d'absolue authenticité qui fait le charme de cette découverte.

On peut obtenir les planches photochromiques, soit directement d'après l'original lui-même, soit d'après une aquarelle ou une peinture copie de cet original.

Dans l'exécution de la maquette — aquarelle, pastel ou peinture à l'huile — qui devra servir à la reproduction, l'artiste pourra donner libre cours à sa fantaisie, à son imagination, certain qu'il peut être que son œuvre sera par le procédé reproduite ensuite avec une très grande fidélité. Si habile que soit son pinceau, le procédé phototrichrome reconstituera les moindres détails, les plus subtiles nuances avec une vérité saisissante. Cependant, quelques couleurs sont à proscrire, car leur nature fait qu'elles ne sont rendues que par un à peu près très voisin il est vrai de la réalité, mais qui n'en est pas moins un « a peu près » ; tels sont les verts Véronèse, les bleus d'Orient, les violets Magenta que la méthode ne peut encore traduire avec assez d'exactitude et que, pour cette raison, l'artiste fera bien d'exclure de sa palette.

Les peintures à l'huile sont rendues à la perfection par le procédé phototrichrome ; il est intéressant de constater sur les reproductions faites d'après une peinture à l'huile, les empâtements de couleur, chacune des touches de pinceau, la structure de la toile, le tout rendu avec une apparence de réalité et un relief saisissants.

Le procédé des trois couleurs excelle dans les reproductions d'après nature. C'est un terrain sur lequel, sans conteste, il est absolument imbattable. Aucune autre méthode ne peut lui être opposée ici, car aucune ne présentera cette allure de réalité qui est son plus grand charme.

Le catalogue industriel utilise le procédé ; nos grands industriels ont compris tout l'avantage qui leur était offert par ces reproductions directes de leurs produits, absolues copies, exacts spécimens, remplaçant avec économie tous les échantillons nature, lourds à porter, coûteux à expédier par la poste, qu'ils étaient autrefois obligés de produire pour permettre à leurs clients de se rendre compte de la nature de l'objet offert. Un simple imprimé a remplacé tout cela et — ajoutons-le, ce ne peut être inutile — personne ne peut songer à s'en plaindre, chacun y trouvant des avantages.

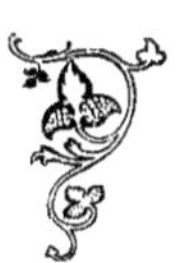

CONCLUSION

En terminant l'étude de la méthode de photochromogravure, nous venons de terminer celle des procédés photomécaniques.

Avons-nous atteint le but que nous proposions en commençant ce volume? Nous le croyons.

Nous avons, sans étalage de science, qui n'eût pas été beaucoup de mise ici et eût trouvé en nous un trop modeste serviteur, montré tous les avantages et les désavantages de chacune des nouvelles méthodes. Nous l'espérons, nos lecteurs pourront maintenant discerner parmi les nombreuses applications à base photographique celle qui conviendra le mieux à la reproduction qu'ils se proposaient d'obtenir par leur utilisation. Nous aurons surtout — et c'est ce à quoi nous nous sommes le plus attaché — permis de distinguer l'un ou l'autre des procédés parmi tout le fatras, des tantôt inintelligibles, tantôt fausses, souvent obscures désignations dont on les affuble.

Les nombreux exemples insérés dans cet ouvrage ont aussi, et souvent mieux que notre texte, servi le but que nous nous proposions. Nous reportons donc aux établissements représentés par les spécimens ici encartés, tout le mérite que peut avoir notre œuvre — si tant est que puisse avoir d'autre mérite une œuvre qui en tout cas n'a eu d'autre ambition que celle légitime — d'être utile à des amis, à des confrères qu'égarait jusqu'ici une technique nouvelle, ardue et embrouillée comme à plaisir.

Et nous en arrivons à conclure que nul aujourd'hui ne peut ignorer les applications nouvelles de la photographie à l'illustration du livre. Pas plus les imprimeurs, qui sont directement intéressés aux progrès de leur art et les photographes qui trouvent dans ces procédés de nouveaux débouchés, que les éditeurs, auteurs, artistes, industriels, qui tous sont appelés à utiliser les produits de la chambre noire, source de réels étonnements, créatrice de merveilles.

TABLE DES MATIÈRES

Kast & Ehinger, Stuttgart.

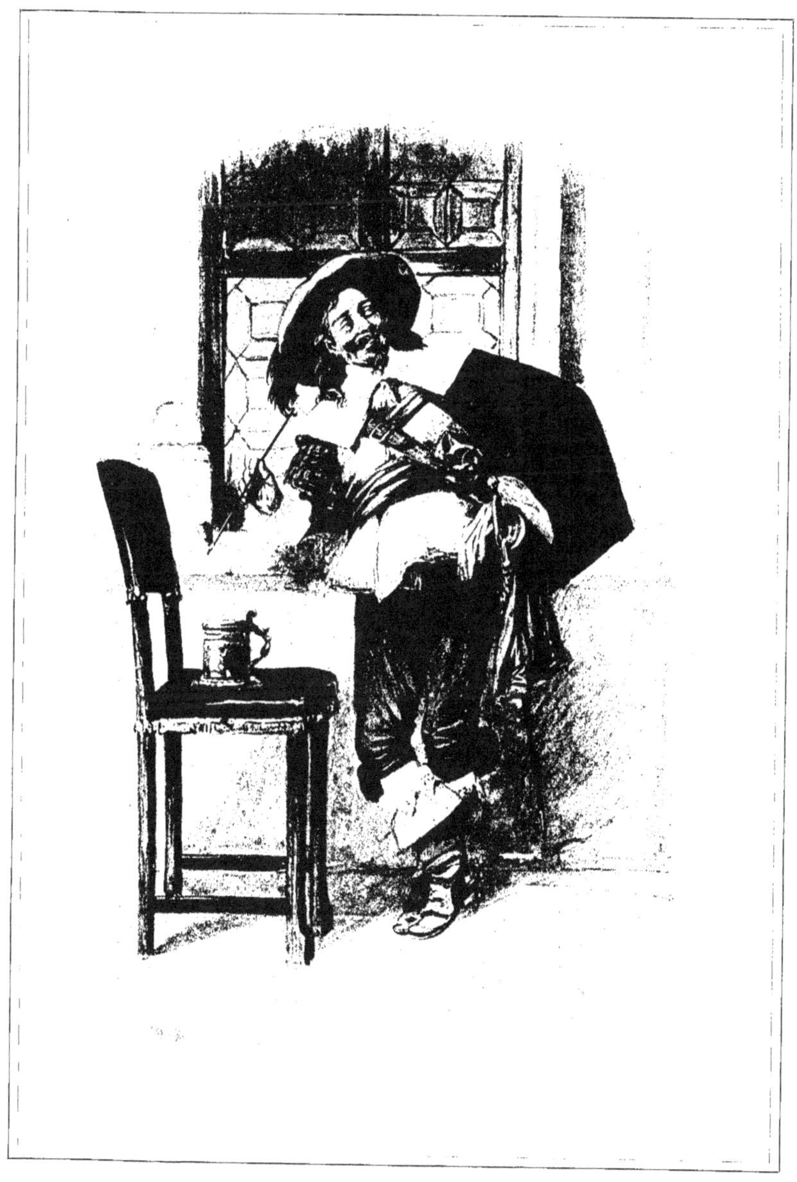

Impression en trois couleurs.

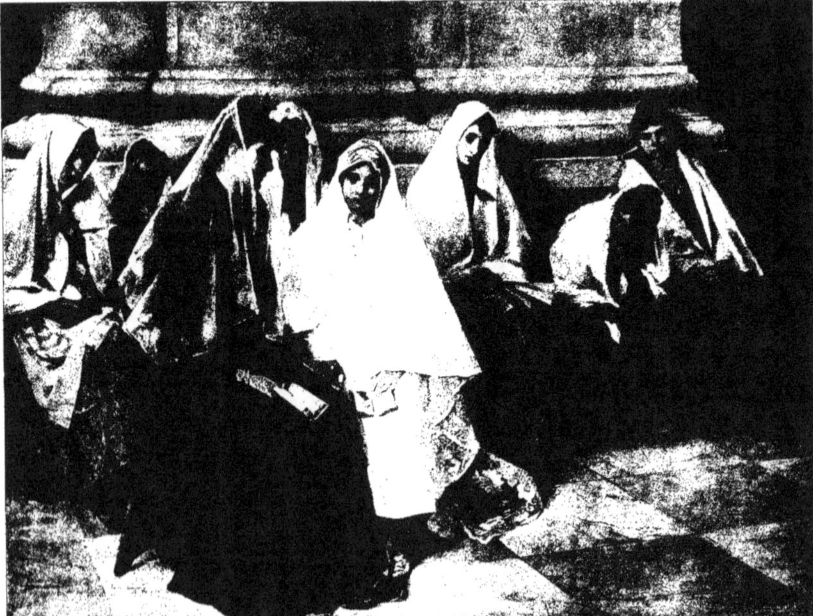

LA PREMIÈRE COMMUNION.